1876–1976

RICHARD WAGNER IN BAYREUTH

HANS MAYER

RICHARD WAGNER IN BAYREUTH

1876–1976

BELSER

Dokumentation: Gottfried Wagner
Gestaltung: Roland Aeschlimann
Fotografie: Jaroslav Schneider

Satz und Druck: Offizin Chr. Scheufele, Stuttgart
Buchbinderei: Grimm und Bleicher, München
Printed in Germany
ISBN 3-7630-9018-5

INHALT

DEM ANDENKEN
WIELAND WAGNERS GEWIDMET

EIN VORSPIEL VON FRIEDRICH NIETZSCHE

»Damit ein Ereignis Größe habe, muß zweierlei zusammenkommen: der große Sinn derer, die es vollbringen, und der große Sinn derer, die es erleben.« Mit diesem bekenntnishaften Satz beginnt Friedrich Nietzsche seine Schrift über »Richard Wagner in Bayreuth«, die vierte und letzte seiner »Unzeitgemäßen Betrachtungen«. Sie ist gleichsam als Krönung und Übergipfelung der früheren kulturphilosophischen Reflexionen gedacht. Von der Negation war der junge Professor der klassischen Philologie an der Universität Basel ausgegangen, als er im Jahre 1873 eine Polemik gegen die behäbige Bürgerästhetik und Utilitätsphilosophie von David Friedrich Strauss eröffnete. Diese erste einer geplanten Reihe von »unzeitgemäßen«, also einzelgängerischen Arbeiten zur Kulturkritik begann mit der Destruktion. Ihr schloß sich ein Jahr später (1874) die zweite Betrachtung an, die folgenreichste von allen, mit dem Titel »Vom Nutzen und Nachteil der Historie für das Leben«. Vom Nutzen der Historie war kaum darin die Rede, um so mehr von den Gefahren eines einschläfernden Historismus. Das dritte Stück in der Reihe »Schopenhauer als Erzieher« begann als Wendung von der Destruktion zur Konstruktion. Hier schrieb ein Schopenhauerianer, der seiner selbst und seines Meisters nicht mehr ganz sicher schien. Auch war unverkennbar, daß Nietzsche einen Schopenhauer interpretierte, dem die Aufgabe zugefallen sei, als Wegbereiter eines Größeren zu wirken: als Vorläufer und - wohl unwillentlicher - Wegbereiter Richard Wagners.

Von Wagner nämlich handelt das vierte und letzte Stück dieser »Unzeitgemäßen Betrachtungen«. Nietzsche schreibt daran im Jahre 1875. Das Buch erscheint ein Jahr später, Anfang Juli 1876, also wenige Wochen vor Eröffnung der ersten Bayreuther Festspiele. Es ist gleichsam als kulturphilosophische Ouverture angelegt und läßt erkennen, daß insgeheim auch alle früheren Stücke dieses anachronistischen Denkers von Wagner gesprochen hatten und von der zivilisatorischen Bedeutung seines Bayreuther Unterfangens.

Richard Wagner selbst scheint ergriffen zu sein, wenn er an Nietzsche schreibt: »Freund! Ihr Buch ist ungeheuer! – Wo haben Sie nur die Erfahrung von mir her?« Allein so ganz ehrlich ist das nicht gemeint, denn Cosima Wagner notiert die verschiedenen Versuche, das Buch des Freundes Professor Nietzsche zu lesen und zu durchdenken. Immer wieder bricht man ab, legt den Band beiseite; schließlich scheint Wagner auf eine genaue Lektüre verzichtet zu haben.

In der Tat ist der Konflikt zwischen Wagner und Nietzsche, liest man genau, hier bereits angelegt. Der unheimlichen Hellsicht, die Wagner dann immer auszeichnete, wenn es ihm ernst war um die Bestimmung seines Verhältnisses zur Welt und zu den anderen, dürfte die Diskrepanz auch bei flüchtigem Lesen kaum entgangen sein zwischen dem, was er selbst sich von den Bayreuther Festspielen des Jahres 1876 erwartete, und dem missionarischen Programm Nietzsches.

Auch Nietzsche spürt insgeheim den Riß zwischen dieser Bayreuther Festivität und seinen Visionen von einer kulturellen Erneuerung Deutschlands und der Welt mit Hilfe jenes Phänomens »Richard Wagner in Bayreuth«. Am 24. Juli war der Baseler Professor in der Festspielstadt eingetroffen, um an den Proben teilzunehmen. Am 1. August schreibt er an die Schwester: »Ich sehne mich weg... Mir graut vor jedem dieser langen Kunstabende... Ich habe es ganz satt.« Vor der ersten Generalprobe flieht er nach Klingenbrunn im Bayerischen Wald und beginnt hier mit einem schon durchaus nicht mehr »wagnerischen« Traktat, nämlich mit der Arbeit an dem Buch »Menschliches, Allzumenschliches. Ein Buch für freie Geister«. Wollte er damals bereits dem Sog entfliehen und sich freimachen? Erst auf Drängen der Schwester Elisabeth kommt er am 12. August zurück in die Festspielstadt: einen Tag vor dem eigentlichen Festspielbeginn.

Richard Wagner scheint nicht gespürt zu haben, was sich vorbereitete. Er hat wohl auch später in Nietzsches Abkehr und Abfall, zusammen mit Cosima, nichts anderes sehen wollen als eine tragische Krankheitsgeschichte des gelehrten Freundes und nützlichen Parteigängers. Daß in Nietzsches vierter und letzter Betrachtung über »Richard Wagner in Bayreuth« *der Kontrast zwischen Wirklichkeit und Möglichkeit des Festspielunternehmens* zum erstenmal und mit ungemein ahnungsvollen Thesen durchdacht und formuliert worden war, ist Wagner kaum in den Sinn gekommen. Zum zweitenmal war Nietzsches Vision von Bayreuth zusammengeprallt mit der trivialen Pragmatik eines Unternehmens, das freilich auch für Richard Wagner und seine Anhänger als kulturpolitische Erneuerung verstanden wurde, im übrigen aber auch, was Friedrich Nietzsche nicht zu kümmern schien, ein Finanzunternehmen darstellte, ein Organisationsproblem ganz ungewohnter Art, nicht zuletzt ein Projekt der Publizität und Propaganda.

Daß Nietzsche diesem Zusammenhang wenig Achtung schenkte, hatte man bereits am 31. Oktober 1873 feststellen müssen. Damals war klargeworden, daß das ursprüngliche Projekt, die Festspiele mit einem Kapital von 300000 Talern dadurch zu finanzieren, daß man tausend Patronatsscheine an Leute vergab, die bereit waren, ein solches Papier mit 300 Talern zu honorieren, gescheitert war. Am 31. Oktober 1873 tritt in Bayreuth eine Delegiertenversammlung dieser finanzkräftigen »Patrone« zusammen. Auf Wunsch Richard Wagners hatte Nietzsche, um der Versammlung Mut zu machen, einen propagandistischen Mahnruf an die Deutschen entworfen. Die Delegierten lehnten aber nach kurzer Kenntnisnahme den Text, wie Nietzsche einem Freund schrieb, »artig, aber bestimmt« ab. Was in der Tat sollte man anfangen mit solchen Sätzen: »An diese unsere deutsche Aufgabe in diesem Augenblick zu mahnen, halten wir für unsere Pflicht, gerade jetzt, wo wir auffordern müssen, mit allen Kräften eine große Kunsttat des deutschen Genius zu unterstützen... Insbesondere werden die deutschen Universitäten, Akademien und Kunstschulen nicht umsonst aufgerufen sein, sich der geforderten Unterstützung gemäß, einzeln oder zusammen, zu erklären: wie ebenfalls die politischen Vertreter deutscher Wohlfahrt in Reichs- und Landtagen einen wichtigen Anlaß haben, zu bedenken, daß das Volk jetzt mehr wie je der Reinigung und der Weihung durch die erhabenen Zauber und Schrecken echter deutscher Kunst bedürfe....«

Man konnte damals bereits voraussehen, daß nichts dergleichen eintreten würde. Weder die Universitäten noch die deutschen Parlamente, zu schweigen vom Reichstag des soeben begründeten Deutschen Reiches, kümmerten sich um das ehrgeizige Unterfangen des umstrittenen Musikdramatikers Richard Wagner irgendwo im Fränkischen. Otto von Bismarck hatte sich zwar bei Richard Wagner freundlich bedankt für die Übersendung des Gedichts »An das deutsche Heer vor Paris«, auf alle späteren Ersuchen aber um finanzielle Unterstützung der Bayreuther Unternehmung erfolgte Schweigen. Dergleichen bedurfte für den Reichskanzler und Fürsten Bismarck durchaus keiner Antwort.

Zweimal war Nietzsches Idee von Bayreuth mit deutschen Wirklichkeiten zusammengestoßen: als der propagandistische Entwurf gerade von den Patronen des Bayreuther Unternehmens fast verständnislos abgelehnt und wohl auch von Wagner selbst rasch fallengelassen wird; dann beim Erscheinen der Schrift »Richard Wagner in Bayreuth«, die keinerlei Aufsehen erregt, kaum beachtet, von Richard Wagner selbst offensichtlich kaum ernsthaft durchdacht wird.

Dennoch gibt es keinen besseren geistigen Ansatzpunkt, das Ereignis der Bayreuther Festspiele, verstanden als gesellschaftliches, politisches und ästhetisches Phänomen, zu interpretieren, als eben Friedrich Nietzsches Schrift aus dem Gründungsjahr der Wagner-Festspiele zu Bayreuth.

Richard Wagner in Bayreuth: das ist in der Tat eine Zusammenstellung, die weit mehr meint als die bloße Koppelung eines berühmten Künstlernamens und eines Ortsnamens. Spricht man von Kafka und Prag, von Dublin und James Joyce, von Thomas Mann und Lübeck, von Hölderlin in Tübingen, so wird jeweils eine Konstellation der Kulturgeschichte aufgerufen und zitiert. Man erörtert die Beziehungen eines Künstlerlebens mit einer besonderen Umwelt. Allein wer an Prag denkt, muß nicht notwendigerweise sogleich den »Prozeß« von Kafka innerlich mitdenken. Es gibt die irische Realität der Stadt Dublin, und es gibt das Dublin des »Ulysses« von Joyce.

Anders steht es im öffentlichen Bewußtsein, und *seit nunmehr einem Jahrhundert,* mit der Zusammenstellung des Namens Bayreuth und des Namens eines großen Künstlers. Die Geschichte Bayreuths ist seitdem zur Wagnergeschichte geworden, zur Festspielgeschichte, auch zu einer Geschichte von politischen Metastasen des Wagnertums. Glanz und Elend der Familie Wagner und der Festspiele wirkten sich aus als Glanz und Elend dieser oberfränkischen Mittelstadt. Da ist noch mehr. Richard Wagner in Bayreuth: das ist in der Tat deutsche Geschichte. Obenhin betrachtet, vielleicht in einem Sinne, den Nietzsche vor hundert Jahren sicherlich nicht voraussehen oder gar wünschen konnte. In einem tieferen Verstande jedoch scheint das Jahrhundert zwischen 1876 und 1976 den Visionen des Philosophen nicht gerade widersprochen zu haben. Bereits jenes Manifest Nietzsches vom Oktober 1873 hatte für das deutsche Volk die Reinigung und Weihung postuliert »durch die erhabenen Zauber und Schrecken echter deutscher Kunst«. In Nietzsches Betrachtung über »Richard Wagner in Bayreuth« wird eine Zukunftsgemeinschaft der Wagnerianer beschworen. Ein Blick in die Zukunft deutet an, was sich ereignen könnte, wenn das Bayreuther Unternehmen als Gesamtkonzept verwirklicht sei. Dann wurde aus der von Nietzsche vorsichtig definierten Gemeinschaft der »Unzeitgemäßen«, welche sich im Jahre 1876 zu Wagner bekannt und in Bayreuth eingefunden hatten, eine Volksgemeinschaft, die sich, dank der Begegnung mit den Musikdramen Richard Wagners, verändert und in einem neuen Sinne »freigemacht« hatte: »Vielleicht wird jenes Geschlecht im ganzen sogar böser erscheinen als das jetzige – denn es wird, im Schlimmen wie im Guten, offener sein; ja es wäre möglich, daß seine Seele, wenn sie einmal in vollem, freiem Klange sich ausspräche, unsere Seelen in ähnlicher Weise erschüttern und erschrecken würde, wie wenn die Stimme irgendeines bisher versteckten bösen Naturgeistes laut geworden wäre. Oder wie klingen diese Sätze an unser Ohr: daß die Leidenschaft besser ist als der Stoizismus und die Heuchelei, daß Ehrlich-sein, selbst im Bösen, besser ist, als sich selber an die

Sittlichkeit des Herkommens verlieren, daß der freie Mensch sowohl gut als böse sein kann, daß aber der unfreie Mensch eine Schande der Natur ist.«

Hier spricht bereits der spätere Nietzsche, der sich von Wagner abgewendet hat und von der mitleidsvollen »Sklavenmoral« des »Parsifal«. Freilich ist es zugleich ein folgerichtiges Philosophieren, das den Antagonismus zwischen Wotan und Siegfried *auch in der gesellschaftlichen Wirklichkeit* zu Ende denkt. Hier der Herr der Verträge, der den Verträgen nun Knecht sein muß, Hüter und Garant einer auf Vertragstreue, Rechtshoheit, Treu und Glauben aufgebauten bürgerlichen Gesellschaft. Dort der freie und schöne, instinktvolle und gläubige Naturmensch, der Konflikte mit dem Schwert entscheidet, die Sprache der Vögel versteht, aber nicht die der Furcht und der Lüge, also einer menschlichen Gemeinschaft.

Ein Jahrhundert zwischen 1876 und 1976 hat beides in Deutschland, und damit in der ganzen Welt, modellhaft verwirklicht. Einmal Richard Wagners Konzept einer exklusiven und absolutistischen Bühnenkunst am heiligen Ort in der Form einer reinen und gleichstrebenden Gemeinschaft. Als einer Gemeinschaft im Geist deutscher Kunst, die höher sei als alle anderen Kunstfertigkeiten, und die es zu verteidigen gelte sowohl gegen die üblen Kunstvergnügungen der bürgerlichen Welt wie gegen die Befleckung durch Juden und jüdischen Geist. Dies alles ist Quintessenz dessen, was sich Richard Wagner von Bayreuth erhoffte. Es ist verwirklicht worden, bleibt heute mithin in den Voraussetzungen und Auswirkungen durchaus überschaubar.

Allein auch Friedrich Nietzsches Konzept vom Jahre 1876, das in vieler Hinsicht den Vorstellungen Richard Wagners widersprach, ist überschaubar geworden. Der Judenhaß Richard Wagners, einer Verwundung gleichend, die nicht heilen wollte, hat den Ablauf eines Jahrhunderts der Bayreuther Festspiele nachhaltig geprägt. Wo Widrigkeiten aufzutreten pflegten und Hemmnisse für das Werk, pflegte der Meister von Bayreuth das Judentum verantwortlich zu machen. Gewiß holte er sich den Kapellmeister Hermann Levi aus München als Dirigenten des »Parsifal«, allein da sprach nicht bloß die Kapellmeisterperfektion des jüdischen Musikers für eine solche Berufung, sondern auch die Drohung des Bayerischen Königs, im anderen Falle das Münchener Orchester nicht freizugeben. In seinen Lebenserinnerungen hat der Dirigent Felix von Weingartner, ein Augen- und Ohrenzeuge der Festspiele von 1882, folgendes ausgesagt: »Hermann Levi, anfänglich, weil er Jude ist, von Wagner abgelehnt, dirigiert. König Ludwig hätte dem Münchener Orchester die Mitwirkung versagt, wenn Wagner auf seiner Ablehnung bestanden hätte.« Aber noch während der Parsifal-Proben unter Levi notiert Cosima am 22. Juli 1882 eine Bemerkung des Gatten: »Zu mir machte er die Bemerkung, er möchte nicht als Orchestermitglied von einem Juden dirigiert werden.«

Friedrich Nietzsche hat sich mit Entschiedenheit gegen diesen Antisemitismus innerlich und auch nach außen hin gewehrt. Er hat mit dem Mann seiner Schwester gebrochen, dem Antisemiten Förster. Allein auch Nietzsches Bayreuth-Vision von den freien, ehrlichen, aber bösen Menschen einer wagnerischen deutschen Zukunft konnte zur Realität werden. Nietzsches Wort vom »gefährlichen Leben« ist in jenem Jahrhundert der Bayreuther Festspiele sowohl als Maxime wie als Praxis einbekannt worden. Der deutsche Tonsetzer Adrian Leverkühn in Thomas Manns Roman »Dr. Faustus«, an dessen Leben, 40 Jahre nach dem Tode Friedrich Nietzsches, demonstriert werden soll, wie es zugeht, wenn sich Künstler und Kunst dem Teufel der Unmenschlichkeit verschreiben, trägt einen sonderbaren Namen. Romanischer Vorname und deutscher Familienname. Ein kühnes Leben aber ist zugleich ein gefährliches Leben. Adrian Leverkühn hat mit Nietzsche zu tun, und nicht zuletzt mit Nietzsches Gedanken über die Weltbedeutung der Konstellation

»Richard Wagner in Bayreuth«. Ein Weltereignis ist daraus geworden. Wer eine Zusammenstellung versucht der Familiengeschichte Wagners, der Festspielgeschichte und der Kunstgeschichte von 1876 bis zur Gegenwart, schreibt zugleich deutsche Geschichte und Welthistorie.

Bayreu

1875

Richard Wagner dirigiert Beethovens IX. Symphonie im Markgräflichen Opernhaus
aus Anlaß der Grundsteinlegung 1872

EINZUG DER GÖTTER IN WAHNFRIED

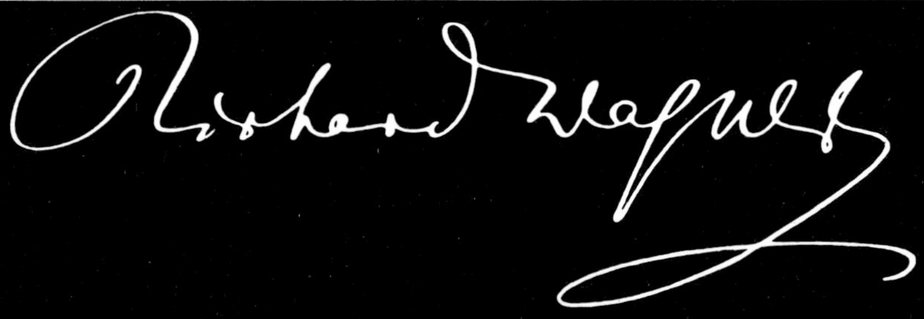

Richard Wagner

Am 30. April 1874 bezog Richard Wagner in Bayreuth sein neuerbautes villenartiges Wohnhaus, dessen Gartenseite dank besonderer königlicher Erlaubnis durch ein Türchen mit dem angrenzenden Hofgarten verbunden werden konnte. Am 25. Mai schreibt der neue Hauseigentümer an den Bayerischen König: »Mein Haus steht nun: dank dem Gnädigen! Ich sollte ihm einen Namen geben und suchte lange: endlich fand ich ihn, und ich lasse ihn jetzt in folgenden Versen eingraben:

›Hier wo mein Wähnen Frieden fand –
Wahnfried
sei dieses Haus von mir benannt!‹«

Wagners Absicht wurde verwirklicht. Der Spruch zieht sich über die dreigegliederte Front des Bayreuther Herrschersitzes: »Wahnfried«, der Hausname, findet sich isoliert über dem Mittelteil, über dem Hauseingang. Als Haus Wahnfried ist die Stätte weltbekannt geworden; sie bedeutete und bedeutet eine kulturpolitische Macht großen Ausmaßes. So war es von Wagner geplant, und so hat er es ausgeführt, wie er alles auszuführen vermochte, was er jemals und ernstlich geplant hatte. Hier, in Haus Wahnfried, errichtete er sich den Herrschersitz: im Garten des Hauses befindet sich sein Grab. Seit 1930 ruht Cosima Wagner neben dem Gatten. Wer Wagners letzte Ruhestätte besuchen will, durchschreitet den Hofgarten und betritt durch das Pförtchen den Garten von Haus Wahnfried. Der Besucher weiß nicht mehr, daß es damals (1874) langer Verhandlungen und eines königlichen Gnadenaktes bedurfte, um den Garten des Königs und des Künstlers miteinander zu verbinden.

Wähnen und Wahn: auf Klang und Inhalt dieser beiden Wörter hatte Richard Wagner das Motto seiner letzten Lebenszeit gestellt. Es sind eigentümliche, zwielichtige und zweigesichtige Wörter. Befragt man das Deutsche Wörterbuch der Brüder Grimm nach der genauen Wortbedeutung, so werden wir belehrt, daß das Wort Wahn in der alten wie der neuen deutschen Sprache gleich häufig vorkommt, daß sich die Wortbedeutung aber stark veränderte. Wahn bedeutet »Erwartung, Hoffnung, Verdacht, unsichere Annahme, Einbildung«. Und Wähnen bedeutet »erwarten, hoffen, vermuten und falsch annehmen«. Wähnen ist also gebräuchlich als Bezeichnung berechtigter wie unberechtigter Erwartung, als begründete und illusionäre Annahme. Wahn bedeutet Hoffnung und Erwartung, aber auch trügerische Meinung und Vertrauen auf – Wahngebilde. Nicht genug mit dieser schillernden Wortbedeutung, so wie sie das Wörterbuch als Ergebnis lebendigen Sprachgebrauchs mitteilt. Auch bei Richard Wagner selbst, in seinen Schriften und Dichtungen, werden Wahn und Wähnen sowohl im Sinne der begründeten Hoffnung und sicheren Erwartung, wie der trügerischen Wahnvorstellung gebraucht. Bei der Benennung des Bayreuther Alterssitzes versteht Wagner sein einstiges und nunmehr befriedigtes Wähnen als begründete und erfüllte Hoffnung. Als eine Erwartung, der die Erfüllung zuteil wurde. Allein wir kennen auch den Wahnmonolog des Hans Sachs aus den »Meistersingern«, der mit den Worten beginnt: »Wahn, Wahn! Überall Wahn!« Hier ist Wahn verstanden als sinnloses Menschenleid, als eine Daseinsqual der Menschen, »in unnütz toller Wut!« Es ist jener Wahn, den es zu heilen, jene Illusion, die es zu zerstreuen gilt. So hatte es Wagner diesmal verstanden, wenngleich er seinen Hans Sachs bloß darauf sinnen läßt, den Wahn zu lenken, nicht aber zu heilen.

Ein merkwürdiges Motto, das sich für Haus Wahnfried fand. Hier wurde die Erwartung und Hoffnung eines leidenschaftlichen, ebenso hartnäckigen wie ichsüchtigen großen Künstlers erfüllt. Hier wurden Hoffnungen gekrönt. Aber wurden hier nicht auch Illusionen begraben? Bedeutet das Haus Wahnfried nicht zugleich, vom Erbauer des Hauses her gesehen, die Aussperrung und Verbannung einstigen »Wähnens« im Sinne irriger Vorstellungen, phantastischer Annahmen, gegenstandsloser Illusionen? Man muß es vermuten; denn Richard Wagner war mit der Übersiedlung nach Bayreuth aus dem Exil zurückgekehrt: zum ersten Male seßhaft geworden. Die Kapellmeisterjahre in Dresden von 1842 bis 1849 hatten keine wirkliche Erfüllung seiner Lebenspläne bedeutet; in dem Häuschen auf dem grünen Hügel bei Zürich, im Garten der Villa Wesendonck, konnte er nicht bleiben, außerdem war Zürich das Exil; aus München und der von Ludwig II. in der Brienner Straße bereitgestellten Villa war Richard Wagner vertrieben worden; dann besaß er ein Haus in Tribschen bei Luzern, aber bloß ein gemietetes Grundstück – und außerdem war es wieder die Fremde. Hier in Wahnfried erst wurde Richard Wagner in Deutschland seßhaft, hatten sich alle früheren Träume und falschen Hoffnungen aufgelöst und der neuen Wirklichkeit, dem Begriff »Richard Wagner in Bayreuth«, Platz gemacht. Wagner hatte seinen Frieden gemacht, wie er glaubte, mit einstigen Wahnideen und wähnenden, doch eitlen Hoffnungen.

Auch mit denen des Revolutionärs Richard Wagner, des steckbrieflich verfolgten Flüchtlings, der sich selbst meinte, wenn er Siegmund in der »Walküre« zu Hunding sagen ließ:

»Friedmund darf ich nicht heißen;
Frohwalt möcht' ich wohl sein:
Doch Wehwalt muß ich mich nennen.«

Damit war es nun hier, in Bayreuth, zu Ende. Als 1876, zwei Jahre nach Wagners Einzug ins Haus Wahnfried, die ersten Bayreuther Festspiele mit dem »Ring des Nibelungen« eröffnet werden, spricht Karl Marx in einem Brief an Engels mit unmutigen Worten vom »Staatsmusikanten Wagner«. Ein Urteil liegt in diesen Worten über den einstigen politischen Flüchtling, der nunmehr – wie ein Künstlermonarch – den Deutschen Kaiser Wilhelm I. als prominentesten Besucher seiner Festspiele empfängt: den gleichen Wilhelm von Hohenzollern, der als verhaßter »Kartätschenprinz« im Jahre 1849 die deutsche Revolution niedergeschlagen hatte. Damals, beim Dresdner Mai-Aufstand des Jahres 1849, standen der Revolutionär Richard Wagner und der Prinz Wilhelm von Preußen als Exekutor der Gegenrevolution auf verschiedenen Seiten der Barrikade. Im Jahre 1876 aber ist aus

Hier wo mein Wähnen Frieden fand –

Wahnfried

sei dieses Haus von mir benannt.

Rich. Wagner's Handschrift
Weißel
d. 21 Mai 1874

Cosima Wagner

Richard Wagner mit Sohn Siegfried

dem Kartätschenprinz der Deutsche Kaiser geworden, und aus dem Flugblattschreiber und Flugblattverteiler Wagner der Gastgeber des Kaisers.

Richard Wagner in Bayreuth: das ist von nun an die Geschichte eines Sieges. Es bedeutet den Höhepunkt im Prozeß einer Verwandlung von Wahn in Wirklichkeit. Vergleichbar ist eine Formel, die Wagner und Bayreuth zusammenschließt, in ihrer historischen Tragweite höchstens mit der Parallelformel »Goethe in Weimar«. Allein Goethe hat keine Nachfolge begründet oder auch nur begründen wollen. Die letzten Jahrzehnte seines Lebens wurden immer planvoller stilisiert als Gegensatz einer »inkommensurablen« Subjektivität zu einer Außenwelt, die als Welt schlechthin genommen werden mochte, da das Weimar Goethes, wie man am Frauenplan befand, ohnehin eine Welt bedeutete. Weltenbürger und Weimaraner.

Richard Wagner hingegen ging stets darauf aus, eine *Nachfolge* zu begründen. Der Goetheaner ist auch seinerseits inkommensurabel: er verharrt auf der eigenen und unverwechselbaren Subjektivität. Der Wagnerianer jedoch integriert sich in aller Bewußtheit einer Gemeinschaft mit Ordenscharakter. Es bedurfte keiner Suche voll bleichen Eifers: der Gral hatte sich auf dem fränkischen Hügelgebirge niedergelassen. Bayreuth war von nun an Gralsgebiet.

DAS DEMOKRATISCHE FEST

Als Wilhelm I., Deutscher Kaiser und König von Preußen, der einstige Gegenspieler Richard Wagners bei der sächsischen Revolution von 1849, am 13. August 1876 das Festspielhaus betrat, wurde er, wie die Zeitungen berichteten, mit Jubel begrüßt. Er trat vor in der Kaiserloge und verneigte sich vor dieser von Nietzsche propagandistisch beschworenen Gemeinschaft der Unzeitgemäßen. Die Damen hatten sich entzückt zugeflüstert – so kann man es nachlesen –, der damals 79jährige Monarch sei »nach wie vor ein schöner Mann«.

Eine Konfrontation Wilhelms von Preußen und Ludwigs von Bayern, also des Siegers und des Besiegten vom Jahre 1866, fand nicht statt. König Ludwig hatte die Generalproben besucht, um dann eilends nach München und an den Schwansee zurückzukehren.

Fünf Jahre waren vergangen seit der Kaiserproklamation vom 18. Januar 1871 im Schloß zu Versailles. Als Richard Wagner den Deutschen Kaiser begrüßte, trat er ihm nicht als einstiger Ideologe einer Götterdämmerung entgegen, die auch als Fürstendämmerung verstanden werden mußte, sondern als Komponist eines Kaisermarsches. Das neubegründete und als Fürstenbund vereinigte Reich lebte in einer fieberhaften Euphorie des Geldüberflusses. Fünf Milliarden Goldfranken, die diktierte Kriegsentschädigung, die ein besiegtes Frankreich leisten mußte, hatten ihre Zirkulation begonnen. Richard Wagner durfte damit rechnen, daß ein angemessener Anteil abfallen werde auch für das singuläre Unternehmen einer ersten zyklischen Aufführung der Ring-Tetralogie, zugleich einer Uraufführung des »Siegfried« und der »Götterdämmerung«, während Vorspiel und erster Tag des Nibelungenrings, zum Unwillen Wagners, doch auf Geheiß des Bayernkönigs, in München bereits gespielt worden waren.

Der Deutsche Kaiser soll Wagner, wie dieser sogleich mitteilen ließ, beglückwünscht haben mit der leise ironischen Anmerkung: er selbst, der König und Kaiser Wilhelm, habe nicht geglaubt, daß Wagner es schaffen würde. Nun war auch dieses Wähnen zur Wirklichkeit geworden, um sogleich, nach einem kurzen Augenblick des beunruhigten Stolzes, von neuer Sorge und Begierde abgelöst zu werden.

Für die Zeitgenossen des Sommers 1876, erst recht für das Publikum dieser vier Premierenabende, erfüllte sich damals der *exzessivste Künstlertraum* einer ganzen Epoche. Der säkularisierte Götzendienst am genialen Künstler gehörte zur Ideologie eines Bürgertums von freien Unternehmern und liberalen Zwischenträgern der Warenproduktion und des Kapitalmarktes. Richard Wagner mußte ihnen allen in doppelter Gestalt erscheinen, und zwar als doppelt verehrungswürdig: als singuläres Genie *und* als erfolgreicher Großunternehmer. Daß es finanziell um die Solidität des Unternehmens nicht gut bestellt war, wußte jedermann; dafür hatten Richard Wagners politische und künstlerische Widersacher gesorgt. Allein sogar diese Tatsache schien das Prestige des Bayreuther Meisters eher zu stärken. In jenen Jahren des Übergangs von der Gründerkonjunktur zur baldigen Gründerkrise war eine solche Affinität von Augenblicksglanz und raschem Welken durchaus nicht ungewohnt. Freilich hatten sich die Zeitgenossen in solchen Fällen auch daran gewöhnt, dem Niederfall eines dieser überhellen Meteore mit Gleichmut und durchaus mitleidslos zuzuschauen. Was Richard Wagner sogleich nach Abschluß der ersten Festspiele und einer ersten Bilanzierung erfahren mußte.

Die Bitterkeit in Wagners Briefen und Aussprüchen etwa zwischen 1876 und 1880 wurzelt im Grunde tiefer als alles frühere Ressentiment des genialen Schöpfers, der sich immer wieder, bis zum Augenblick des Gralswunders, als der Bote König Ludwigs eintrifft,

Seitenansic

pielhauses

als Versager erleben mußte. Ein Schuldenberg der ersten Bayreuther Festspiele läßt Wagner und auch Cosima plötzlich begreifen, daß man nur scheinbar gesiegt, doch zugleich auch vieles verloren hat. Cosima muß die Lage früher durchschaut haben als der Bayreuther Meister. In einem Brief vom 29. Dezember 1875, also im Stadium der Vorbereitungen für das Eröffnungsfest vom Sommer 1876, steht der merkwürdige Satz: »Mein Mann hat schon den Gedanken geopfert, ein freies Fest den weniger Bemittelten zu geben, und es werden alle Plätze verkauft werden.« Hier in der Tat hatte Richard Wagners Wähnen den Frieden nicht gefunden. Das geplante demokratische Fest konnte und durfte nicht stattfinden. Was sich vollzog im Augenblick, da der Kaiser die Huldigungen des Amphitheaters entgegennahm, war eine *Zurücknahme* gewesen. Die Wirklichkeit von Bayreuth konnte durchaus von Richard Wagner, schaute er zurück auf seine früheren Thesen und Konzepte, als glanzvolle Misere gedeutet werden, als eine Niederlage mit Siegesritual.

Die Zeitgenossen hatten damals viel Wesens davon gemacht, daß Wagner in offenbar grenzenloser Unbescheidenheit ein Theater für sich allein beanspruchte, das er mit keinem anderen Tonsetzer zu teilen gedachte, auch nicht mit den bewunderten Gluck und Beethoven und Weber. In Wirklichkeit war das Konzept dieses Musikdramatikers nur darin ungewöhnlich, daß Wagner die Träume, die viele große Musiker vor ihm und mit ihm geträumt hatten, so ernst nahm, daß er ihnen auch im öden Alltag zu folgen beschloß.

Man wird, um die Ursprünge des Festspielgedankens richtig zu deuten und nicht in unzulänglicher Weise aus der Künstlerpsychologie Richard Wagners abzuleiten, den *Zustand damaliger Operntheater* rekonstruieren müssen. Noch in der zweiten Hälfte des 19. Jahrhunderts lebte man in Deutschland in dieser Beziehung mitten im Feudalismus des Rokoko und einer Versailles-Imitation. Es war daher auch nur scheinbar widerspruchsvoll, wenn König Ludwigs Träume gleichzeitig erfüllt waren von deutsch-romantischen Mittelaltervisionen *und* einer Imagination der Epoche Ludwigs XIV. Linderhof und Neuschwanstein gehörten für diese Traumwelt zusammen. Ludwig II. von Bayern empfand sich, gleich den Fürsten des 17. und 18. Jahrhunderts, die sich ein Opernensemble hielten zur höfischen Ergötzung, wobei die Musikerlakaien bisweilen auch Gluck heißen mochten oder Mozart, als absolutistischen Auftraggeber. Darin unterschied er sich nicht wesentlich von anderen deutschen Fürsten und ihrer Hoftheaterpraxis. Ludwig freilich hatte sich stärker mit dieser neuen Opernkunst und ihrem Schöpfer eingelassen. So mußte er sich und Wagner eine niemals ganz ehrliche Komödie der Freundschaft vorspielen, die stets gefährdet war durch herrscherliche Ausbrüche, durch Gebot und Verbot.

Die deutschen Hofopern des 19. Jahrhunderts, ob in Berlin oder Dresden, München oder Meiningen, denen sich im Zuge allgemeiner Verbürgerlichung auch Städtische Opern anschlossen, wurden geprägt durch Geschmack und Launen des jeweiligen Hofes, nicht durch das ästhetische Konzept eines professionellen Operndirektors. Prädestiniert für das Amt eines Hoftheaterdirektors waren jene Söhne des Hofadels, die ein bißchen Bildung und einiges an künstlerischer Sensibilität hatten erkennen lassen. Das Leben eines *Hans von Bülow* ist bestimmt durch seinen erbitterten und hoffnungslosen Kampf gegen Schlamperei und Unverstand der adligen Opernchefs. Die Klagen der großen Komponisten des 19. Jahrhunderts über Inkompetenz, Faulheit und Gleichgültigkeit bei der Aufführung von Meisterwerken der Opernkunst sind einhellig. *Richard Wagner bildet hier keineswegs eine Ausnahme.* Da gibt es die satirischen Schilderungen E. T. A. Hoffmanns über die Art, wie man am Preussischen Hoftheater zu Berlin die Werke eines Gluck mißhandelt; das Scheitern des Operndirektors Franz Liszt an den Intrigen des Großherzoglichen Hoftheaters zu Weimar; die sarkastischen Berichte und Wutausbrüche von Hector Berlioz; die höfischen Intrigen gegen Carl Maria von Weber und die Berliner Uraufführung des

Im Orchestergraben

»Freischütz«. Der Pariser Skandal um Wagners »Tannhäuser« im März 1861 war kein singulärer Vorgang. Er gehörte zum permanenten Kampf der schöpferischen Musiker um eine angemessene, nämlich noten- und werkgetreue Interpretation ihrer Partituren. Es ist kein Zufall, daß beim Rückblick auf die großen Leistungen der Opernkunst und Orchestermusik im 19. Jahrhundert die wesentlichsten Impulse von Interpreten ausgingen, die selbst bedeutende Komponisten waren: von Carl Maria von Weber und später von Richard Wagner in Dresden, von Felix Mendelssohn-Bartholdy im Leipziger Gewandhaus, von Franz Liszt in Weimar, schließlich von Gustav Mahler in Wien.

Richard Wagner unterscheidet sich von seinen Zeitgenossen nicht dadurch, daß er die jammervolle Willkür einer Hoftheaterpraxis denunziert, sondern daß er die Misere folgerichtig durchdenkt und zu dem Schluß gelangt, daß mit Hilfe der etablierten Opernhäuser eine sinnvolle Verwirklichung seiner neuen Musikdramatik nicht geleistet werden kann. In einem Brief vom 17. Dezember 1861 an Hans von Bülow wird das zunächst als negative Folgerung aus Erfahrungen gezogen. Natürlich schreibt Wagner unter dem Eindruck der »Tannhäuser«-Vorfälle vom März eben dieses Jahres: »Ein Blick auf unsre Theater hat mir wieder deutlich gezeigt, was einzig Noth thut, wenn meine Kunst irgend Wurzel schlagen soll, und nicht gänzlich mißverstanden als Ephemere verwehen soll. Ich brauche ein Theater, wie ich es einzig selbst herstellen kann. Es ist nicht möglich, daß auf denselben Theatern, in welchen unser Opernunsinn – selbst den Klassischen mit eingerechnet – gegeben wird, und wo Alles, Darstellung, Auffassung und geforderte Wirkung, im Grunde genommen schnurstracks dem zuwiderläuft, was ich für mich und meine Arbeiten fordere, diese zur gleichen Zeit einen wirklichen Boden finden könnten. Stell' mir das Wiener und Berliner Hoftheater zur Disposition, mach' mich zum Herren Alles dessen, was ich brauche: ich kann es mir gar nicht stellen, und – glückte es rasenden Anstrengungen einmal etwas Rechtes zu Stande zu bringen, Alles bräche schnell wieder wie ein Kartenhaus zusammen, sobald morgen wieder der Prophet, oder selbst Zauberflöte, oder gar selbst Fidelio gegeben würde. Ich kann die ›Oper‹ nicht in meiner Nähe dulden, wenn mein Musikdrama gepflanzt werden soll.«

Dies ist zunächst die bloße Verneinung. Das Gegenbild aber kündigt sich in der Negation bereits an. Zwei Jahre später entwirft Wagner die neue ästhetische und bühnenpraktische Vision. Er entwickelt sie im Vorwort zur ersten öffentlichen Ausgabe seiner Nibelungen-Dichtung. Der Text gehört zu Wagners berühmtesten Manifesten. Er schließt, wie bekannt, mit der Frage, ob ein deutscher Fürst sich finden werde, der einen Teil des Jahresbudgets seiner Hoftheater für solche Musteraufführungen von Werken Richard Wagners abzweigen würde. »Wird dieser Fürst sich finden?–« Richard Wagner endet mit der ebenso kühnen wie unphilologischen Bibelübersetzung des Dr. Faust: »Im Anfang war die That.« Diese erste umfassende Entwicklung des Festspielgedankens ist im Jahre 1863 noch beherrscht von der Vision eines *demokratischen Festes*. Der Revolutionär des Jahres 1849 hat zwar das Konzept einer materiellen Umwälzung verworfen und betreibt von nun an, in enger Nachfolge des deutschen Idealismus, die ästhetische Erziehung seiner deutschen Zeitgenossen. Dies deutsche Volk selbst hingegen versteht er als eine demokratische Gemeinschaft, durchaus nicht als eine höfisch-großbürgerlich-großkünstlerische Elite.

Den großen Städten mißtraut Richard Wagner. Er hat seine Erfahrungen in Dresden und Wien und Paris gemacht. Die neue Verstörung in der Residenzstadt München steht ihm noch bevor. Jetzt aber bereits denkt er an »eine der minder großen Städte Deutschlands, günstig gelegen, und zur Aufnahme außerordentlicher Gäste geeignet«. Die zweite wesentliche Bedingung ist ebenso folgerichtig: in dieser mittleren Stadt darf es kein Theater geben.

Es folgen die berühmten und immer wieder zitierten Sätze: »Hier sollte nun ein provisorisches Theater, so einfach wie möglich, vielleicht bloß aus Holz, und nur auf künstlerische Zweckmäßigkeit des Inneren berechnet, aufgerichtet werden; einen Plan hierzu, mit amphitheatralischer Einrichtung für das Publikum, und dem großen Vortheile der Unsichtbarmachung des Orchesters, hatte ich mit einem erfahrenen, geistvollen Architekten in Besprechung gezogen. – Hierher sollten nun, etwa in den ersten Frühlingsmonaten, aus den Personalen der deutschen Operntheater ausgewählte, vorzüglichste dramatische Sänger berufen werden, um, ununterbrochen durch jede andersartige künstlerische Beschäftigung, das von mir verfaßte mehrteilige Bühnenwerk sich einzuüben.«

Richard Wagner war stets ein Meister der konkreten Utopie. Sein Projekt war genau durchdacht. Das demokratische Fest mußte auch durch die Form des Theaterbaus im Ablauf mitbestimmt werden. Die Hoftheater in Deutschland, meist noch aus dem 18. Jahrhundert stammend, präsentierten sich als Logentheater. Im Laufe fortschreitender Verbürgerlichung im 19. Jahrhundert hatte sich ein Theatertyp herausgebildet, dessen Struktur nicht vom Parkett bestimmt wurde, sondern vom ersten oberen Logenring. In der Mitte die obligate Fürstenloge, dann – von der Mitte wegstrebend zu den Seiten des Theaterraumes – die Logen der höfischen Würdenträger, je nach Bedeutung und Adelskarat gegeneinander abgestuft. Der zweite obere Logenring war den Offizieren und – gleichfalls meist adligen – Staatsbeamten der jeweiligen Monarchie reserviert. Im Parkett feierte sich das gehobene Bürgertum als Repräsentanz von Bildung und Besitz. Man schaute hinauf nach der Fürstenloge und freute sich, wenn bisweilen von einem der erlauchten Logeninsassen ein Blick geworfen wurde, durch das Lorgnon oder Monokel oder Opernglas, hinunter ins bürgerliche Parkett.

Richard Wagner kannte und haßte diesen Typ eines Theaterbaus, der den höfisch-bürgerlichen Kompromiß zu stabilisieren schien. Wie er sein eigenes Bayreuther Bühnenunternehmen schroff kontrastieren ließ mit der Bühnenpraxis jener deutschen Hoftheater, so gedachte er auch die architektonische Struktur des Bayreuther Innenraums, nicht minder schroff, als Kontrast zur Architektur der Hofbühnen zu konzipieren.

Die theoretischen Schriften Wagners aus der ersten Exilzeit in Zürich hatten den Rückweg gesucht zur *griechischen Tragödie* und zum Theater der großen Tragiker aus der Blütezeit von Athen. Das Theater der Griechen war ein demokratisches Fest: gefeiert freilich allein von freien Bürgern, unter Ausschluß der Metoeken und natürlich der Sklaven. Gefeiert wurde das Fest im Amphitheater: als Tragödie, Satyrspiel oder auch als aristophanische Komödie. Hier gedachte Richard Wagner anzuknüpfen. Die »amphitheatralische Einrichtung für das Publikum« sollte, wie Wagner schreibt, ohne Unterschied von Rang und Status allen Freunden der Kunst zugänglich sein. Sie alle waren willkommen, denn bereits ihr Besuch in Bayreuth zeugte von der rechten Gesinnung. Nebeneinander hatte man zu sitzen in den langsam ansteigenden Reihen. Kein Blick hinauf oder zurück zu den Logen und ihren auch äußerlich erhöhten Insassen. Auch kein zerstreuter und neugieriger Blick hinab zum Orchester und zum taktierenden Kapellmeister: »Zur Vollendung des Eindruckes einer solchermaßen vorbereiteten Aufführung würde ich dann noch besonders die Unsichtbarkeit des Orchesters, wie sie durch eine, bei amphitheatralischer Anlage des Zuschauerraumes mögliche, architektonische Täuschung zu bewerkstelligen wäre, von großem Werte halten.« Ein demokratisches Fest mit einem Publikum, das bestehen sollte aus »von näher und ferner her öffentlich Eingeladenen«.

Dies demokratische Fest fand nicht statt im August des Jahres 1876. Die Götter zogen zwar in Wahnfried ein, das Motto des Hauses sprach von gestillter Begierde, wohinter sich freilich neue Lust und Ungeduld Richard Wagners nur mühsam verbarg. Was jedoch

Markgräfliches Opernhaus

Festspielhaus

auf dem Festspielhügel zustandegekommen war und nun zelebriert werden sollte, unterschied sich weitgehend vom ursprünglichen Konzept. Nicht allein durch die gesellschaftliche Zusammensetzung des Premierenpublikums, das man nicht eben als stellvertretend bezeichnen konnte für demokratische Gleichheit. Ein Amphitheater war entstanden, gewiß, auch den »mystischen Abgrund« hatte sich Wagner ertrotzt; im übrigen aber entsprachen die Besucher dieser ersten Gesamtaufführung der Tetralogie durchaus dem üblichen Bild einer Hoftheaterpremiere.

Auch Richard Wagner hatte seit Niederschrift seines programmatischen Vorworts vom Jahre 1863 manche Veränderung erlebt. Nicht allein durch das Gralswunder des Fürsten, den er visionär beschworen hatte, und der in seinem Leben plötzlich und wundersam erschien. Geändert hatte sich Wagner mit seiner Zeit, und durch sie. Das hatte der Deutsch-Französische Krieg von 1870/71 bereits erkennen lassen. Wagners im Januar 1871 geschriebenes Gedicht »An das deutsche Heer vor Paris« ist nicht bloß der Form nach ein schlechtes Gedicht, sondern gleichzeitig ein Aufruf zu schrankenloser Eroberung auf Frankreichs Kosten. Richard Wagner schreibt jetzt eine witzlose, angeblich »in antiker Manier«, also nach dem Vorbild des Aristophanes, verfaßte Verhöhnung der Kommunarden im belagerten Paris. Es ist eine fade Offenbachiade, die sich auch über Victor Hugo lustig zu machen sucht. Bemerkenswert bleibt die Kontinuität zu Wagners Grundgedanken über den Gegensatz zwischen deutscher und französischer Kunst: Antithese aus dem »Tannhäuser«, aus den »Meistersingern«. Die Frankreichwelt war vormals Venusberg, dann wählte sie sich Beckmesser zum Repräsentanten, nun singt – in Wagners unvertonter Operette – Victor Hugo ein Couplet, mit dem er sich an die deutschen Belagerer wendet:

»Wir machen euch hier elegant.
Wer fänd' euren »Faust« appetitlich?
Gounod erst machte ihn niedlich:
Don Carlos und Wilhelm Tell,
denen gerbten wir erst das Fell.
Was wüßtet ihr von Mignon,
machten wir nicht dazu Mirliton?
Habt ihr euch den Shakespeare gestammlet,
wir schufen goûtable erst Hamlet!
Doch hattet ihr wirklich Genie,
den Parisern entging dies nie:
Orpheus aus der Unterwelt,
ihn haben wir angestellt.«

Entgleisung eines deutschen Patrioten, der in der Exaltation der Reichsgründung die Grenzen des Geschmacks und der Humanität überschreitet? Doch wohl nicht nur. Das Bayreuther Programm wirkt wie eine Ergänzung jener polemischen Exzesse. Die *Rede zur Grundsteinlegung des Festspielhauses* macht es sichtbar. Sie bedeutet einen völligen Bruch mit Wagners einstigen Plänen zur Realisierung gesellschaftlichen Fortschritts. Das Nationale ist hier dem Nationalistischen eng verwandt; humanen Fortschritt hält Wagner, als Schüler Schopenhauers, weder für möglich noch für wünschenswert. Einzig das Genie bedeute den Fortschritt. Vieles klingt hohl, ist nicht mehr durchlebt und durchlitten, sondern gleichsam selbstgefällig postuliert: »Dies aber ist das Wesen des deutschen Geistes, daß er von innen baut: der ewige Gott lebt in ihm wahrhaftig, ehe er sich auch den Tempel seiner Ehre baut.«

Die Frage eines menschlichen Fortschrittes aber sieht Wagner nunmehr so: »Alle Welt ist heutzutage in dem festen Glauben an einen immerwährenden, und namentlich in unsrer Zeit äußerst wirksamen, sogenannten Fortschritt, ohne sich eigentlich wohl darüber klar zu sein, wohin denn fortgeschritten werde, und was es überhaupt mit diesem ›Schreiten‹ und diesem ›Fort‹ für eine Bewandtnis habe; wogegen diejenigen, welche der Welt wirklich etwas Neues brachten, nicht darüber befragt wurden, wie sie sich zu dieser fortschreitenden Umgebung, die ihnen nur Hindernisse und Widerstände bereitete, verhielten. Der unverhohlenen Klagen hierüber, ja der tiefen Verzweiflung unsrer allergrößten Geister, in deren Schaffen wirklich der einzige und wahre Fortschritt sich kundgab, wollen wir an diesem Festtage nicht gedenken.«

Es ist das Bayreuther Programm eines Herrschers, nicht eines einstigen Demokraten und Sozialisten. In früheren Briefen an August Röckel, den amnestierten Hochverräter von 1849, hatte Wagner sein Bündnis mit Macht und Monarchen geradezu zornig und rechthaberisch rechtfertigen wollen. Nun wird nichts mehr gerechtfertigt; jetzt regiert die Bayreuther Idee. Alles dient dem Stiftertum einer neuen Kunstreligion: Niederschrift der Autobiographie, Begründung der »Bayreuther Blätter«, Patronisierung der Richard-Wagner-Vereine. Unverkennbar ist an all diesen Schöpfungen ein Grundzug des antidemokratischen, elitehaften Lobes der »Ungleichheit«. Kunst und Ungleichheit, Kunst und Religion sind nun die neuen Themen des Theoretikers Wagner. Cosima fördert diese Entwicklung. Die erste Gouvernante im Hause Wahnfried hat berichtet, daß Cosima Wert darauf legte, »den Kindern in der Weltgeschichte auch die Habsburger vorzuführen..., damit erstere noch mehr Interesse für das österreichische Kaiserreich zeigen möchten, wenn wir auf österreichischen Boden den Fuß setzen.«

Kaiser Wilhelm I. und seine Schwester
Großherzogin Alexandrine von Mecklenburg-Schwerin in Bad Ems

II

DER STAATSMUSIKANT

Drei zyklische Aufführungen seiner Tetralogie »Der Ring des Nibelungen« hat Richard Wagner in jenem August 1876 veranstaltet. Das begann am 13. August, einem Sonntag, und war am Mittwoch, dem 30. August, wieder zu Ende. Man spielte Rheingold, Walküre und Siegfried an drei Tagen hintereinander; nach einem spielfreien Tag folgte dann die »Götterdämmerung«. Zwischen die Zyklen hatte Wagner drei spielfreie Tage eingeschaltet. Zwölf Aufführungen folglich im Verlauf von achtzehn Tagen.

Der Kritiker Karl Frenzel hat einen Premierenbericht hinterlassen, der kulturhistorisch Aufschlüsse gibt über die Wandlung vom demokratischen Fest zum Festunternehmen eines Staatsmusikanten. »Wer war nun in Bayreuth?«, fragte der Berichterstatter etwas mokant. Es kommt ihm, ersichtlich keinem Verehrer Richard Wagners und seines Bayreuther Treibens, darauf an, die leeren Plätze zu markieren. Gewiß, den Bayerischen König hatte man während der Generalproben besichtigen können, den neuen Deutschen Kaiser an den Premierenabenden. Aber: »von unseren großen Staatsmännern und Feldherren war Niemand zugegen.« Also kein Bismarck, kein Roon und kein Moltke. Nur drei Parlamentarier, die namentlich genannt werden. Nur zwei preußische Diplomaten. Keiner der bürgerlich-freisinnigen Abgeordneten war in Bayreuth zu besichtigen, auch waren, wie Frenzel ziemlich giftig konstatiert, keine Abgeordneten der katholischen Zentrums-Partei erschienen, »die doch so gern die moderne Götterdämmerung – die Revolution – an den roten Wolken des Himmels abmalen, gerade wie Wagner.« Dieser Frenzel scheint Wagner immer noch, wofür in der Tat der Text der Tetralogie sprechen kann, als demokratischen Aufrührer zu verstehen, der diesmal jedoch, als Staatsmusikant, seinen Unterdrückern aufspielt. Allerdings muß Frenzel dann auch das Fehlen der Sozialdemokraten konstatieren. Er interpretiert es nicht unzutreffend mit ihrem Protest gegen die Zulassungsbedingung, die im Erwerb eines Patronatsscheins von 300 Talern oder wenigstens eines »Drittel-Patronatsscheins im Wert von 300 Reichsmark« zu bestehen hatte. Der Reporter und Kulturkritiker besitzt noch genügend klassische Bildung, um Herrn Wagner spöttisch daran zu erinnern, daß im antiken Athen »der Bürger umsonst des Aischylos ›Eumeniden‹ und die ›Ritter‹ des Aristophanes zu hören und zu sehen bekam!« Was heißen sollte: allein der Bau eines Amphitheaters genügte nicht zur Neubegründung einer antiken demokratischen Kulturtradition.

Immerhin kann der Berichterstatter nicht leugnen, daß viel Adels- und Künstlerglanz strahlte. Die Musiker unter Führung von Franz Liszt. Aber Frenzel vergißt nicht, die Abwesenheit eines Brahms, Anton Rubinstein, Verdi und Gounod zu notieren. Die Bildende Kunst ist glanzvoll repräsentiert, sowohl durch Makart und natürlich Anton von Werner, wie auch durch Lenbach und vor allem durch Adolph von Menzel. Sehr negative Bilanz der Literatur. Den journalistischen Beckmesser scheint es zu freuen. Mit seiner Aufzählung gibt er gleichzeitig einen genauen Querschnitt dessen, was in jener Gründerzeit für literarisch prominent gehalten wurde: Gutzkow und Berthold Auerbach, Gustav Freytag und Viktor von Scheffel, Spielhagen und Emanuel Geibel. Keinen sah man als Gast Richard Wagners in Bayreuth.

Übrigens war auch, was Frenzel nicht bemerkte oder nicht für bemerkenswert hielt, *Peter Tschaikowski* zugegen. Er hat einen ebenso lustigen wie boshaften Bericht verfaßt, fand alles sehr langweilig, begeisterte sich für ein paar musikalische Einzelheiten, referierte aber ausführlich und sehr genußvoll die *organisatorische Misere* dieses Galafestes in einer fränkischen Mittelstadt, die auf dergleichen überhaupt nicht eingerichtet war. Wo wohnt man, wie gelangt man, ohne den Besitz eines eigenen Wagens, in Festkleidung zum Festspielhaus und wieder zurück in die Stadt, wo kann man sich die Zeit vertreiben bis zum Aufführungsbeginn am frühen Nachmittag? Und vor allem: wo erhält man in den von Wagner angeordneten einstündigen Vorstellungspausen etwas zu essen? Glaubt man Tschaikowski, dessen Bericht aber von vielen anderen Reportern bestätigt wird, so fanden damals in Bayreuth wahrhaft homerische Kämpfe statt um Butterbrote und Würstchen.

Neben diesen ›Rittern vom Geist‹ trat die Geburtsaristokratie in den Vordergrund. »Die vielgenannten aristokratischen Damen aus Berlin, Wien und Petersburg, welche die eigentlich bewegende Kraft des Wagnertums bilden, spielten mit Walkürengürteln, mit Augenwinken und Lächeln die Rolle, die ihnen gebührt. Dahinter ihre Kavaliere, die wollend oder nicht wollend der Fahne des Propheten folgen... Dies als Zeichen der Gesellschaft, in der man sich in Bayreuth trotz aller schönen und vornehmen Damen bewegte – und diese Gesellschaft, in der bis auf wenige die großen deutschen Namen fehlten, hatte man die Keckheit, als die Blüte des deutschen Volkes zu bezeichnen!« (Frenzel)

Der Kritiker Isidor Kastan berichtete für das »Berliner Tageblatt« über Bayreuth am 16. August 1876. Er ist wohlwollender als Frenzel und hebt weniger die weißen Flecken auf der gesellschaftlichen Landkarte des Publikums hervor, als den Auftritt Wilhelms I.: »Alle Köpfe wenden sich der Fürsten Loge zu. Der Kaiser ist soeben ins Theater getreten. Kaiser Wilhelm in bürgerlicher Kleidung ist uns Berlinern und wohl auch den meisten Deutschen eine gewiß fremdartige Erscheinung. Wir können ihn uns eigentlich gar nicht anders vorstellen als in der Generalsuniform. Wirklich vergingen auch einige Sekunden, ehe die Menge den Kaiser erkannte. Aber mit einem Male brauste ein Beifallssturm, wie ein gewaltiger Orkan, durch den weiten Raum. Hoch Kaiser Wilhelm und nochmals und nochmals – der Jubel schien kein Ende nehmen zu wollen. Der Kaiser trat bis hart an die Logenbrüstung und verneigte sich, freudig lächelnd, nach allen Richtungen gegen die Versammlung. Als gewissenhafter Chronist darf ich anzuführen nicht unterlassen, daß die Gasteiner Quellen unseren Kaiser wirklich verjüngt haben.«

III

ASCHERMITTWOCH

Wie hat der Wähnende selbst sein Fest erlebt? Auch darüber gibt es Zeugnisse in den Notizen Cosimas und den Briefen Richard Wagners. Im Gegensatz zu Glücksgefühlen, bei der Uraufführung von »Tristan und Isolde« und dann der »Meistersinger von Nürnberg« in München und unter der Leitung Hans von Bülows, scheint Wagner bisweilen mit Ungeduld auf *Hans Richters* Stabführung reagiert zu haben. Während der Generalprobe saß er hinter König Ludwig, der befremdet auf Wagners Stöhnen, Zucken und Fluchen einging mit der Frage: ob dem Meister nicht wohl sei? Wagner setzte später brieflich auseinander, er habe während der Aufführung immer wieder ein Gefühl des Ungenügens verspürt: beim Klang des Orchesters wie auch beim Agieren der Sänger und bei der szenischen Verwirklichung. Albert Niemann war ihm lieb als der umkämpfte Pariser Tannhäuser von 1861; aber nun als Siegmund vermochte er die traumatische Erinnerung an Ludwig Schnorr von Carolsfeld, den unvergeßlichen und so früh gestorbenen Tristan von München, nicht zu verdrängen. Man hatte die besten Künstler versammelt. Der treue Franz Betz aus Berlin, Wagners glanzvoller und erster Hans Sachs, trat auf als Wotan und Wanderer. Amalie Friedrich-Materna ließ sich, als Brünnhilde, damals kaum übertreffen. Doch der große tragische Eindruck eines zyklischen, strukturell einheitlichen musikdramatischen Geschehens stellte sich nicht ein. Hans Richter führte Wagners Anweisungen getreulich durch, blieb aber der Gehilfe. Er war kein selbständiger und kongenialer Partner wie Bülow, an den Wagner, wohl nicht ohne Schuldgefühle, damals immer wieder hatte denken müssen.

Auch konnte ihm nicht die Diskrepanz zwischen diesem Werk und diesem Publikum entgehen. Alles war aufgeboten worden, um eine Gegenschöpfung und Anti-Unternehmung zum konventionellen Hofoperntreiben zu organisieren: Musikdrama anstelle der Oper. Allein die Musikalische Tragödie lief ab vor einem konventionellen Opernpublikum, das sich auch als solches benahm. Immer wieder rügen die Berichterstatter noch in späteren Jahren, daß Amphitheater und mystischer Abgrund, illusionistische Regie und Kunst der Leitmotive nichts ausrichten konnten gegen überlieferte Theatergewohnheiten. Man unterhielt sich halblaut während der Aufführung, da war Fächeln und Blicken und Lorgnettieren, ein übliches Theater im Theater. Zu schweigen vom Beifall während des Spiels und an falschen Stellen. Wieland Wagner hat später etwas ironisch, als es ihm darauf ankam, die applauslose Weihestimmung bei Aufführungen des »Parsifal« zu vertreiben, auf den Wagnerschen Ursprung des Applausverbotes beim Bühnenweihfestspiel hingewiesen. Richard Wagner war durchaus nicht gegen Applaus bei einer Aufführung des »Parsifal«. Was ihn störte und zu Proklamationen veranlaßte, war eine Unterbrechung der Vorstellung durch Kundgebungen von Beifall. Also Applaus nach Absage des reinen Toren an Kundry oder nach dem Karfreitagszauber. Der Münchener Hofsekretär L. von Bürkel, ein Freund und Gönner Wagners, hat Notizen zur Uraufführung des »Parsifal« von 1882 hinterlassen. »Nach dem ersten Acte war applaudiert und dann aus Andacht gezischt worden, nach dem zweiten Acte war alles (mißverstandenermaßen) ruhig, so daß Wagner fragte:›Jetzt weiß ich gar nicht, hat es dem Publikum gefallen oder nicht.‹« Auch habe der Meister erklärt: »Die Verwaltungsräte sind Ochsen, verbieten das Applaudieren, nun weiß ich gar nicht, ob es dem Publikum gefallen hat.« Das Gebot der Bayreuther Verwaltung hingegen mußte als Reaktion verstanden werden auf das Benehmen des Premierenpublikums vom Jahre 1876.

Hochgefühl und Ungenügen, ein befriedetes Wähnen und zugleich ein tiefer Zweifel an der Solidität und Gültigkeit dessen, was erreicht und vorgeführt worden war. Da war nicht nur bei Richard Wagner der Zwiespalt zwischen der Vision vom demokratischen Fest und einer musikdramatisch drapierten Opernwirklichkeit. Der Bayreuther Meister muß schon während der ersten Festspiele in bitterer Sorge die Einmaligkeit und *Unwiederholbarkeit* des Unternehmens überdacht haben. Man hatte in Wahnfried Hof gehalten als ein Fürst des Geistes und der Kunst. Die bayerischen Bürokraten in München registrierten alles voller Mißgunst. Bürkel hat es rückblickend, und zugunsten von Wagner, sehr nüchtern dargestellt: »Wagner, den die ganze finanzielle Gebarung nichts anging, der von der Aufführung nicht nur keinen Gewinn, sondern durch vermehrte Auslagen für ein drei Monate hindurch offenes Haus mit französischem Koch den größten Schaden erlitt, wurde vom Gerichtsvollzieher bedroht. Frau Cosima wollte 40000 Francs, ihr mütterliches Erbteil, zur Defizitdeckung opfern.« So war es zugegangen. Zwar hatten die Revisoren Heckel und Engelsmann am 24. Juni 1879 das »Hauptbuch über den Bau des Wagnertheaters in Bayreuth, und die Aufführung des Bühnenfestspiels ›Der Ring des Nibelungen‹ mit den Rechnungsbelegen verglichen und richtig befunden«. Man schloß mit einem Cassa-Vorrath von 2060 Reichsmark. Allein dahinter verbarg sich ein *schreckliches Defizit:* 945000 Mark für Bau und Einrichtung des Festspielhauses. Fast 180000 Mark hatten die Aufführungen gekostet. Der Finanzierungsplan mit den Patronatsscheinen konnte nicht vollständig durchgeführt werden. Man hatte 724775,32 Reichsmark eingenommen, dazu noch etwa 250000 Mark durch Aufführungsrechte und freiwillige Beiträge.

Allein die Königliche Kabinettskasse hatte mehr als 216000 Mark vorgeschossen, die Hoftheaterintendanz in München dazu noch 100000 Mark. Dieser Fehlbetrag mußte nun abgezahlt werden. Die Beziehungen zwischen König Ludwig und Wagner waren gespannt; da gemahnte nichts mehr an die Jubelzeit von 1864. Die Notizen Bürkels über die königlichen Diktate und Kabinettsschreiben in Sachen Wagner zwischen 1880 und Wagners Tod lassen keinen Zweifel über die gereizte, oft bösartige Haltung des Königs gegenüber dem jetzigen Meister von Bayreuth. Da heißt es etwa: »Seine Majestät sind nicht geneigt, viel Geld herzugeben für Herrn R. Wagner und für dessen Aufenthalt in Italien.« (8.5.1880). »Das heurige Unternehmen in Bayreuth darf S. M. dieses Jahr nichts kosten... Es sei an und für sich schon sehr viel für Herrn R.W. geschehen.« (22.5.1882, also während der Vorbereitung zur Aufführung des »Parsifal«). Zwischendrein immer wieder die gebieterische Forderung des Königs nach Münchener Separatvorstellungen des »Parsifal«, die Wagner mit immer neuen Einwänden abzuwehren sucht. Der König erpreßt geradezu Wagner durch das Mittel des Bayerischen Hofopernorchesters. Wenn er die Erlaubnis entzieht, daß das Orchester, ohne daß Wagner dafür zahlen muß, beim »Parsifal« in Bayreuth mitwirkt, geleitet vom Kapellmeister Levi aus München, können die Aufführungen nicht stattfinden. Es gibt eine Meldung vom 25. Februar 1883 aus der Umgebung des Königs, also unmittelbar nach Wagners Tod in Venedig. Darin macht der König geltend, »daß die Wagnerfamilie schlecht gehaust habe und, statt zu sparen, damit sie später etwas haben, hätten sie alles vergeudet. S.M. hätte nicht die geringste Lust, und sei mit der Geschichte nicht einverstanden, das Geld herzugeben. Der berühmte Liszt sei der Vater der Frau Wagner, und dieser soll für seine Tochter und deren Kinder sorgen.« (L. Mayr an K. Hesselschwerdt). L. von Bürkel hat auch eine Notiz über die Art und Weise hinterlassen, wie König Ludwig die Todesnachricht aus Venedig aufnahm. Bürkel hat den Bericht offensichtlich nach einer Mitteilung des königlichen Vertrauten Hesselschwerdt niedergeschrieben: »Beim Lesen der Depesche rief er: Ah! Tut mir eigentlich leid und doch nicht. War mir nicht ganz sympathisch. Sprach nur ›den Bürkel wird das sehr angreifen, der schwärmt für ihn.‹ Hat mir erst jüngst Schwierigkeiten mit Parsifal gemacht. – Er war ganz gleichgültig, so daß Hesselschw(erdt) ganz paff (sic) war.«

König Ludwig II.

Richard Wagner hatte sich schon in Tribschen und erst recht später in Bayreuth kaum mehr Illusionen gemacht über Denk- und Fühlweise seines Königs. Mit Cosima wurde darüber gesprochen, daß es natürlich Anlaß gebe zu großer Dankbarkeit; allein jener Appell vom Jahre 1863 an den tatenwilligen und enthusiastischen deutschen Fürsten habe kaum mit der Möglichkeit gerechnet, daß dieser Fürst so schwankenden Geistes und Gemüts sein könnte, wie Ludwig II. von Bayern.

Das Defizit von 1876 mußte abgezahlt werden. Es gibt eine persönliche Notiz Bürkels, vermutlich vom 10. Januar 1900. Da steht zu lesen: »Bayreuther Festspielschuld. Familie Wagner zahlt noch immer am Defizit ab. 120000 Mark sind jetzt getilgt durch jährliche Raten, 100000 M noch zu bezahlen.«

Entwurf von Josef Hoffmann für den III. Akt »Walküre« 1876

Hans Richter

Beilage zu den „Kölner Nachrichten."

Bühnenfestspielhaus
in Bayreuth.

Aufführungen am 13.—17., 20.—24. u. 27.—30. August

von

Richard Wagner's Tetralogie
Der Ring des Nibelungen.

Erster Abend: Rheingold.

Personen:

Wotan,	Götter	Herr Betz von Berlin.
Donner,		„ Elmblad „
Froh,		„ Unger v. Bayreuth.
Loge,		„ Vogl v. München.
Fasolt,	Riesen	„ Eilers v. Coburg.
Fafner,		„ Reichenberg v. Stettin.
Alberich,	Nibelungen	„ Hill v. Schwerin.
Mime,		„ Schlosser v. München.
Fricka,	Göttinnen	Fr. Grün von Coburg.
Freia,		Frl. Haupt von Cassel.
Erda,		Fr. Jaide v. Darmstadt.
Woglinde,	Rheintöchter	Frl. Lehmann I v. Berlin.
Wellgunde,		„ Lehmann II v. Cöln.
Floßhilde,		„ Lammert v. Berlin.

Nibelungen

Ort der Handlung: 1. In die Tiefe des Rheines.
2. Freie Gegend auf Bergeshöhen a. Rhein.
8. Die unterirdischen Klüfte Nibelheims.

Zweiter Abend: Walküre.

Personen:

Siegmund	Herr Niemann von Berlin.
Hunding	„ Niering von Darmstadt.
Wotan	„ Betz von Berlin.
Sieglinde	Frl. Scheffzky von München.
Brünnhilde	Fr. Materna von Wien.
Fricka	Fr. Grün von Coburg.

Acht Walküren.

Ort der Handlung: 1, Das Innere der Wohnung Hundings.
2. Wildes Felsengebirge.
3. Auf dem Brunhildenstein.

Dritter Abend: Siegfried.

Personen:

Siegfried	Herr Unger v. Bayreuth
Mime	„ Schlosser v. München.
Der Wanderer.	
Alberich	„ Hill v. Schwerin.
Fafner	„ Reichenberg v. Stettin.
Erda	Fr. Jaide v. Darmstadt.
Brünnhilde	„ Materna von Wien.

Ort der Handlung: 1. Eine Felsenhöhle im Walde.
2. Tiefer Wald.
3. Wilde Gegend am Felsenberg.

Vierter Abend: Götterdämmerung.

Personen:

Siegfried	Herr Unger v. Beyreuth
Gunther	„ Gura von Leipzig
Hagen	„ Kögl v. Hamburg
Alberich	„ Hill v. Schwerin.
Brünnhilde	Fr. Materna von Wien.
Gutrune	Frl. Weckerlin von München
Waltraute	Fr. Jaide v. Darmstadt
Die Nornen.	
Die Rheintöchter.	

Mannen. Frauen.

Ort der Handlung: 1. Auf dem Felsen der Walküren.
2. Gunther's Hofhalle am Rhein.
Der Walkürenfelsen.
3. Vor Gunther's Halle
4. Waldige Gegend am Rhein.
Gunther's Halle.

Eintritts-Karten (1/3 Patronatschein) zu beziehen durch den

Kölner Richard Wagner-Verein.

Druck und Verlag der Langen'sche Buchdruckerei (Albert Ahn), Köln.

Die Rheint-

ıre 1876

Franz Betz als Wotan

Amalie Materna als Brünnhilde

Parsifal und die Blumenmädchen 1899

IV

DER REINE TOR

»Aufrichtige Freunde hat Wagner genug, nur an tätigen, aufopferungsbereiten Freunden mangelt es ihm. Sie lassen den Meister möglichst Alles allein tun und begnügen sich damit, am Genusse dessen teilzunehmen, was er mit saurem Schweiße errichtete... Daß die Einsichtigen zu Mächtigen werden, dazu ist keine Hoffnung vorhanden: Bayreuth aber, wo die Kunst bis jetzt am gewaltigsten sich äußern kann, ist ganz der Ort, wo die Mächtigen zu Einsichtigen werden könnten.« Das sind Sätze aus einer Flugschrift mit dem Titel »Staatshilfe für Bayreuth«, die Martin Plüddemann, ein enger Freund und Mitarbeiter Richard Wagners, im April 1877 drucken ließ. Es war das Dokument einer bitteren Enttäuschung, die sich als hoffnungsvolle Zuversicht drapiert hatte. Auch der Verfasser wußte insgeheim, daß keiner der Mächtigen im neuen Deutschen Reich, kein Reichskanzler oder Landesfürst, kein Bankier oder Großgrundbesitzer bereit wäre, den Schuldenberg der Familie Wagner abzutragen, zumal der berühmte Mäzen, König Ludwig, offenbar unzugänglich geblieben war.

In jenen ausgehenden siebziger Jahren muß Wagner die bitterste Verzweiflung gekannt haben. Dies war nicht mehr die übliche und fast wohlvertraute Misere jener ersten Exilzeit in Zürich mit anschließender Nomadenexistenz, sondern ein Rückschlag am Morgen nach dem Triumph: gleichsam eine *Zurücknahme.*

Damals sprach und schrieb Wagner von der Möglichkeit, nicht allein Deutschland, sondern Europa zu verlassen und *in Amerika,* falls die materielle Sicherheit erwirkt werden könnte, in einer ganz neuen Welt und unter neuen Umständen den Rest seines Lebens zuzubringen. Der Staatsmusikant verwandelte sich in solchen Augenblicken blitzschnell wieder in den freiheitsdurstigen und bindungslosen Demokraten, den Freund und Mitstreiter eines Michael Bakunin. Solche Rückfälle waren nicht selten. Noch in der letzten Lebenszeit zu Venedig sprach Wagner, wie im Jahre 1849, vom Niederbrennen der Paläste und von Proudhons These, wonach das Eigentum nichts anderes sei als Diebstahl.

Trost fand das nur scheinbar befriedete Wähnen abermals in der Arbeit. Während ein Plüddemann zusammen mit den Bayreuther Patronatsherren, während sich der Bayreuther Bankier Feustel zusammen mit wenigen Freunden, die Wagner unter den Bürokraten zu München besaß, um finanzielle und juristische Lösungen mühten, vollendete der Bayreuther Meister die Dichtung des »Parsifal«. Auch zur Entstehung des »Parsifal« gehört die auslösende Vision. Sie reichte zurück bis zum Karfreitag des Jahres 1857. Es war kurz vor dem Einzug in das Asyl auf dem grünen Hügel. Wagner stand vor seinem Häuschen und erblickte die Frühlingslandschaft am Züricher See. Karfreitagmorgen und Blühen der Natur. Hier lag die Keimzelle des späteren Bühnenweihfestspiels, auch ein musikalischer Höhepunkt der »Parsifal«-Partitur war damit gegeben. Den Handlungsverlauf – noch unter dem Titel Parzival – hatte Wagner nach seiner Gewohnheit als epische Erzählung in den letzten Augusttagen des Jahres 1865 niedergeschrieben. Nachdem die Trennung zwischen Tristan und Parsifal vollzogen, auch das »buddhistische« Dramenprojekt »Die Sieger« abgetan war, drängte sich der »Parsifal« immer deutlicher als noch zu leistendes Abschlußwerk auf. Für Wagner war es selbstverständlich, nach den Bayreuther Aufführungen von 1876 an diese letzte Arbeit zu gehen. Am 22. Juli 1877 berichtete er dem König aus Bad Ems von der Vollendung der Dichtung:

»Ja, ja! Alles ist leidenvoll! Doch Eines erhebt uns immer wieder aus dem Chaos der täglich, ja stündlich empfangenen Eindrücke der Gemeinheit und des Widerwärtigen, nämlich: der große, Alles überschauende Blick, mit welchem der auserwählte Freund uns

Mitleiden zustrahlt. Da kommen dann die Augenblicke, die eine besondere Begabung uns zu weihevollen Stunden auszudehnen hilft, welche wir dann, wiederkehrend, durch ganze Folgen von Tagen festzuhalten vermögen. Solche Tage waren es, die mir, in der Flucht vor Ekel und Grauen, die Stimmung eingaben, die Dichtung des ›Parsifal‹ zu verfassen. – Hier liegt sie vor Ihnen! Möge sie Ihnen einiges Gefallen bereiten, und Sie vielleicht in der Annahme bestärken, daß es nicht ganz wertlos sei, mich noch einige Jahre meiner Kunst zu erhalten.

In Demut grüßt unseren hohen Herren mein edles Weib, mein Haus und Kind! Mit unsterblichem Entzücken blicke ich zu dem Erhabenen auf, als

Sein
ewiges Eigen
Richard Wagner«

Am Nachmittag des 3. Mai 1879 erhielt der König ein Telegramm, das kurz vorher in Bayreuth aufgegeben worden war:

»Dritter Mai! Holder Mai!
Dir sei mein Lob gespendet!
Winters Herrschaft ist vorbei
und Parsifal vollendet.«

Eine große Hilfe wurde, seit 1880, der Protektor L. von Bürkel, der die Launen des Königs zugunsten von Wagner und Bayreuth ein bißchen beeinflussen konnte. Cosima schreibt ihm am 20. November 1880: »Es ist meinem Manne ein unendlich wohltuendes Gefühl, an einer Stelle, wo früher gegen ihn böswilliges Verkennen herrschte, nun verständiges Verständnis und freundschaftliches Wohlwollen zu finden, und in diesem Sinne sind für uns die Zeiten sehr viel besser geworden.« Auch Richard Wagner berichtet Bürkel nun, nachdem die Uraufführung des »Parsifal« für den Sommer 1882 geplant werden konnte, in guter Zuversicht. Freilich ist der Brief vom 23. August 1881 optimistisch stilisiert, denn er soll notfalls dem König vorgelegt werden: »Die Vorbereitungen der nächstjährigen Aufführung des Parsifal nehmen ihren ruhigen und – wie ich glaube – recht zweckmäßigen Verlauf. Ich nehme an, hierin in nichts im Rückstande zu sein. Da mir der Besuch meines erhabenen Wohltäters von der entscheidendsten Wichtigkeit ist, ließ ich es mir vor allem daran gelegen sein, durch einen zweckmäßigen Anbau die Räumlichkeit unseres Bühnenfestspielhauses hierfür würdig in den Stand zu setzen.«

Richard Wagner erweist sich bei Vorbereitung dieser letzten Premiere abermals als Theaterleiter von großer organisatorischer Begabung. Die Hauptpartien werden doppelt besetzt, wie er nach München schreibt, »da ich – um unsern Zweck bedeutender Einnahmen zu erreichen – auf eine möglichst starke Anzahl von Aufführungen bedacht sein muß.« Der »Parsifal« wurde im Jahre 1882 in der Tat dann sechzehnmal gespielt. Neben dem Wiener Tenor Hermann Winkelmann sangen noch Ferdinand Jäger und Heinrich Gudehus. Es waren auch drei Kundrys zur Stelle: angeführt von Amalie Materna, der Brünnhilde des Jahres 1876.

König Ludwig stellte zwar das Münchener Orchester unter Leitung von Hermann Levi zur Verfügung, war aber nicht zu einem Besuch in Bayreuth zu bewegen. Wagner fühlte sich tief verletzt. Am 1. Oktober 1882 schreibt er abermals an Bürkel: »Mir ist bang und sorgenvoll zumute! Das Fernbleiben meines erhabenen Wohltäters von den Aufführ-

Anna Bahr-Mildenburg als Kundry

rungen des Parsifal (leider muß ich verstehen, daß es nicht freiwillig war!) ... verstimmt mich in tiefster Seele.«

Bürkel hat auch berichtet, wie es während der Premiere zuging. Er durfte in der Pause zwischen dem zweiten und dritten Akt mit den Wagners soupieren: »in einem rot ausgeschlagenen etwas provisorischen Lokal«. Wagner schien gereizt und aggressiv. Nur der Verwaltungsleiter Gross durfte sich blicken lassen. Der dritte Akt begann verspätet, weil Wagner angeblich keine Lust hatte, das Gespräch mit Bürkel abzubrechen. Der Zwiespalt des Publikums, ob es sich benehmen sollte beim Bühnenweihfestspiel wie in einem Theater oder wie in einer Kirche, war evident. Richard Wagner war für das Theater und den Applaus, wenn auch nicht für Szenenapplaus. Die Bayreuther Satelliten wünschten ein andächtiges Schweigen, wie beim Gottesdienst.

Am künstlerischen Erfolg der Premiere war nicht zu zweifeln. Franz Liszt schrieb am 27. Juli 1882 an Hans von Wolzogen, der allgemeine Eindruck sei gewesen, »daß sich über dieses Wunderwerk nichts sagen läßt. Ja, wohl verstummt es die davon tief Ergriffenen: sein weihevoller Pendel schlägt vom Erhabenen bis zum Erhabensten.« Das Urteil von Liszt wurde jedoch, vor allem was die Musik des Bühnenweihfestspiels betraf, auch unter den Getreuen nicht allenthalben geteilt. Es gab zum erstenmal Getuschel über eine »mangelnde Schöpferkraft« des Meisters, und andere Getreue mußten beruhigend protestieren und dementieren. Auch an der Aufführung fand Wagner, im Gegensatz zu seinem hochzufriedenen Brief an König Ludwig vom 8. September 1882, insgeheim viel auszusetzen. Die Szene mit den Blumenmädchen war mißglückt, bisweilen eher komisch. Auch die Skizzen Joukowskys für die Kostüme waren zu flüchtig gewesen; man hatte kaum damit arbeiten können. Felix von Weingartner erinnert sich an die Blumenmädchen: »Ihre Kostüme sind geschmacklos, sogar unbegreiflich geschmacklos. Aber ihr Gesang ist über alles Lob erhaben.«

Diesmal folgte kein Aschermittwoch. Im »Bayreuther Tagblatt« vom 5. September 1882 konnte sich der Schöpfer des »Parsifal« bei der Bayreuther Bürgerschaft bedanken: »Wir sind durch solche geglückte Mitwirkung auf die Pfade einer schönen Anteilnehmung der Bayreuther Bürgerschaft auch an dem der Welt vorzuführenden Kunstwerke selbst geraten, deren förderliche Bedeutung in Erwägung ziehen zu dürfen, mir als ein nicht wertloser Erfolg der erlebten Festspiele erscheint.« Die Sprache dieses Dankschreibens ist umständlich und gequält. Sie muß der nicht unberechtigten Frage ausweichen, in welcher Weise eigentlich die Bayreuther Bürgerschaft ihre schöne Anteilnahme am Bühnenweihfestspiel hatte beweisen dürfen.

Auch die Festspiele des Jahres 1882 hatten in Vorbereitung und Ablauf nichts vom einst erhofften demokratischen Fest.

Ob man den »Parsifal« als schwächeres Alterswerk betrachten müsse, als Produkt sinkender Gestaltungskraft, darüber wurde seither immer wieder geschrieben. Die Reminiszenzen an frühere Werke sind offensichtlich, aber Richard Wagner hat das so gewollt. Das aus der Tiefe aufsteigende Vorspiel in As-Dur erinnert gleichzeitig an den Beginn der Tetralogie, aber auch an die Gegenvision des im Vorspiel zum »Lohengrin« in A-Dur herabsteigenden Grals. An die Stelle der Tragödie des Nibelungenrings trat ein Mysterienspiel mit prädestiniertem Heilsplan. Amfortas muß sündigen, damit er entsühnt werden kann. Seine Abneigung gegen Text und Musik des »Parsifal« hat Nietzsche in einem Bänkelgedicht abreagiert, das nicht zu den stärksten Produkten des Lyrikers Friedrich Nietzsche gehört. Es steht in dem Buch »Jenseits von Gut und Böse« (1886) am Ende des Abschnittes, der durch eine Analyse des »Meistersinger von Nürnberg«-Vorspiels eingeleitet worden war:

»Ist Das noch deutsch?
Aus deutschem Herzen kam dies schwüle Kreischen?
Und deutschen Leibs ist dies Sich-selbst-Entfleischen?
Deutsch ist dies Priester-Händespreizen,
Dies weihrauch-düftelnde Sinne-Reizen?
Und deutsch dies Stocken, Stürzen, Taumeln,
Dies ungewisse Bimbambaumeln?
Dies Nonnen-Äugeln, Ave-Glocken-Bimmeln,
Dies ganze falsch verzückte Himmel-Überhimmeln?
– Ist das noch deutsch? –
Erwägt! Noch steht ihr an der Pforte: –
Denn, was ihr hört, ist Rom –, Rom's Glaube ohne Worte!«

Verblüffend ist daran einzig das verwunderliche Pochen des Weltbürgers Nietzsche auf Deutschtum und Protestantismus. Thomas Mann hat noch in seiner letzten Lebenszeit das Gesamtkunstwerk des »Parsifal« als Wagners erstaunlichste Kunstleistung gerühmt. Unter den Musikern gibt es einen ganz unverdächtigen Lobpreiser, nämlich einen aus vielerlei Gründen dezidierten Antiwagnerianer. In einer Kritik vom 6. April 1903 über eine Pariser Konzertaufführung des »Parsifal«, der damals nur in Bayreuth szenisch aufgeführt werden durfte, schreibt *Claude Debussy:* »Im ›Parsifal‹, dem letzten Kraftakt eines Genies, vor dem man sich verbeugen muß, versuchte Wagner, der Musik weniger Zwang anzutun; hier atmet sie freier. Da ist nicht mehr dieses nerventötende, atemlose Keuchen, um der krankhaften Leidenschaft eines Tristan auf der Spur zu bleiben, den tierisch-wilden Schreien einer Isolde sich anzugleichen; da ist auch nicht mehr der großsprecherische Kommentar zu den Unmenschlichkeiten Wotans. Nirgends erreicht die Musik Wagners eine so heitere Schönheit wie im Vorspiel zum dritten Akt des ›Parsifal‹ und im ganzen ›Karfreitagszauber‹, obgleich sich selbst hier die persönliche Auffassung Wagners von der menschlichen Natur im Verhalten bestimmter Personen des Dramas kundtut... Man hört da Orchesterklänge, die einmalig sind und ungeahnt, edel und voller Kraft. Das ist eines der schönsten Klangdenkmäler, die zum unvergänglichen Ruhm der Musik errichtet worden sind.«

Daß Franz Liszt, trotz tiefer Entfremdung von Wagner, zur Aufführung gekommen war, gehörte zu einem Lebenskompromiß, so wie sich Cosima ein Jahr vorher (1881) auch noch einmal mit Hans von Bülow getroffen hatte, um über das Schicksal der beiden ältesten Töchter zu beraten.

Den Schlußakt der letzten Aufführung des »Parsifal« leitete der Komponist. Hermann Levi hat berichtet, wie Wagner plötzlich im mystischen Abgrund zum Dirigentenpult hinaufkletterte und ihm den Taktstock wegnahm. Levi blieb in Reichweite stehen, um notfalls einspringen zu können, was nicht nötig war. Denn Wagner war vom ersten Takt an im Bann des eigenen Werkes und verzauberte auch seine Musiker wie eh und je, wie einst in Dresden. Er war nachher traurig und von Todesahnung erfüllt.

Richard Wagners Schlußbericht über »Das Bühnenweihfestspiel in Bayreuth 1882« ist sehr merkwürdig. Da heißt es: »Verdankte ja auch der ›Parsifal‹ selbst nur der Flucht vor derselben (der Welt) seine Entstehung und Ausbildung! Wer kann ein Leben lang mit offenen Sinnen und freiem Herzen in diese Welt des durch Lug, Trug und Heuchelei organisierten und legalisierten Mordes und Raubes blicken, ohne zuzeiten mit schaudervollem Ekel sich von ihr abwenden zu müssen? Wohin trifft dann sein Blick? Gar oft wohl in die Tiefe des Todes. Dem anders Berufenen und hierfür durch das Schicksal Abgesonderten erscheint dann aber wohl das wahrhaftigste Abbild der Welt selbst als Erlösung weissagende Mahnung ihrer innersten Seele. Über diesem wahrtraumhaften Abbilde die wirkliche Welt des Truges selbst vergessen zu dürfen, dünkt dann der Lohn für die leidenvolle Wahrhaftigkeit, mit welcher sie eben als jammervoll von ihm erkannt worden war.«

Der Schlußbericht und auch Wagners Rede an die Künstler hatten mit Hoffnung auf Wiedersehen und Wiederholung im Jahre 1883 geschlossen. Dann trat Wagner seine letzte Fahrt nach Italien an. Im Palazzo Vendramin zu Venedig waren 18 Zimmer eines allgemein vermietbaren Seitenflügels bezogen worden. Hier entstanden die letzten Schriften. Wagner hatte seit langem darauf verzichtet, nur zu Fragen der Kunst das Wort zu ergreifen. Die Forderung nach allseitiger Geltung und widerspruchsloser Annahme seiner Gedanken hatte ihn eigentlich seit dem Herrschaftsantritt in Bayreuth dazu geführt, zu allen Fragen eine Lehrmeinung zu verkünden. Das konnte nicht ohne geheime Komik abgehen. Die Schrift über »Religion und Kunst« von 1880 enthielt folgendes erstaunliche Dekret:

»Dennoch könnte man, und dies zwar aus starken inneren Gründen, selbst den heutigen Sozialismus als sehr beachtenswert von seiten unsrer staatlichen Gesellschaft ansehen, sobald er mit den drei zuvor in Betracht genommenen Verbindungen der Vegetarianer, der Tierschützer und der Mäßigkeitspfleger, in eine wahrhaftige und innige Vereinigung träte.«

Ein offener Brief an Heinrich von Stein, in Venedig am 31. Januar 1883 unterzeichnet, zeigt Wagner als allzu getreuen Schüler der Rassenlehre Gobineaus. Den deutschen Stämmen wird durch Zurückgehen auf ihre Wurzeln eine Fähigkeit zugesprochen, die der gänzlich semitisierten sogenannten lateinischen Welt verlorengegangen sei. Dies ist die letzte Form der Auseinandersetzung mit den Pariser Hungerjahren 1839–1842. Auch den Gedanken der Anarchie hat Wagner beibehalten. Die Skizze einer gesellschaftlichen Zukunft, wie er sie zwei Wochen vor seinem Tode entwirft, vermag »Staat und Kirche ... nur als abschreckende warnende Beispiele« anzuführen. Anarchie verbindet sich mit eigener, wagnerischer Theologie. Bayreuth gedenkt keine andere Kirche neben sich zu dulden.

Am 13. Januar, einen Monat vor Wagners Tode, verließ Liszt die Familie Wagner, mit der er bis dahin den Winter verbracht hatte, um nach Budapest zu fahren. Eine Barkarole Liszts für Klavier, damals entstanden, schildert vorahnend eine Totenfahrt. Am Nachmittag des 13. Februar erlag Richard Wagner einem Herzschlag. Auf seinem Schreibtisch lag ein unvollendetes Manuskript: »Über das Weibliche im Menschlichen«; es war als Abschluß-Essay zu den Aufsätzen über Religion und Kunst gedacht. Die letzten Sätze, die Wagner schrieb, führten zurück zu seinen Anfängen, in die Welt jungdeutscher Sinnlichkeit und Frauenemanzipation, zum »Liebesverbot«: »Gleichwohl geht der Prozeß der Emanzipation des Weibes nur unter ekstatischen Zuckungen vor sich. Liebe – Tragik.«

Wagners Leiche wurde unter feierlichem Geleit, mit königlichen Ehren, von Italien nach Deutschland gebracht. An der bayerischen Grenze empfing der Beauftragte König Ludwigs den Trauerzug, um die Kränze des Königs zu überreichen. Auch in München wartete eine riesige Menschenmenge. Der König erschien nicht. Der Leichenzug wurde in Bayreuth empfangen und nach Wahnfried geleitet, wo die Kinder den Sarg erwarteten. Cosima nahm an der Beisetzung nicht teil. Auch Franz Liszt war nicht erschienen. Die ganze Stadt ehrte ihren Bürger Richard Wagner, aber der Theaterdirektor Angelo Neumann schrieb doch: »Mir war es, als hätte ein Gott uns verlassen: und alles, was da in Bayreuth geschah, hätte ebensogut einem wackeren Bürger dieser Stadt gelten können.«

Gralstempel von Paul von Joukowsky in der Uraufführung des Parsifal 1882

Der Trau

yreuth

Festspielhaus

DIE HERRIN VON BAYREUTH

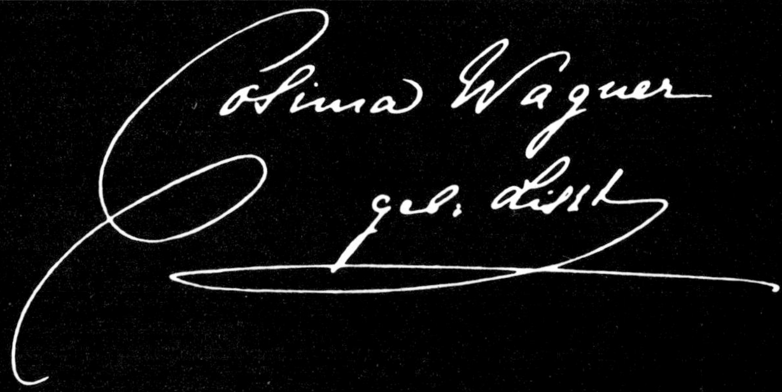

Cosima Wagner

I

COSIMAS WEG ZUR TRADITION

Das Bild hat sich der Nachwelt eingeprägt: Cosima und Richard Wagner. Die junge Frau und der ältere Mann. Cosima im Sessel und aufschauend zu dem Mann, dem Geliebten und dem Meister. Richard Wagner steht vor ihr und schaut hinab. Seine linke Hand hält die ihre; seine rechte Hand stützt er auf die Sessellehne: so wird eine scheue Umarmung gleichsam rituell angedeutet. Das Hohe Paar: so ist es seitdem verstanden worden.

Im »Prinzip Hoffnung« hat *Ernst Bloch* über den Mythos vom »Hohen Paar« nachgedacht. Das Hohe Paar gehört für ihn zur »Utopie der Ehe«, nämlich so: »Die Kategorie ›Hohes Paar‹ wurde bisher wenig beachtet, obwohl sie sogleich nach der mutterrechtlichen Gesellschaft hervorgetreten ist. Bachofen hat sie auffallenderweise umgangen, hat immer nur Weib oder Mann allein auf die jeweilige, entweder mutter- oder vaterrechtliche Höhe gesetzt. Dabei hat das hohe Zwei das eigentümlichste Wunschbild der Ehe entwickelt auch in den Augen ihrer Beschauer, nicht nur der Partner. Weib und Mann werden hier jeder in sich konzentrisch als Bild vorgestellt, das eine anmutig und gewährend-gut, das andere kraftvoll und herrschend-gut; erst die Verbindung aber wird Segen an sich. Sie erscheint als Einheit von Zartheit und Strenge, von Huld und Macht, ja, von Hure und Prophet, ...«.

Im Bild vom Hohen Paar Richard und Cosima Wagner wird Legitimität tradiert. Allein das Leben der Cosima Liszt, geschiedener Ehefrau des Freiherrn Hans von Bülow, der späteren Herrin in Tribschen und Bayreuth, bietet sich jahrzehntelang für eine damalige Außenwelt als skandalöses Spektakel einer gehäuften Illegalität und Illegitimität. Cosimas strenger Traditionalismus in Bayreuth, ihre Sehnsucht nach Fortbestand des einmal Erreichten und Geschaffenen macht ahnen, daß die Tochter von Franz Liszt, die Ehefrau Richard Wagners und Mutter seiner Kinder nur noch einem Gedanken nachlebt: dem Rückfall in neue Unordnung zu entgehen.

Cosimas Weg zur Tradition war schwer. Kaum eine Demütigung ist ihr erspart worden. Die Uneheliche und die Ehebrecherin. Verführerin, die einen König belügt, und einen Gatten. Als Isolde mochte sie sich zu Beginn der Liebesbindung an Richard Wagner gesehen haben: damals in München, während Bülow die Proben leitete, als ein junger König Marke. Am 10. April 1865 kam Cosimas dritte Tochter zur Welt, Isolde Josepha Ludowika. Bülow leitete am selben Tag die erste Orchesterprobe zu »Tristan und Isolde«. Aber dies Kind Isolde von Bülow war bereits ein Kind Richard Wagners.

Nach dem Tode Richard Wagners und wohl schon in den schweren Jahren seit dem Einzug der Götter in Wahnfried mag sich Cosima, die das Bühnenweihfestspiel entstehen sah und täglich vom Fortgang der Arbeit erfuhr, immer stärker mit der Gestalt einer Kundry identifiziert haben. Als Gurnemanz zu Beginn des dritten Aufzugs die erstarrte Kundry aus dem Todesschlaf erweckt, ist »aus Miene und Haltung ... die Wildheit verschwunden. – Sie starrt lange Gurnemanz an. Dann erhebt sie sich, ordnet sich Kleidung und Haar, und läßt sich sofort wie eine Magd zur Bedienung an.« Nur ein einziges Wort wird noch, vor der Erlösung wie nachher, von ihr gesprochen: rauh und abgebrochen. Das Wort: »Dienen – Dienen«.

Cosima war ein Weihnachtskind, sie kam im Jahre 1837 in Como zur Welt und ist 92 Jahre alt geworden. Sie war das zweite Kind aus einer freien Liebesverbindung von Franz Liszt mit der Gräfin Marie d'Agoult. Zwei Jahre früher wurde ihre Schwester Blandine in Genf, zwei Jahre nach Cosima der Bruder Daniel in Rom geboren. Es sind Kinder eines berühmten Virtuosen, der umherzieht: mit einer um fast sechs Jahre älteren Frau, von der er sich wenige Monate nach der Geburt des Sohnes Daniel trennt. Liszts Klavierstücke »Les Années de Pèlerinage« lassen ahnen, daß er diese Virtuosenjahre als Pilgerschaft vor sich zu deuten suchte. Der für sein Leben wie seine Kunst so kennzeichnende religiöse Erotismus hatte auch jene Verbindung geprägt, der Cosima entstammte.

Die Tochter war ihrer Mutter entfremdet worden, allein sie hat auch dem Vater niemals verziehen, daß er sie in der Jugend allein ließ und es trotzdem später wagen konnte, den Ehebruch an Hans von Bülow und die Bindung an Wagner zu mißbilligen. Liszt starb am 31. Juli 1886 während der Bayreuther Festspiele, sechs Tage nach der ersten Aufführung von »Tristan und Isolde« im Festspielhaus. Die Tochter war nicht zugegen, als er um Mitternacht die Augen schloß. Sie hatte Anweisung gegeben, die Krankheit geheimzuhalten, um nicht den Ablauf der Festspiele zu stören.

Die Biographie Cosimas erinnert in erstaunlicher Weise an den Lebenslauf ihrer Mutter. Marie d'Agoult kam zur Welt am 31. Dezember 1805, kurz nach Napoleons Sieg bei Austerlitz. Sie war das Kind eines französischen Grafen und der Tochter des Frankfurter Bankiers Johann Philipp Bethmann. Die Gräfin d'Agoult, in den Jahren ihrer Verbindung mit Liszt eine enge Freundin der George Sand und Chopins, war gleichfalls Schriftstellerin. Sie wählte sich das Pseudonym Daniel Stern. Unter diesem Schriftstellernamen hat sie später, nachdem Liszt sie verlassen hatte, den Roman dieser Künstlerliebe geschrieben: wobei der männliche Romanheld nicht besonders gut wegkam.

Im Jahre 1844 trennte sich Liszt endgültig von seiner Freundin. Die drei Kinder Blandine, Cosima und Daniel werden von ihm legitimiert; sie leben in Paris und erhalten eine sorgfältige, streng katholische Erziehung. Erst im Oktober 1853 besucht der Vater zum erstenmal nach neun Jahren seine Kinder in Paris. Er ist damals noch Hofkapellmeister in Weimar und lebt dort mit der Fürstin Caroline von Sayn-Wittgenstein, einer Russin, die immer stärkeren Einfluß nimmt auf die Erziehung der Kinder von Marie d'Agoult. Am 10. Oktober 1853 findet in Paris ein »Familienabend« statt. Hier lernt Cosima die Freunde ihres Vaters kennen, seine Mitstreiter um eine Neue Musik: Hector Berlioz und Richard Wagner. An jenem Abend liest Wagner den Schluß der Ring-Dichtung vor, den dritten Akt der »Götterdämmerung«.

Zwei Jahre später wünscht Liszt, daß die Kinder, die in Paris immer noch in Verbindung standen zu ihrer Mutter, nach Deutschland gebracht werden: zuerst nach Weimar, dann nach Berlin. Am 8. September 1855 trifft Cosima mit der Schwester Blandine in Berlin ein. Die Mädchen kommen in Pension zur Baronin Franziska von Bülow, der Mutter des Pianisten und Liszt-Schülers Hans von Bülow. Hans ist Lehrer am Sternschen Konservatorium in Berlin; er wird auch Klavierlehrer von Blandine und Cosima Liszt. Am 18. August 1857 wird Cosima in Gegenwart ihres Vaters in der St. Hedwigskirche zu Berlin

Franz Liszt

mit Bülow getraut. Die Hochzeitsreise führt über Weimar und Genf nach Zürich. Dort übersiedelt man zu Richard und Minna Wagner in das »Asyl auf dem grünen Hügel«, das Otto Wesendonck dem Komponisten eingeräumt hatte. Hans von Bülow liefert eine Abschrift der Dichtung von »Tristan und Isolde«. Anschließend kehren Bülows nach Berlin zurück. Hier freundet sich Cosima mit dem Schriftsteller Ernst Dohm an, dem späteren Großvater von Katia Pringsheim, der Frau Thomas Manns. Bei einem neuen Besuch in Zürich erleben Bülows den Höhepunkt der Krise zwischen Richard Wagner und Otto Wesendonck. Die Ehe Cosimas mit Hans von Bülow ist nicht glücklich. Cosima trifft wieder mit ihrer Mutter zusammen, fährt mit ihr nach Genf, hat dort eine Liebesgeschichte, die sie, nach eigenem späteren Geständnis, dem Selbstmord nahebringt. Sie kehrt aber zu Bülow zurück.

Das erste Kind, Daniela Senta, wird am 12. Oktober 1860 geboren. Cosimas Geschwister Blandine und Daniel sterben früh. Die 25jährige Cosima ist am Jahresende 1862 allein mit ihrer kleinen Tochter: elternlos, geschwisterlos, verheiratet mit einem sehr schwierigen, ungemein reizbaren und jähzornigen Mann, aber einem großen Künstler. Am 20. März 1863 wird eine zweite Tochter Blandine geboren. Hans von Bülow hat große Erfolge als meisterhafter Pianist und Dirigent vor allem der Werke von Beethoven und einer damals zeitgenössischen Musik. Er wird im Jahre 1864 zum Ehrendoktor der Universität Jena promoviert. Als Richard Wagner am 3. Mai dieses Jahres vom Bayernkönig nach München berufen wird, folgt ihm Cosima von Bülow wenige Wochen später mit den beiden Töchtern an den Starnberger See. Kurz darauf trifft auch Bülow in Starnberg ein: »mit zerrütteten Nerven«.

Das Weitere ist bekannt und immer wieder beschrieben worden. Eine ehebrecherische Verbindung der Baronin von Bülow mit dem Komponisten Richard Wagner, dem kostspieligen Günstling des jungen Königs, erregt die Gemüter in der katholischen Hauptstadt München. Alle Welt scheint zu wissen, was allein König Marke nicht ahnen mag. Richard Wagner ist verheiratet, denn Minna Wagner lebt noch, und Cosima ist die Gattin Hans von Bülows. Das erste Kind des späteren Hohen Paares kommt am 10. April 1865 in München zur Welt. Genau acht Monate später, am 10. Dezember, muß Richard Wagner auf Befehl des Königs die bayerische Hauptstadt verlassen; er reist zunächst nach Genf. Im Jahre 1866 stirbt Minna Wagner, die nach Dresden zurückgekehrt war. Cosima verläßt am 8. März ihren Mann und kommt mit Daniela zu Wagner nach Genf. Am 15. April läßt sich Richard Wagner in Tribschen bei Luzern nieder. Am 12. Mai 1866 zieht Cosima mit den drei kleinen Mädchen zu Wagner nach Tribschen. Auch Bülow will nicht weiter in München bleiben; er geht nach Basel, bleibt aber gleichzeitig Königlich-Bayerischer Hofkapellmeister. In dieser Eigenschaft leitet er am 21. Juni 1868 die Münchener Uraufführung der »Meistersinger von Nürnberg«. Die Aufführung wird ein Triumph für den Musikdramatiker, allein die Spannung zwischen Wagner und Bülow während der Proben war qualvoll. Wagner spricht von Bülows »tiefer Feindseligkeit und Entfremdung«.

Am 17. Februar 1867 war Eva Wagner geboren worden, dem Familiennamen nach immer noch Eva Maria von Bülow. Der Schein einer Ehe zwischen Cosima und Hans von Bülow muß der Welt gegenüber nach wie vor aufrechterhalten werden. Im Frühjahr und Frühsommer 1867 wohnt Cosima wieder bei ihrem Mann in München. Zu Weihnachten ist Richard Wagner vorübergehend dort zu Gast. Erst am 14. Oktober 1868, nachdem die Premiere der »Meistersinger« stattgefunden hat, trennen sich Bülows nach einer entscheidenden Aussprache. Am 16. November kommt Cosima mit den vier Kindern endgültig nach Tribschen. Am 17. Mai 1869 erscheint auch der Basler Professor der Klassischen Philologie *Friedrich Nietzsche* zum erstenmal in Tribschen. Kennengelernt hatte er Wagner

Friedrich Nietzsche

am 8. November 1868 bei Brockhaus in Leipzig. Nietzsche war im Februar 1869 nach Basel berufen worden. Am 6. Juni wird Siegfried Wagner in Tribschen geboren. Die männliche Erbfolge dieser Dynastie ist nun gesichert. Jetzt erst bittet Cosima um eine Trennung der Ehe, die Bülow bewilligt. Ein Jahr später, am 18. Juli 1870, ist die Ehe Bülow in Berlin gerichtlich geschieden, am 25. August werden Richard und Cosima Wagner in der protestantischen Kirche von Luzern getraut, zehn Tage später erhält Siegfried die Taufe.

Auch hier hatte ein Wähnen den Frieden gefunden. Das illegitime Kind einer Künstlerliebe, die in München wüst beschimpfte Ehebrecherin vermochte Ordnung zu schaffen in ihrem Leben. Nicht ganz indessen. Jahrzehnte später, bereits im neuen 20. Jahrhundert, muß es die Herrin von Bayreuth, die allseits hochverehrte Patriarchin, erleben, daß ihre Tochter Isolde Beidler, geborene von Bülow, das Gericht des Deutschen Reiches anruft, um den Nachweis zu führen, sie sei ein Kind Richard Wagners, nicht Hans von Bülows. Der Sinn der Klage ist evident: Siegfried Wagner ist damals unverheiratet und kinderlos. Isolde Beidler hat einen Sohn. Sie möchte für ihn die Bayreuther Thronfolge durchsetzen, kommt damit aber nicht durch. Am 19. Juli 1914 wird Isoldes Klage gegen ihre Mutter im sogenannten »Beidler-Prozeß« abgewiesen. Cosima werden diese Ereignisse weitgehend ferngehalten. Seit 1906 waren bei ihr schwere Herzanfälle aufgetreten. Den 70. Geburtstag zu Weihnachten 1907 erlebte sie nur mehr »am Rande«, doch in der Welt wird das Ereignis mit Pomp begangen. Im Jahre 1910 erhält Cosima Wagner aus Anlaß der Hundertjahrfeier der Friedrich-Wilhelm-Universität zu Berlin die Ehrendoktorwürde der Philosophischen Fakultät.

Die verlorene Zeit einer Unordnung und Ungesetzlichkeit war wiedergefunden worden unter den Formen von Recht und Ordnung. Seit den Kinderjahren hatte Cosima Liszt ihr eigenes Leben führen müssen, wobei sie stets in Widerspruch geriet zur Gesellschaft wie zu sich selbst. Aus der Einsamkeit des herumgestoßenen Kindes hatte sie sich in eine Ehe gerettet, aus welcher sie sich nun abermals retten mußte. Cosima gehört zu den großen Frauen ihres Jahrhunderts. Wie George Eliot in England, wie George Sand, wie das Leben der Russin Lou Andreas-Salomé, ist auch das Leben der Cosima Wagner ein Modellfall für Wirklichkeit und Möglichkeit einer Frau im bürgerlichen 19. Jahrhundert. Daß Cosima Wagner alle Wirklichkeiten in Möglichkeiten zu verwandeln wußte, macht sie, jenseits der Legenden und nachträglichen Harmonisierungen, zur großen Zeitgenossin.

Nach dem finanziellen Mißerfolg der Bayreuther Festspiele von 1876 hält Richard Wagner sein Unternehmen für ephemer und unwiederholbar, also gescheitert. Nach dem Erfolg des »Parsifal« von 1882 wagt er zwar nicht an eine Kontinuität, doch aber an eine stellvertretende Bedeutung seines Festspielgedankens zu glauben. Dennoch dürfte er insgeheim befürchtet haben, alles werde zu Ende sein nach dem Tode des Meisters von Bayreuth. Daß es Bayreuther Festspiele gibt auch im Jubiläumsjahr 1976, ist das Werk Cosima Wagners, der Umhergestoßenen und Umhergetriebenen, der es gelang, als Hohe Frau in der Konstellation des Hohen Paares auf die Nachwelt zu kommen. Für Friedrich Nietzsche ist sie Ariadne gewesen. Von Richard Wagner trennte er sich in Haß und Hohn. Cosima hat er bis in die Augenblicke der Umnachtung hinein bewundert und geliebt.

BAYREUTH ALS GEISTIGE LEBENSFORM

Als der Sohn Richard Wagners während der Bayreuther Festspiele von 1930 plötzlich starb: schwer herzkrank, wie sein Vater, mußte seine Witwe Winifred das Amt einer »Herrin von Bayreuth« übernehmen. Es war unvermeidlich, daß man sie sogleich und zu ihrem Schaden mit der mythischen Figur jener einstigen und prägenden Herrin der Festspiele verglich: mit ihrer Schwiegermutter Cosima. Die Gegner der jungen Frau verfehlten nicht, den Gegensatz scharf zu akzentuieren. Hier Cosima Wagner, die Tochter von Franz Liszt und geniale Gefährtin des Bayreuther Meisters, dort eine junge Engländerin, adoptiert vom Musiker Karl Klindworth, eine junge Frau an der Seite des alternden Siegfried Wagner, die Mutter seiner vier Kinder. Was aber, so rügten nicht allein die anderen Mitglieder der Familie Wagner, vor allem die Schwägerinnen Daniela Thode und Eva Chamberlain, brachte sie mit an musikalischem Handwerk und künstlerischer Erfahrung für die Leitung der Festspiele? Mit den Möglichkeiten einer Cosima durfte diese neue Bayreuther Herrin im mindesten nicht verglichen werden.

Das war nicht allein ungerecht, sondern erinnerte daran, was den damaligen Kritikern längst nicht mehr bewußt war, seit Cosima als Legende auf die Nachwelt kam, daß beim plötzlichen Tode Richard Wagners die gleichen Vorwürfe aufgetaucht waren. Richard Wagner hatte kein Testament hinterlassen. Daß Cosima Wagner die für 1883 geplanten Festspiele nunmehr leiten solle, war für den engsten Kreis der Schüler Richard Wagners keineswegs ausgemacht. Jener Martin Plüddemann beispielsweise, der sich leidenschaftlich um die Deckung des Defizits von 1876 bemühte, schreibt 20 Jahre später (1896), zu einem Zeitpunkt folglich, da es Cosima gelungen war, das vom Meister selbst anerkannte Gesamtwerk Richard Wagners, noch mit Ausnahme des »Fliegenden Holländer«, nunmehr in Bayreuth heimisch zu machen: das Regime der Witwe habe Richard Wagners Ideen und das nationaldeutsche Konzept der Bayreuther Festspiele von Grund auf verfälscht. In einem Brief an Ludwig Schemann, einen der wichtigsten Ideologen der Bayreuther nationalistischen und antisemitischen Doktrin, schreibt Plüddemann (25. Februar 1896): »... Cosimas Geist, fürchte ich, ist schließlich das Grab des wahren Bayreuther Geistes. Den Schlüssel zu diesem Rätsel bildet der lakonische Ausspruch des mit ihr innig befreundeten Josef Rubinstein zu mir: Ich halte sie für gänzlich unmusikalisch! – Wagners Werke können voll aber nur aus dem tiefsten Grunde des deutschen Gemütes, der deutschen Musik verstanden und wiedergegeben werden ... Überall, seit C. wirklich am Ruder, ist die Rede von theatralischen Wirkungen, szenischen Verbesserungen etc., nicht von der Musik ... Gefährlicher ist der Bayreuther Internationalismus, wie er gerade durch Cosimas echt französisches, jedenfalls vom Wirbel bis zur Zehe undeutsches Wesen zum Verderben von Bayreuth heraufbeschworen wurde! ...«

Die »Fremden« seien nunmehr heimisch geworden in Bayreuth, so daß sich die wahrhaft Deutschen bedrängt fühlen müßten. Fünf Jahre früher hatte der österreichische Musiker Friedrich von Hausegger an einen anderen Bayreuther Erzideologen, nämlich an Hans von Wolzogen, geschrieben: »Es ist unmöglich, daß ein Weib, und wäre es noch so begabt ... noch so tatkräftig, noch so opferwillig (alles ist ja vorhanden) – den weiten Gesichtskreis eines Mannes, wie Wagners, umfassen könnte ... Ich wollte, ich irrte mich. Viele, viele aber ... denken wie ich.« (27. Februar 1891).

Die Erbfolge blieb also niemals unumstritten. Nach der Beerdigung Wagners in Bayreuth waren viele ergebenste Wagnerianer der Meinung, die Weiterführung der Festspiele müsse bedeutenden Musikern anvertraut werden, am besten einem Duumvirat von Franz

Villa Wahnfrie

ichard Wagners

Liszt und Hans von Bülow. Daß diese Möglichkeit unausführbar sein mußte, wurde bald evident. An eine Rückkehr Hans von Bülows nach Bayreuth, und damit zu Cosima, konnte nicht gedacht werden. Jene Alternative jedoch, der Cosima sogleich und energisch widersprach, machte die möglichen *Gegensätze der Konstellationen* sichtbar. Eine Fortführung des Bayreuther Unternehmens durch Liszt oder Bülow bedeutete den Primat eines schöpferischen Musikertums. Bayreuth wurde bei einer solchen Konstellation verstanden als internationales Experiment einer Neuen Musik, das von nun an weitergeführt werden mußte durch die nachwachsenden Komponisten aus Wagners Schule: möglicherweise eines Tages auch von neuen und kühnen Tonsetzern, die sich im Gegensatz zu einigen Grundprinzipien des Schöpfers der Tetralogie entwickeln würden. Ernst gemacht hätte man in solchem Falle mit Richard Wagners schöpferischer Unruhe, seiner Unersättlichkeit beim Erproben eines durchaus Ungewohnten.

Dieser Weg wurde nicht beschritten. Vermutlich waren im Jahre 1883 gar keine Voraussetzungen für eine solche Lösung gegeben. Liszt und Bülow mußten aus triftigen Gründen ausscheiden. Wer aber hätte damals das Werk Richard Wagners schöpferisch weiterführen können? Der hochbegabte junge Münchener Richard Strauss vom Jahrgang 1864 war zu jener Zeit noch überzeugter »Brahmine«. Mit seinem Vorbild Johannes Brahms lehnte er das Wagnertum ab. Erst eine Begegnung mit Alexander Ritter brachte die Wendung. Cosima Wagner holte sich dann, im Jahre 1894, eben diesen Richard Strauss als Dirigenten des »Tannhäuser« nach Bayreuth. Strauss übernahm die Leitung als Nachfolger Felix Mottls, des ersten Bayreuther Tannhäuser-Dirigenten von 1891. Allein Cosima trennte sehr energisch, wie Strauss selbst berichtet hat, seine hochgeschätzte Dirigentenleistung von ihrer dezidierten Nichtschätzung der eigenen Kompositionen dieses noch jungen Menschen.

Indem gegen die Möglichkeit eines permanenten Festspiels der Neuen Musik in Bayreuth entschieden wurde, traf man gleichzeitig eine *dynastische Entscheidung*. Bayreuth war ein Familienunternehmen des Hauses Wahnfried. Mit dem Tode Wagners im Palazzo Vendramin hatte sich der Schöpfergeist entfernt. Von nun an war bloß noch Dienen möglich: als Wiederholung, Bewahrung, Kodifizierung. Die Bayreuther Festspiele als Kreation eines experimentierenden Genies wurden umgewandelt ins Ritual. Nach dem rätselhaften Wort des Gurnemanz zum reinen Toren Parsifal wurde auch hier die Zeit zum Raum. Die Wagnerzeit wurde im amphitheatralischen Raumgebilde des Festspielhauses von nun an »aufbewahrt«, also durchaus nicht aufgehoben in einem dialektischen Sinne. Dies alles ist Cosimas Werk. Im Gegensatz zu Richard Wagner scheint es ihr durchaus an geistiger Neugier gefehlt zu haben. Sie hatte viel gelernt als junges Mädchen; das hatte Franz Liszt von den bestellten Erzieherinnen gebieterisch verlangt. Sie spielte auch, als Tochter des größten Pianisten jener Zeit, offenbar recht gut Klavier. Allein Siegfried Wagner hat berichtet, daß er zum erstenmal im Todesmonat Richard Wagners, im Februar 1883, im Palazzo Vendramin dem Klavierspiel seiner Mutter lauschen durfte.

Cosimas Leben nach Wagners Tod gehört ganz und gar dem Ritual der ewigen Wiederholung. Die Zeit steht still. Am Todestag Richard Wagners bricht sie das gewaltige Unternehmen der Tagebuchaufzeichnungen endgültig ab. Nun bleibt nichts mehr zu berichten. Sie liest immer wieder, was sie mit Wagner gelesen und besprochen hatte. Dem Schwiegersohn Chamberlain erklärt sie ohne Beschönigung: »Ich versichere Sie, daß die Bücher, die ich gelesen habe, auf einem Brett Raum hätten, und seit manchem Jahr besteht meine Lektüre eigentlich nur im Wiederlesen.« Es ist daher auch historisch falsch und folglich ungerecht im moralischen Verstande, wenn man das Bayreuther Festspielsystem der Cosima Wagner schlechthin gleichsetzt mit der konzentriert reaktionären Ideologie

Richard Strauss

Venusbergszene aus der »Tannhäuser« – Inszenierung von 1891

der »Bayreuther Blätter« und mit dem völkisch-judenfeindlichen Treiben Wolzogens, Schemanns oder auch Chamberlains. Plüddemann oder Schemann hatten nicht unrecht, wenn sie die französich erzogene, unter Juden, Liberalen und Sozialisten aufgewachsene Cosima als insgeheim undeutsch und kosmopolitisch verdächtigten. Vermutlich verstand die Witwe Richard Wagners die Beschäftigung mit der Rassenlehre des Grafen Gobineau, mit den national-deutschen Rhapsodien des Orientalisten Bötticher, der unter dem Pseudonym Paul de Lagarde schrieb, übrigens auch die Förderung der föderalistischen Konzepte eines Constantin Frantz als bloße Pflichtübung, weil sich Wagners geistige Neugier und auch sein antisemitisches Trauma daran entzündet hatten.

Freilich hatte Cosima schon im Jahre 1882 die Anregung gegeben, das Buch des Grafen Gobineau über die Ungleichheit der menschlichen Rassen und die Vorherrschaft der Arier ins Deutsche übersetzen zu lassen. Ludwig Schemann publizierte dann im Jahre 1898 in drei Bänden seine Übersetzung von Gobineaus Versuch über die Ungleichheit der Menschenrassen. Schemann war auch, mit anderen Mitgliedern des »Bayreuther Kreises«, die treibende Kraft bei Gründung einer »Gobineau-Vereinigung«, von der sich Cosima jedoch schon gegen Ende des Jahrhunderts immer stärker zurückzog. Das war nicht allein mit Konkurrenzgefühlen gegenüber einem Kult des französischen Grafen zu erklären. Cosima durfte nicht verkennen, daß die aggressive, antisemitische und nationalistische Deutschtümelei des »Bayreuther Kreises« im Widerspruch stand zum Grundkonzept der Bayreuther Festspiele, damit natürlich auch zu den finanziellen Interessen des Festspielhauses und des Hauses Wahnfried. Bayreuth als geistige Lebensform war mithin im Zeichen Cosima Wagners in doppelter Weise durch innere Widersprüche bedroht. Einmal als Kontrast eines immer noch unerhörten, fortzeugenden und ärgerniserregenden Kunstwerks zu seiner geplanten und schließlich bewirkten Vergötzung. Zweitens als Gegensatz einer Witwe, die sich allerdings auskennt in den Sympathien und Phobien ihres verstorbenen Gatten, ohne alles aus eigenem Denken und Fühlen mitvollziehen zu können, zu jenen Vasallen und Lehnsleuten einer reinen Bayreuther Lehre, die emsig bestrebt waren, die von einem einstigen Revolutionär geschaffenen Kunstwerke als ideologische Waffe der politischen und kulturellen Regression einzusetzen.

Das ergab nicht allein Konflikte zwischen den Bayreuther Ideologen und den Bayreuther Sängern wie Musikanten. Auch unter den Mitwirkenden der Festspiele brachen die Gegensätze auf.

Im Jahre 1888 übernahm Julius Kniese, zur Unterstützung von Heinrich Porges, die Leitung der Bayreuther Chöre, die er bis zum Jahre 1904 von nun an betreuen sollte. Mit ihm kam ein antisemitischer Gegenspieler des Parsifal-Dirigenten Hermann Levi nach Bayreuth, der sein erklärtes Ziel darin sah, mit Hilfe des »Bayreuther Kreises« den mißliebigen Juden wegzuekeln. Wie sehr die Ideologie des »Bayreuther Kreises« all jene anzustecken vermag, die sich, als Männer der Wissenschaft, mit den Dokumenten einlassen, beweist das Buch von Winfried Schüler »Der Bayreuther Kreis. Wagnerkult und Kulturreform im Geiste völkischer Weltanschauung« (Münster 1971), wo es, zur Charakterisierung Julius Knieses, in schöner Unbefangenheit heißt, ganz unberührt von aller Geschichtserfahrung: »Zudem war Kniese ein Mann, der in Wahnfried durch sein urwüchsiges deutsch-patriotisches Wesen, durch sein national gefärbtes gläubiges Luthertum und durch seinen rigorosen Antisemitismus sehr zu gefallen wußte.«

Die Dynastie

III

BEGRÜNDUNG EINER DYNASTIE

Trotz all dieser Widersprüche war die Leitung der Bayreuther Festspiele durch Cosima Wagner überaus erfolgreich. Sie hat das einmalige Unterfangen Richard Wagners, freilich um den Preis der Vergötzung und Ritualisierung, planmäßig institutionalisiert. Nicht allein durch den Entschluß, das Bayreuther Aufführungsprivileg des »Parsifal« durch eine Permanenz dieses Werkes auf dem Bayreuther Spielplan vor der Öffentlichkeit zu rechtfertigen. Auch durch die Absage an eine Minimallösung, die neben dem »Parsifal« nur noch die Tetralogie als Bayreuther Pflichtübung betrachtet hätte. Als Herrin von Bayreuth hat es Cosima wagen können, einen geheimen Wunsch Richard Wagners zu erfüllen, den der Künstler selbst in seiner letzten Lebenszeit kaum wähnen mochte: den Einzug aller Werke Richard Wagners seit dem »Fliegenden Holländer« ins Festspielhaus. Cosima Wagner ist dabei ungemein klug und geschickt vorgegangen: sie wagte zehn Jahre nach den ersten Festspielen (1886) eine Bayreuther Erstaufführung von »Tristan und Isolde« nach dem Modell der Münchener Uraufführung. Drei Jahre später (1889) gesellten sich die »Meistersinger von Nürnberg« zu Tristan und Parsifal; 1891 ließ Cosima durch den Spielleiter Anton Fuchs und den bewährten Bühnenbildner Max Brückner eine Neuinszenierung des »Tannhäuser« folgen, die Felix Mottl einstudiert hatte. Die Bayreuther Festspiele von 1892 sind zunächst vorsichtig auf den Bestand des schon Erreichten bedacht; zwei Jahre später (1894) schließt sich der »Lohengrin« an: vorbereitet durch jene Künstlergruppe, die den »Tannhäuser« erarbeitet hatte.

Erst 20 Jahre nach den ersten Festspielen unternimmt die Witwe Richard Wagners und Herrin von Bayreuth zum erstenmal eine Neueinstudierung des Nibelungenrings. Das künstlerische Unternehmen, alle vier Werke der Tetralogie einstudieren zu müssen, ist so schwierig und aufwendig, daß kein anderes Werk, nicht einmal der »Parsifal«, in jenem Festspieljahr aufgeführt werden kann. Hans Richter steht wieder am Pult, wie beim Festspiel von 1876. Fünf Aufführungen der Tetralogie finden diesmal statt. Neben Hans Richter erscheint abermals Felix Mottl als Dirigent.

Noch ein dritter, wesentlich jüngerer und weit weniger erfahrener Musiker darf zum erstenmal mit Richter und Mottl alternieren: *Siegfried Wagner.* Ein junger Mann von 27 Jahren, der Sohn, hebt nun den Taktstock an jener Stelle, wo sein Vater den Schlußakt bei der letzten Aufführung des »Parsifal« im Jahre 1882 geleitet hatte.

Cosima hatte all ihre Vorsätze erreicht: eine Institutionalisierung der Festspiele im Dienst von Richard Wagners Gesamtwerk, dazu die Begründung einer Dynastie.

Cosima war sehr empfindsam. Bei jeder Aufführung des »Lohengrin«, das hat sie selbst gestanden, kamen ihr die Tränen. In den Tagebüchern wird oft von einer gemeinsamen Ergriffenheit berichtet, denn auch Richard Wagner liebte bisweilen das genußvolle Weinen.

Cosima war sehr hart. Das Leben war hart mit ihr umgegangen. Sie hat nicht allein eine Dynastie begründet, sondern auch, in anderer Weise als Wagner und trotzdem ihm auch darin ähnlich, das eigene Bild für die Nachwelt monumentalisiert. Eine Frau, die jahrelang in aller Öffentlichkeit geschmäht werden konnte als illegitim und illegal, stilisierte sich zur würdigen Vertreterin bei Darstellungen der weiblichen Hauptrolle eines Hohen Paares. Auch die Eigenschaftswörter, die man seit dem Ausgang des 19. Jahrhunderts verwendet, wenn die Rede sein soll von der Bayreuther Herrin, sind entsprechend stilisiert. Höhe, Würde und Adel. Ihr wichtigster Berater in allen Geschäftsdingen, der spätere Geheimrat Adolf von Gross, bediente sich bisweilen der Briefanrede »Meine Edle«.

Hermann Levi

Felix Mottl

Karl Muck

Alle Widersprüche waren schließlich einem strengen Stilwillen geopfert worden. Die Französin Cosima Liszt repräsentierte ein nationaldeutsches Kulturideal. Die Rechtsbrecherin korrespondierte mit Fürsten über Probleme der Tradition. Daß Cosima Liszt nicht bloß praktischen Sinn besaß und Lebensklugheit, sondern auch Humor, ist spät erst bekannt geworden. Die Schwiegertochter hat das Bild einer uralten Frau ahnen lassen, die sich jeweils am Abend heiter mit dem Nachttrunk aus der Bierflasche zu Bett legte. Der Papagei kannte das vertraute Geräusch der sich öffnenden Bierflasche und ahmte es nach. Es ist zu vermuten, daß die in Paris erzogene Tochter von Liszt nur französischen Wein bei der Mahlzeit gekannt hatte. Aber der Leipziger Richard Wagner war Biertrinker. In Wahnfried war »Weihenstephan« ein vertrauter Name.

Die Widersprüche ihrer Natur und Lebensentwicklung hat Cosima nach dem Tode Richard Wagners produktiv gemacht. In den ersten Tagen, als die Überführung des Sarges nach Deutschland geplant werden mußte, und Cosima sich allein wiederfand in Haus Wahnfried, hörte man von ihr nur die Worte: »Laßt mir das Grab und die Trauer, der Weiterverbreitung des Ruhmes mögen sich die Freunde annehmen. Mein Mann selbst dachte so, mir ist alles recht ...«. Allein schon am 23. Februar 1883 kann Gross nach München berichten, daß Cosima am Gedanken festhalte, die geplanten Aufführungen des »Parsifal« stattfinden zu lassen. Einen Monat später ist auch die erbrechtliche Lage geregelt. Von den Kindern wurde nur Siegfried, neben seiner Mutter, als Miterbe anerkannt. Von nun an waren Cosima und Siegfried zu gleichen Teilen die Erben des Festspielhauses, von Haus Wahnfried, aller Kunstwerke und Dokumente, der Urheberrechte.

Spätestens seit dem Sommer 1883 und bei Vorbereitung der Festspiele dieses Jahres hatte Cosima die Regierung übernommen. Die Schwierigkeiten waren erdrückend. Das Defizit natürlich immer noch aus dem Jahre 1876. Im März 1883 geht Ludwig II. mit dem Gedanken um, das »Gnadengehalt« für Richard Wagner einzuziehen oder stark zu reduzieren. Er hatte Cosima die Münchener Ereignisse niemals verziehen. Zwei Jahre später (1885) müssen Konflikte mit dem Theatermanager Angelo Neumann ausgetragen werden, dem Richard Wagner die Aufführungsrechte für den Nibelungenring übertragen hatte. Was gut getan war, denn durch die Tourneen Neumanns erst wurde das Riesenwerk außerhalb von Bayreuth bekannt, außerdem erwies es sich als durchaus aufführbar, selbst außerhalb des Festspielhauses. Allein Neumann verstand sich gut auf die Geschäfte, und er besaß Konkurrenten. Im Jahre 1884 tauchen Pläne zur Gründung einer »Richard Wagner Stiftung« auf, die insgeheim auf Entmachtung der Herrin abzielen. Cosima muß sich gegen die Richard-Wagner-Vereine zur Wehr setzen, die ihr, der undeutschen Französin, offensichtlich mißtrauen. Im Januar 1885 schreibt sie sehr kühl an Glasenapp: »Es bedarf keiner neuen Stiftung; der Stipendienfonds ist die bereits bestehende, von dem Meister selbst in das Leben gerufene Richard Wagner Stiftung...«. Dann entwickelt sie im selben Brief ihr Programm der Gründung einer Dynastie: »Sind die Aufführungen durch die Tätigkeit des Allgemeinen Richard-Wagner-Vereins gänzlich unentgeltlich geworden (wie eine derselben es im vorigen Jahre durch eine Spende schon war), ist, wenn auch nur ein Teil der deutschen Jugend gewonnen und belehrt, sind die Sänger durch regelmäßige Aufführungen in dem Stil des neuen Kunstwerkes befestigt, dann wird der Augenblick der erhebenden Vereinigung gekommen sein. Dann – so Gott will – wird es der Sohn des Meisters sein, welcher Vorschläge macht und entgegennimmt...«.

Von Anfang an ist es abgesehen auf eine Entmachtung der Töchter: sowohl der Kinder eines Hans von Bülow wie auch der beiden Töchter (Isolde und Eva) Richard Wagners. Für Cosima gilt, wie für die klassischen Dynastien, das Salische Gesetz der männlichen Erbfolge. Cosimas »*Letzter Wille*« vom 13. August 1913 legt fest:

»1. Zu meinem Nachlaß gehört:
a) der Hälfteanteil des Hauses Wahnfried mit Nebengebäuden und umliegendem Grundbesitz, einschließlich des Inhaltes: an Kunstwerken, Manuskripten, der Bibliothek, sämtlichen Einrichtungsgegenständen, wie überhaupt allen beweglichen Gegenständen.
b) der Hälfteanteil am Bühnenfestspielhaus mit Nebengebäuden, an der vollständigen Einrichtung dieser Gebäude, überhaupt dem ganzen Inventar, sowie an dem jeweilig vorhandenen Betriebsfonds der Festspiele.
c) der Hälfteanteil am Kapitals- und Barvermögen einschließlich des von mir in die Ehe eingebrachten Vermögens, sowie an den Aufführungsliterarischen Rechten.
2. Meinen Sohn Siegfried setze ich zu meinem alleinigen Erben ein. An den unter 1a und b bezeichneten Gegenständen haben seine Geschwister keinen Anteil. Von meinem übrigen Vermögen (1c) hat SW seinen Geschwistern je ein Fünftel zu geben in den vorhandenen Wertpapieren und Barbeträgen...
4. Zu meinem Testamentsvollstrecker ernenne ich hiermit Herrn Geheimrat Adolf von Gross dahier, nach dessen Ableben Herrn Direktor Ernst Beutter...«.

Fünf Jahre später (2.9.1918) bestimmt die mehr als Achtzigjährige in einem Nachtrag zum Testament: »Obgleich somit zu meinem Nachlaß nur der unter 1c meines Testaments vom 13.8.1913 angeführte Hälfteanteil am Kapitals- und Barvermögen und Urheberrechten gehört, soll doch nur mein Sohn Siegfried mein Erbe sein und gilt die Zuwendung von je 1/5 Reinnachlasses an seine Geschwister ... nur je als Vermächtnis...«.

Diese Entmachtung der Töchter sollte sich, zum Nachteil der damals noch lebenden Daniela Thode und Eva Chamberlain, nach dem Jahre 1930 wiederholen, als Winifred Wagner, nach Siegfrieds plötzlichem Tode, auch ihrerseits die Haltung Cosimas einnahm und fortsetzte: als persönliches Regiment des durch Letztwillige Verfügung eingesetzten Festspielleiters. Auch die Anfeindungen, denen Richard und Cosima Wagners Schwiegertochter damals in Fragen der Kompetenz ausgesetzt war, erinnerten an die einstige Debatte um Cosima im Jahre 1883. Jener Julius Kniese jedenfalls, dessen herzhafter Antisemitismus in Bayreuth gerühmt wurde, und der vor allem seine Aufgabe in der Beseitigung Hermann Levis sah, schrieb bereits am 22. April 1883, also noch vor Beginn der ersten Festspiele nach Wagners Tode: »...Die Festspiele – lassen Sie mich praktisch reden – haben reüssiert, solange der Meister lebte und persönliche Anziehungskraft war. Vielleicht geht es in diesem Jahre noch, dann aber nicht mehr. Das ist auch die Ansicht des Verwaltungsrates. Und weiter: sollen die Festspiele eine Filiale der Münchner Oper werden?« Der Hinweis auf die Münchener Oper war natürlich ein abschätziger Blick hinüber zum Juden Levi. Kniese und die anderen ideologischen Gegner und »Wunscherben« von Bayreuth behielten unrecht. Cosima Wagner hat Bayreuth zur Stadt Richard Wagners gemacht. Das ephemere Kulturereignis wurde zur Institution. Hundert Jahre nach dem ersten Ereignis von 1876 muß der Leiter der Bayreuther Festspiele, der Enkel von Richard und Cosima, das Festspielwerk als Beruf betreiben.

Über die Anziehungskraft der von Cosima geleiteten Festspiele gibt es genaue Unterlagen. Im allgemeinen brachten die Aufführungen von nun an Gewinn. Erst die Neuinszenierung der Tetralogie im Jahre 1896 ergab einen Verlust von 105000 Mark. Das Barvermögen der Familie Wagner betrug, nach Auskunft des Vermögensverwalters Gross, im Jahre 1901 etwa 2 1/4 Millionen Mark. Einen schweren finanziellen Verlust und Rückschlag gab es im Jahre 1914, als der Kriegsbeginn am 1. August zum Abbruch der Festspiele führte. Man mußte Eintrittsgelder in Höhe von 360000 Mark zurückzahlen. Wieder war ein Verlust entstanden, diesmal in Höhe von 150000 Mark. Außerdem gab es seit 1913 keine Tantiemen mehr aus Wagner-Aufführungen.

Die geschäftliche Seite der Festspiele unter Cosimas Leitung wird in einem Brief von Adolf von Gross an Hans von Wolzogen vom 5. Dezember 1895 sehr nüchtern dargestellt: »Volle Häuser hatten 1882 die beiden ersten Parsifal-Aufführungen; das bezog sich aber nur auf den Amphitheaterraum, die Fürstengalerie und die obere waren nicht besetzt. Ganz volles Haus mit teilweise besetzter Galerie kam zum ersten Mal im August 1886 einmal vor bei einer Parsifal-Aufführung. Vom Jahre 1888 ab waren fast alle Parsifal-Aufführungen total besetzt und immer 30 – 40 Galerieplätze verkauft.

Volle Häuser so wie 1882 bei der ersten Parsifal-Aufführung hatten auch alle übrigen Erst-Aufführungen der übrigen Werke; während im Tristan-Jahr '86 einige Tristan-Aufführungen kaum 200 zahlende Besucher zählten, hatte sich dieses Verhältnis immer gebessert, die Meistersinger waren durchgängig besser besucht; im Jahre 1889 waren alle Parsifal-Aufführungen übervoll, die Meistersinger und Tristan nahezu ganz besetzt. Tannhäuser war zum ersten Male schon wesentlich besser als die Meistersinger besucht, und beim zweiten Male waren alle Aufführungen nahezu voll. Im Jahre '94 waren zwei Lohengrin und ein Tannhäuser nicht ganz vollständig besetzt, ... Lohengrin sogar mäßig, die übrigen aber ganz. Das Resumé ist, daß Abweisungen bis jetzt nur bei Parsifal verschiedene Male erfolgen mußten, die anderen Werke waren schließlich auch sehr gut besucht, aber bis jetzt konnte man jeden noch zu spät kommenden immer unterbringen. Ich würde das aber nicht weiter verbreiten und nichts darüber schreiben. Wenn der Besuch im nächsten Jahre so gut wird wie ich es nach den bisherigen Anmeldungen erwarten darf, ist endgültig gewonnen...«.

Die Hoffnung des Schlußsatzes auf den Besuch im nächsten Jahr (1896) erfüllte sich bekanntlich nicht. Eben hier entstand, wie 20 Jahre vorher bei der ersten Aufführung des Nibelungenrings, ein neues Defizit. Die *künstlerische Maxime* Cosima Wagners bei der Leitung des Festspielwerks entsprach der selbstgewählten Kundry-Rolle: »Dienen – Dienen«. Die Begründung der Dynastie bedeutet daher, als Aufführungspraxis verstanden, die möglichst absolute Bewahrung, eigentlich Konservierung. So nimmt die dienende Herrin von Bayreuth den Vorwurf, das experimentelle und kühne Unterfangen Richard Wagners gleichsam zu mumifizieren, nicht ernst. Sie hat recht insoweit, als der Streit um Richard Wagner und seine Kunst weiterhin virulent geblieben war. Konservierung des in den Jahren 1876 und 1882 Erreichten, dann Einbeziehung der übrigen Werke bedeutete nach wie vor den Kampf um eine Stabilisierung des Werkes. Cosima versteht den Vorgang vor allem als Stabilisierung von Richard Wagners Ruhm, allein die Sicherung des Nachruhms bedeutete gleichzeitig die Durchsetzung der ästhetischen Maximen. Die Herrin von Bayreuth kann sich zwar eine Zeitlang noch auf jene Künstler stützen, die mit Wagner hatten arbeiten dürfen. Ihr Werk aber ist auch hier die Begründung einer spezifischen und als musterhaft verstandenen Aufführungstradition. Dirigenten wie Richter und Levi, später sind es Felix Mottl und Karl Muck, wissen genau durch eigene Erinnerung oder durch Unterweisung, wie Wagner das Werk interpretiert haben wollte. Alle Berichte stimmen darin überein, daß auch Cosima, ganz wie der Meister von Bayreuth, die Textverständlichkeit, also die Kunst der kleinen Notenwerte, unablässig gefordert hat. Die Tragödie sollte nicht nur rauschhaft erlebt, sondern als Wort und Sinn genau verstanden werden. Schallplattenaufnahmen aus der Frühzeit der Technik beweisen in der Tat die erstaunliche Deutlichkeit des Vortrags bei einem so berühmten Bayreuther Heldentenor wie Ernst Kraus.

Als sich Cosima Wagner nach den schweren Herzanfällen vom 9. September 1906 von der Leitung der Festspiele zurückziehen muß, ist die Dynastie etabliert. Siegfried

Wagner eröffnet am 22. Juli 1908 als Festspielleiter die neue Ära mit einer Neuinszenierung des »Lohengrin«. Am zweiten Weihnachtstag desselben Jahres wird Eva Wagner in Wahnfried mit Houston Stewart Chamberlain getraut. Drei Jahre später (1911) nimmt Hans Richter endgültig seinen Wohnsitz in Bayreuth. Was damals in Tribschen begonnen hatte, als Richter die gerade entstandene Partitur der »Meistersinger von Nürnberg« abschrieb, dann weitergeführt werden konnte bei den ersten Festspielen von 1876 unter Richters Leitung, wurde gleichfalls kanonisiert und institutionalisiert. Nichts freilich erinnerte nunmehr an Wagners Konzept vom »demokratischen Fest«, womit alles begonnen hatte.

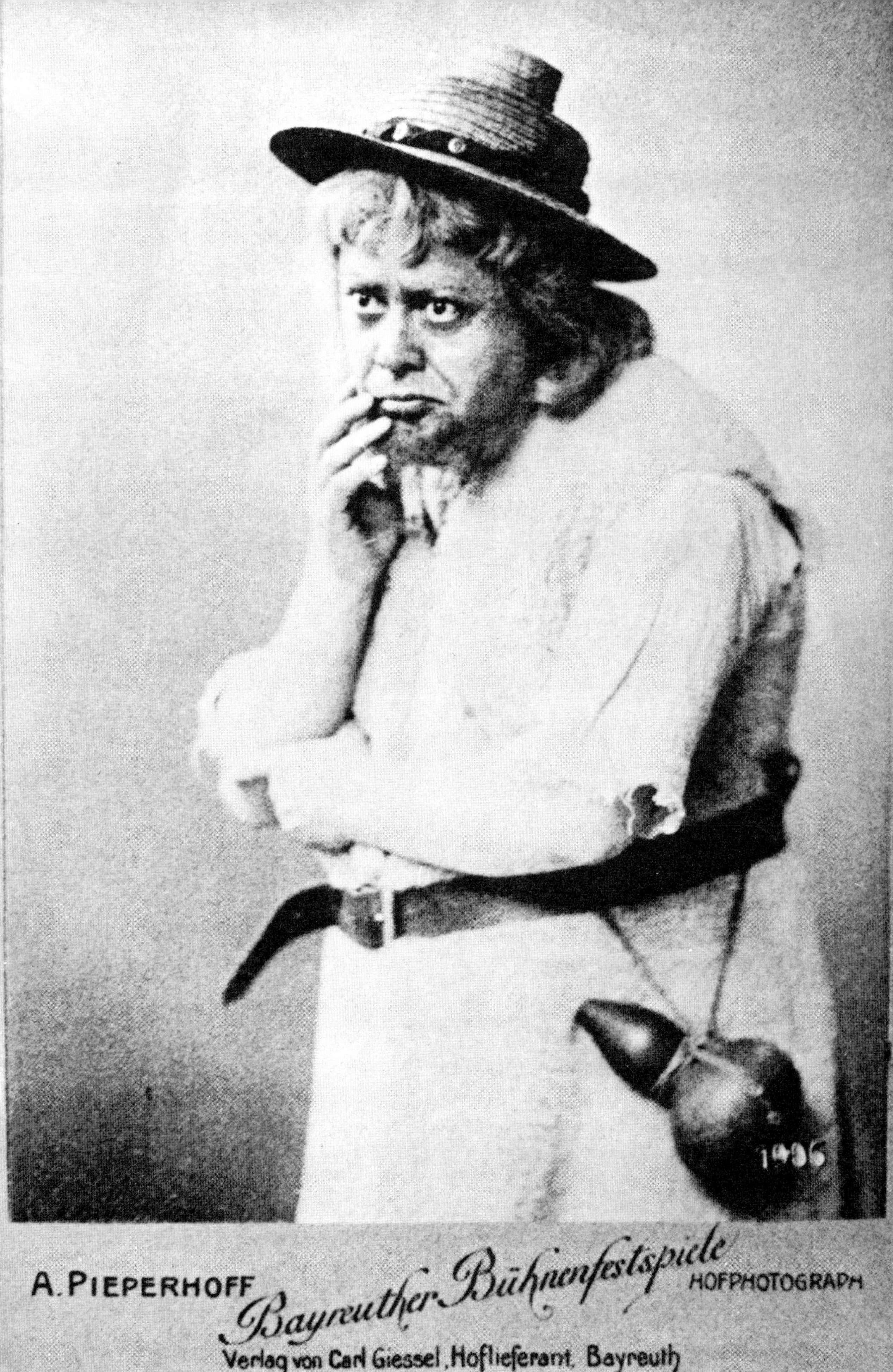
1906
A. PIEPERHOFF
Bayreuther Bühnenfestspiele
HOFPHOTOGRAPH
Verlag von Carl Giessel, Hoflieferant, Bayreuth

Erik Schmedes als Siegfried

DER SOHN

Siegfried Wagner

Der Sohn

I

IM SCHATTEN DER ALTEN DAMEN

Siegfried Wagner starb, wie sein Großvater Franz Liszt, während der Bayreuther Festspiele. Es gehört zu den vielen ironischen Versagungen im Leben eines scheinbar so glücklichen und erfolgreichen Menschen, daß er am Erfolg des von ihm neu inszenierten und von Arturo Toscanini dirigierten »Tannhäuser« nicht mehr teilhaben konnte. Ein schwerer Herzanfall traf den 61jährigen am 16. Juli 1930 während der Festspielprobe zur »Götterdämmerung«. Die Tannhäuser-Premiere vom 22. fand ohne den Regisseur und Festspielleiter statt. Siegfried starb am 4. August und wurde, während die Festspiele, wie einst im Jahre 1886, beim Tode von Liszt, weitergeführt wurden, am 6. August auf dem Bayreuther Waldfriedhof beigesetzt.

Seine Mutter Cosima hatte er nur um ein paar Monate überlebt. Sie war am 1. April 1930 gestorben: mit 92 Jahren und seit langem ohne das Bewußtsein irgendeiner Wirklichkeit, die um sie her ablief. Siegfried starb ihr nach; sie blieb bis zuletzt die beherrschende Gestalt für sein Leben und Arbeiten. Jener »Tannhäuser« sollte einen Vorgang der Befreiung und Selbstbefreiung darstellen. Sein wiederholter Ausruf: »Kinder, wenn ich euch wieder den Tannhäuser bringe, dann sollt ihr was erleben!« meinte weit mehr als eine Neuinszenierung. Was hier angestrebt und mit Hilfe des italienischen Maestro auch verwirklicht wurde, bedeutete einen Wendepunkt: ein Ausbrechen aus der starren und statischen Aufführungstradition. Als Anschluß an moderne Konzepte des Musiktheaters, die anderswo bereits erprobt und gewagt wurden, und die der Herr von Bayreuth in seinen Festspielen von 1927 und 1928, sowohl bei Inszenierung des »Tristan« wie bei der Auswahl seiner Kapellmeister, weitgehend ignorierte.

Nun sollte man in der Tat ein neues Bayreuth erleben; auch der Plan, die beiden grundverschiedenen und in gleicher Weise »schwierigen« Musiker Toscanini und Furtwängler als künftige Stilmeister für Bayreuth zu gewinnen, ging noch auf Siegfried Wagner zurück. Seine Witwe Winifred, die testamentarisch zur Erbin und Leiterin eingesetzt worden war, handelte folgerichtig beim Ablauf der Festspiele von 1931 und bei Vorbereitung jener Veranstaltungen des Jahres 1933, wo die »Weltgeschichte« sich unliebsam einschaltete. Bayreuth stand im Begriff, beim Tode des Sohnes ein Schauplatz zeitgenössischer, nicht mehr allein museal-pietätvoller Musikdramaturgie und Musizierweise zu werden. Indem der Sohn von Richard und Cosima plötzlich wegstarb, bleibt sein Name retrospektiv verknüpft mit starrem Traditionalismus, mit der Beschäftigung von mittelmäßigen Leitern, die man ausgewählt hat, weil sie ergeben sind und ressentimentgeladen gegenüber der neuen Zeit und neuen Kunst, die man, mit Siegfried Wagner, schlechthin als »Kulturbolschewismus« verfemt. Wozu für den Sohn und Erben die »Salome« und der »Rosenkavalier« ebenso gehörten wie die Leute um Otto Klemperer an der Berliner Krolloper.

Cosima Wagner lehnte es rundweg ab, den Wiener Operndirektor Gustav Mahler ans Pult der Festspiele zu berufen. Siegfried hatte, bei Wiederbeginn der Spiele im Jahre 1924, die Auswahl zwischen Kapellmeistern wie Bruno Walter und Erich Kleiber, Otto Klemperer oder Leo Blech: freilich waren das Juden. Dies Hindernis entfiel bei Fritz Busch, dem Opernchef aus Dresden. Mit ihm wagte man die neuen »Meistersinger« von 1924, aber Busch hielt nur mühsam und mit sich ringend, er hat es in seinen Erinnerungen geschildert, die fünf Aufführungen durch, obwohl sie musikalisch glanzvoll abliefen. Allein der »Geist von Bayreuth«, repräsentiert durch Karl Muck und die anderen »Treuesten der Treuen«, veranlaßte ihn, die Verpflichtung für 1925 rückgängig zu machen und nie mehr in die Wagnerstadt zurückzukehren. Siegfried Wagners erster Versuch, einen bedeutenden Musiker der neuen Generation und Interpretation ins Festspielhaus zu holen, war gescheitert. Muck trat wieder an die Stelle von Busch, und für den neuen »Tristan« des Jahres 1927 ließ man sich den Kapellmeister Karl Elmendorff einfallen.

Bis zu seinem frühen Ende lebte Siegfried Wagner zwischen dem, was er vermutlich und »eigentlich« gewollt hat, und dem Nichtgewollten, dem er jedoch nicht ausdrücklich zu widersprechen wagte. Bei so vielen Stilisierungen, die der Sohn von Richard und Cosima erfuhr und wohl auch betrieb, ist es schwer, die Frage zu beantworten, wer und was er gewesen ist. Ein Interviewer des »Neuen Wiener Journal« kommt im Jahre 1911 zu folgendem Eindruck: »Aristokratisch mutet auch Siegfried Wagners Zurückhaltung, die große Sorgfalt in allem Äußerlichen an. Er ist soigniert in der Kleidung, gemessen im Wort und verrät sich nirgends.«

Aufgewachsen war er im Schatten der älteren, dann der alternden Frauen. Die übermächtige Mutter; die um neun Jahre ältere Halbschwester Daniela von Bülow, mit dem Kunsthistoriker Henry Thode in unglücklicher Ehe verbunden; Blandine von Bülow, geboren im Jahre 1863, als Gräfin Gravina später die Mutter von drei Söhnen, von denen der älteste, Manfred, ein Lieblingsverwandter wird. Isolde von Bülow, am 10. April 1865 in München geboren, ist in Wahrheit bereits ein Kind von Richard und Cosima. Mit ihr fühlte sich der vier Jahre jüngere Siegfried besonders eng verbunden: bis die Rivalität zwischen Siegfried und seinem Schwager Franz Beidler, dem erfolgreichen Bayreuther Dirigenten, der zudem einen Sohn hat und damit die »Erbfolge« bedrohen kann, im Jahre 1906 zum Bruch führt. Schließlich Eva Wagner, am 17. Februar 1867, fast zwei Jahre vor Siegfried, in Tribschen geboren. Sie wird, vor allem nach ihrer Heirat mit H. St. Chamberlain, zur Repräsentantin eines statischen und ein für alle Mal an des »Meisters« einstige Weisungen gebundenen Bayreuth. Hatte bereits Siegfried in seinen letzten Jahren den unterschwelligen Widerstand Evas und ihrer Anhänger aus dem »Kreise« erfahren müssen, weil er angeblich das Weihegebaren in eine moderne Festopernorganisation transformieren wollte, so prallte die Witwe Winifred sogleich mit den Altbayreuther Nornen zusammen, die nicht etwa »liberaler« sind, sondern erstarrt, und die nur mit Schaudern den Gedanken ertragen können, eine Aufführung des »Parsifal« zu erleben, ohne jene Dekorationen von 1862, worauf »die Augen des Meisters geweilt hatten...«

Wie sehr Siegfried Wagner unter dieser Frauenwelt gelitten haben muß, läßt sich nur indirekt, um so deutlicher aber aus den Träumen seines Werkes als Librettist und als Musiker ableiten. Der Tonsetzer, der eine Ballade für Bariton und Orchester schreibt über einen »dicken, fetten Pfannkuchen«, der entsetzt beim Anblick alter Weiber aus der Pfanne

Franz Beidler

springt und sich davonmacht, muß gewußt haben, was er hier, wenngleich er sich sonst nicht zu »verraten« pflegte, aus sich entließ.

Sein Biograph Zdenko von Kraft berichtet von frühen dramatischen Plänen und Entwürfen, darunter einem Konzept »Hütet Euch vor Weibertücken«. Natürlich ist das ein etwas abgewandeltes Zitat aus der »Zauberflöte«, fügt sich aber ins Bild eines vaterlos heranwachsenden Jungen in einer matriarchalischen Gemeinschaft. Siegfrieds Jugend steht im Zeichen der Freundschaften, nicht der Frauenliebe. Es ist nicht zufällig, was auch Winifred Wagner bemerkenswert fand an den künstlerischen Arbeiten ihres Mannes, daß sich zwar der »Bärenhäuter« Hans Kraft, ein junger Soldat in Siegfrieds erster Oper, ein märchenhafter und etwas pöbelhafter Jungsiegfried, schließlich gegen den Teufel durchsetzt, doch mit Hilfe »von oben«, nicht folglich als Zerbrecher des Speeres und der gesellschaftlichen Hierarchien, wie bei Richard Wagner, während die späteren Opernmänner Siegfried Wagners immer nachdrücklicher als passive Helden gezeichnet wurden: als Leidende, Märtyrer, Opfer.

Mit dem englischen Freund Clement Harris, den er beim ersten Versuch, Architektur in Karlsruhe zu studieren, kennenlernt, geht er im Januar 1892 auf eine große Ostasienreise. Bei der Rückkehr empfängt die Londoner Gesellschaft den Sohn Richard Wagners. Am 30. Januar wird nach Bayreuth berichtet: »Oscar Wilde, der hier eine große Celebrität ist, ist wohl ein geistvoller, Paradoxien liebender Causeur... schon etwas posierend, aber sehr unterrichtet... Er lud Clement und mich am Dienstag bei sich ein...« In späteren Jahren hatte Siegfried Wagner nicht Abscheu genug für Wildes Schauspiel »Salome« und für die Oper von Richard Strauss. Eine rastlose Selbsterziehung zum Unauffälligen muß sich hinter der so gemessenen, in den begeisterten, fast immer banalen Familienbriefen abermals stilisierten Außenansicht im Lauf der Jahre, die mehr und mehr zu Jahren von Niederlagen des »Sohnes« wurden, vollzogen haben. Übrigens: Siegfried Wagner war ursprünglich Linkshänder, dirigierte auch als solcher. Bis er sich umerzog.

Als im Mai 1913 die Welt den hundertsten Geburtstag Richard Wagners begeht und die »Kreishauptstadt Bayreuth«, wie es in der Urkunde heißt, dem »Sohne des Meisters von Bayreuth,... der das Erbe seines großen Vaters mit Geist und Kraft verwaltet«, die Ehrenbürgerschaft verleiht, als die Walhalla bei Regensburg in Anwesenheit des Prinzregenten, der König Ludwig entmündigen ließ, vom Bayerischen Staat eine Marmorbüste Wagners empfängt, scheint der Sohn den Festspielgedanken, wenigstens soweit er sich seit 1876 manifestierte, durchgesetzt zu haben. In Wirklichkeit beschreiben alle Zeugen, die Siegfried um jene Zeit erlebten, einen Zustand tiefer Verbitterung und Einsamkeit. Da sind äußere Gründe. Der deutsche Reichstag war nicht bereit, das Urheberrecht am »Parsifal« zugunsten von Bayreuth abzuändern. Das Bühnenweihfestspiel ist von nun an eine Oper wie andere auch und kann von allen Opernhäusern aufgeführt werden. Wie ein groteskes Nachspiel muten die Bemühungen von Wahnfried mitten im Zweiten Weltkrieg an, mit Hilfe des Führers und Reichskanzlers eine neue Regelung der Schutzfrist zu erreichen. Mit dem Propagandaminister wird über die Frage: 50 oder 70 Jahre? verhandelt.

Mehr als die bekannten Achtungserfolge für den Träger eines berühmten Namens hat Siegfried Wagner, der Musikdramatiker, nicht mehr aufzuweisen. Man spielt ihn in Hamburg und Karlsruhe, wo in Muck und Mottl die Bayreuther Dirigentengarde ihre Anteilnahme auch auf den Sohn überträgt. Die Preußische Hofoper in Berlin ignoriert den Musikdramatiker der zweiten Generation; ebenso die von Ernst von Possart, dem Erzfeind Cosimas, geleitete Bayerische Hofoper. Auf die Zumutung, in München zum Wagnerjubiläum eine Festrede jenes Possart anhören zu müssen, reagiert Cosima brieflich mit einem Schopenhauer-Zitat: »Das Leben ist eine Tragödie, die sich wie eine Komödie ausnimmt.«

Siegfried Wagner bei der Orchesterprobe

Cosima

ied

Redaktion und Komposition des »Märchens vom dicken fetten Pfannkuchen« fallen in den Herbst dieses Vorkriegsjahres 1913. Die mühsame Heiterkeit verbirgt nur oberflächlich einen Überdruß und Daseinsekel. Siegfried Wagner ist im Jubiläumsjahr ein Mann von 44 Jahren. Er ist nicht verheiratet und muß dem Ende der Dynastie entgegensehen, denn Eva Chamberlain wird kinderlos bleiben. Isolde Beidler hat zwar ihren »Prozeß« gegen die eigene Mutter, worin Anerkennung ihrer Abstammung nicht von Bülow, sondern von Wagner gefordert wurde, vor Gericht verloren, allein daß sie, im engeren Sinne, zur Wagnerfamilie gehört, wird just durch den unerbittlichen und durchaus unfairen Kampf ersichtlich, den die Chamberlains gegen sie führen. Isolde Beidlers Sohn Franz Wilhelm, als ein Enkel von Richard und Cosima, wurde 1901 geboren: beim Kriegsausbruch von 1914 war er zwölf Jahre alt.

Dieser Krieg von 1914 bedeutete für die Festspiele, und damit für die Wagners, eine finanzielle Katastrophe. Mit einer Vorstellung des »Parsifal« am 1. August werden die Festspiele abgebrochen. Das Geld für die bereits vorbestellten Karten muß zurückerstattet werden. Siegfried bleibt der Tradition Richard Wagners aus dem Jahre 1870 insoweit treu, als auch er patriotische Musik komponiert: einen »Fahnenschwur« nach Worten von Ernst Moritz Arndt, der im Herbst in der Berliner Philharmonie aufgeführt wird.

Im Sommer 1915 erreicht Siegfried, der sich anschickt, zu seinen Freunden für einige Zeit nach Berlin zu fahren, ein Brief der Schwester Eva Chamberlain. Fast kann man ihn als Manifest bezeichnen. »Betrachtungen für die Reise von Deiner bald fünfzigjährigen Schwester«. Es ist ein Dynastenbrief, und er handelt von der Thronfolge. Die Schreiberin ist geschickt, und sie beherrscht die verhaßte Kunst einer »intellektualistischen« Psychologie. Sie kennt den jüngeren Bruder und weiß, daß sein Sinnen, wie seine Libretti immer wieder verraten, nicht loskommt von moralischen Grundantagonismen. Hier der Ritter Lohengrin in lichter Waffen Scheine, dort die schurkische und erzböse Ortrud. Ihn selbst ernennt nun Eva zum Lohengrin; die böse Nachtseite wird, wie sollte es anders sein, durch Isolde Beidler repräsentiert. Daher die Mahnung: »Mache Loldis (Isoldes) unheimlich triumphierende Worte: ›Fidi (Siegfried) heiratet ja doch nicht!‹ nicht zur Wahrheit. Du leistest damit den Schlechten, denen, die wir als ›undeutsche Teufel‹ bezeichnen, einen zu großen Dienst.«

»Unheimlich triumphierende Worte«. Das klingt wirklich nach dem »Lohengrin«, aber es handelt sich in der Tat auch, wie beim Streit um die Herrschaft in Brabant, um Thronfolge. Siegfried muß heiraten. Dann wird der Plan der Undeutschen zuschanden.

Im Juli 1914 war der Pianist, Lisztschüler und Direktor des Klindworth-Scharwenka-Konservatoriums in Berlin, Karl Klindworth aus Hannover, mit seiner 17jährigen Adoptivtochter zu den Generalproben nach Bayreuth gekommen: mit Winifred Williams, einer jungen früh verwaisten Engländerin. Im Juni 1915 besucht Siegfried Wagner in Berlin auch die Klindworths. Am 6. Juli verlobt er sich mit Winifred; am 22. September findet in Wahnfried die Trauung statt. Ein Altersunterschied von 28 Jahren zwischen Braut und Bräutigam. Richard Wagner war 24 Jahre älter gewesen als Cosima, aber die junge Frau war, als sie sich in München mit Wagner verband, um zehn Jahre älter als die ganz junge Winifred. Cosima von Bülow hatte zwei Töchter. Winifred war »das Kindchen« für Siegfried Wagner und die anderen Bayreuther.

Sie scheint ihn dazu gebracht zu haben, aus dem Schatten der alten Damen sich zu lösen und von nun an – auch im Familiensinne des Erbfolgerechts – die Dynastie zu repräsentieren.

Am 5. Januar 1917 kam der älteste Sohn Wieland zur Welt. Eine Photographie zeigt Cosima mit dem Enkel. Sie scheint abwesend, wie zumeist seit den schweren Herzanfällen, die sie im Jahre 1906 gezwungen hatten, die Leitung der Festspiele auf den Sohn zu übertragen.

Vier Kinder, geboren zwischen 1917 und 1920, haben die Dynastie fortsetzen sollen, zwei Söhne: Wieland und Wolfgang, zwei Töchter: Friedelind, deren Namen an die Friedenssehnsucht von 1918 gemahnt, und Verena. Isolde Beidler war am 7. Februar 1919 in München gestorben.

Siegfried und Winifred Wagner im Hofgarten

Die Brüder

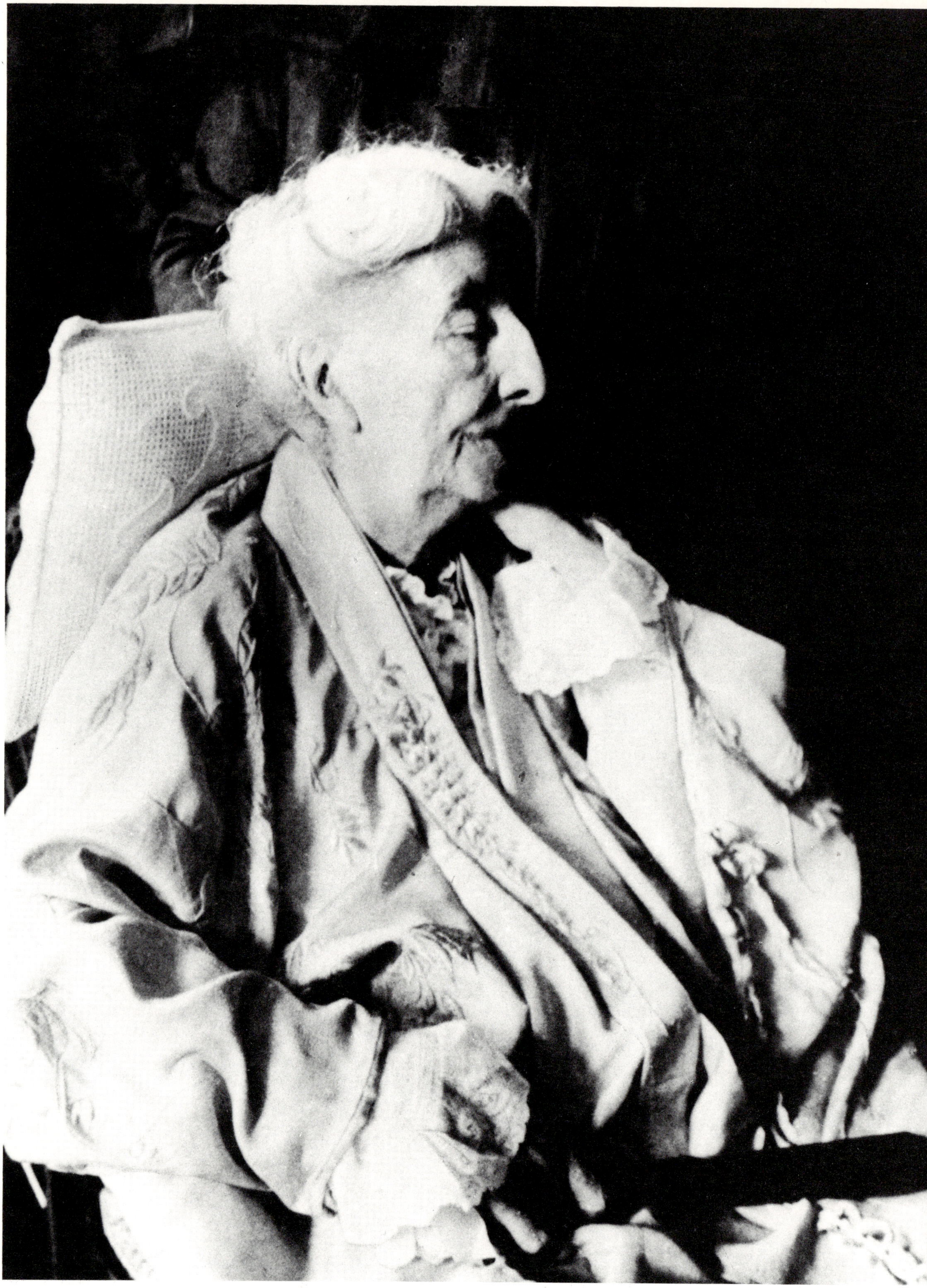

Cosima Wagner

DIE KUNST UND DIE REAKTION

In Zdenko von Krafts Biographie Siegfried Wagners von 1969, die so »mitgehend« geschrieben ist, daß sie immer noch der Malwida von Meysenbug vorwirft, sie sei »rassisch instinktlos« gewesen: im Gegensatz zum überzeugten Antisemiten Siegfried Wagner, wird eine Charakterisierung des Sohnes durch Ferdinand Pfohl angeführt und lobend unterstrichen: »An der künstlerischen Erscheinung Siegfried Wagners fesselt es immer wieder, wie prachtvoll *unmodern* er im Grunde seines Wesens ist.« Das Wort unmodern ist gesperrt gesetzt.

Man kann es nicht besser sagen. Mit solcher Charakteristik wird sehr präzis formuliert, was Siegfried Wagner von seinem Vater unterscheidet. Natürlich ist der Sohn, seit seinen Anfängen als Musikdramatiker, ein Wagnerianer. Die Erlösung des Bärenhäuters, der dem Teufel verfiel, durch die unbeirrte Treue der Bürgermeisterstochter Luise, ist ausdrücklich der Konstellation des »Fliegenden Holländer« nachempfunden, will vermutlich von dorther gleichsam noch eine zusätzliche Dimension anstreben: als ein heiter, mit der obligaten Hochzeit ausklingendes Nachspiel zur Tragödie zwischen Senta und dem Holländer. Freilich hätte Richard Wagner, auch beim ungeduldigsten Zweckdichten, an entscheidender Stelle seines Librettos nicht Verse zugelassen gleich jenen des Bärenhäuters Hans Kraft: »Leichter Sinn lockt Teufelslist! Ihr erliegen menschlich ist.«

Nicht sein Wagnertum geriet dem schöpferischen Künstler Siegfried Wagner zur Gefahr. Das teilte er mit dem jungen Richard Strauss der Oper »Guntram« ebenso wie mit Pfitzners »Rose vom Liebesgarten«. Der »Bärenhäuter« als Erstling schien sogar, im Urteil der Zeitgenossen, eine produktive Weiterführung ins Märchenhafte, also als Fortsetzung sowohl von Märchenelementen des »Siegfried« wie der Märchenopern von Siegfrieds Kompositionslehrer Engelbert Humperdinck.

Es war auch nicht der Gegensatz zwischen dem Genie und dem für vielerlei in hübscher Weise begabten Sohn. Um die Jahrhundertwende, als Siegfried Wagner auf den Opernbühnen sich durchzusetzen suchte, verzehrten sich zahlreiche mittlere und kleine Talente am unerreichbaren, weil allmählich unzeitgemäß gewordenen Kunstideal eines Musikdramas aus Historie und Mythos, Märchenwelt und pessimistischer Philosophie. Der Jugendstil kam diesem Sehnen entgegen: er war zum Teil auch daher zu erklären. Namen wie Felix Dräseke sind heute vergessen: damals galten sie als Fortsetzer des Bayreuther Werks. Siegfried Wagner besaß, wie sie alle, ein gutes Handwerk, melodische Einfälle, Sinn für Klangfarben und aparte Instrumentationen. Nichts überraschte, doch nichts mußte von vornherein als bare Anmaßung abgetan werden. Der Sohn und Erbe war zum Symptom eines an Wagner sich verzehrenden Künstlertums geworden, was er selbst niemals verstanden hat. Die Literatur entdeckte für sich die Konstellation des nachwagnerischen Musikdramatikers als Thema: Beim jungen Friedrich Huch, den Thomas Mann bewundert und gefördert hat, wird sie im Roman »Enzio« von 1911 noch als Künstlertragödie abgehandelt; im »Kammersänger« von Frank Wedekind (1899) mit den schneidenden Akzenten der Satire.

Der Unterschied zwischen Richard und Siegfried Wagner liegt, jenseits aller Dimensionen des Genies, im folgenden: Alle Aktionen, Manifeste, Einfälle Richard Wagners, von der Absage an alle Artistik der »Großen Oper« nach dem »Rienzi« bis zur Eröffnung der Bayreuther Festspiele, stehen unter dem Zeichen der *Notwendigkeit.* Jedes der Werke gehört in eine besondere Konstellation aus Zeitgeschichte und Künstlerentwicklung. Man begreift beim Rückblick, warum der Plan der »Meistersinger« um 1845 vor dem »Lohengrin« zurücktreten hatte, warum sich ein Drama »Siegfrieds Tod« zur Tetralogie auswuchs. Auch die weitgediehenen, schließlich aufgegebenen Entwürfe wie »Jesus von Nazareth« oder »Wieland der Schmied«, endlich »Die Sieger« hatten von allem Anbeginn eine Botschaft und Weltaussage zu bedeuten. Das wurde rasch verstanden in aller Welt. Begeisterte Anhängerschaft und bitterer Haß waren die Folge. Zumal sich Richard Wagner, jenseits aller Überlieferungen, jeweils die spezifischen Ausdrucksmittel auszudenken pflegte. Etwa die kühn und folgerichtig erdachten, so gern belachten und parodierten Stabreime im »Ring«. Wagner wagte hier eine durchaus moderne »Verfremdung«. Indem er die Bürgerwelt des 19. Jahrhunderts in der Tetralogie mythisierte, schuf er für sich die Notwendigkeit, auch die Sprache jenes 19. Jahrhunderts abzutun und durch ein neues, scheinbar »mythisches« Sprechen zu ersetzen.

Siegfried Wagners schöpferische Arbeit hingegen steht im Zeichen der *Unnotwendigkeit.* Das läßt sich nicht allein an der meist wirren Dramaturgie demonstrieren, die offensichtlich weder besondere Neigung verrät, die Hauptgestalten zu charakterisieren, noch zu irgendeiner Aussage zu gelangen. An der Schlußapotheose der Oper »Schwarzschwanenreich« von 1918 wird ein Grundprinzip dieser rein theatralisch arbeitenden Effektdramatik ohne eigentliche Aussage besonders evident. Hulda als Hexe auf dem Scheiterhaufen. Liebhold stürzt hinauf, sie zu retten. Beide stehen in Flammen. Dann folgt die Regieanweisung: »Der Scheiterhaufen ist ganz zusammengebrochen. Man sieht die Gestalten Liebholds und Huldas, unversehrt vom Feuer, umschlungen tot liegen. Die Scheiten verwandeln sich in Lilien und umrahmen die Liebenden. Der Pfahl, an dem Hulda gebunden war, gestaltet sich zum Kreuz. Sonnenuntergang. Das Volk kniet nieder.«

Wieder einmal ist der Sohn nicht von der Apotheose des »Fliegenden Holländer« losgekommen. Hier jedoch operiert eine leerlaufende Theatralik, die nichts aussagen will, auch musikalisch allein die Situationen illustriert, aber nicht, wie im »Ring des Nibelungen«, ein episches Gegenelement zum dramatischen Ablauf repräsentiert. Die Vorstellung gar, daß es sich hier um eine im Weltkrieg entstandene Schöpfung handelt, trägt weiter zur Verwirrung bei.

Siegfried Wagner hat sich niemals eingestehen wollen, daß jenseits aller – möglichen und wahrscheinlichen – Widerstände (etwa Possarts in München oder auch des in Berlin residierenden Richard Strauss) die Mißerfolge, die sich als Provinzerfolge mit wohlwollender Resonanz bei einem konservativen und allem »Neuerertum« abholden Publikum nebst adäquater Kritik darstellten, aus der theatralischen Beliebigkeit dieser Opern resultierten. Hier war das einstmals kulturrevolutionäre Künstlertum Richard Wagners museal geworden und sah sich auf ein paar imitierbare Formen reduziert. »Richard Wagner in Bayreuth«, das war ein ideologisches Programm. Siegfried Wagner als Dramatiker: das war Unzeitgemäßheit als Anachronismus.

Richard Wagner hatte sich gierig, nicht immer genau verstehend, den geistigen Ereignissen seiner Zeit ausgesetzt. Freigeisterei des Jungen Deutschland bereits im »Liebesverbot«; der »wahre Sozialismus« von Karl Grün und anderen; die Erschütterung durch Ludwig Feuerbach; Bakunin und der Bakunismus; von Feuerbach zu Schopenhauer; die Konfrontation mit dem jungen Nietzsche; schließlich gar die Rassengedanken des Grafen Gobineau. Ein Künstler, der alle Wege und Irrwege kennt und begeht.

Siegfried Wagner wirkt durchaus *unneugierig.* Umgeben von wenig begabten und wirklichkeitsscheuen Wagnerianern wie Hans von Wolzogen, der sich zu Weihnachten 1915 nichts Besseres ausdenken kann, als in Wahnfried einen Schwank nach Grimms Märchen »Der Jude im Dorn« vorzutragen (jenem Märchen, das T. W. Adorno als Trauma auch Richard Wagners am Beispiel Beckmessers und Mimes interpretiert hat), mit einem

Schwager und Arier-Ideologen wie Chamberlain, auf antisemitische Allergie seit Jugend eingestimmt, scheint er für sich selbst wie für Bayreuth alle Teilnahme an einer zeitgenössischen Geistes- und Kulturentwicklung abzulehnen. Er ist nicht neugierig, weiß aber nicht, wenn er ablehnt und abspricht, wovon die Rede ist. »Für gewisse hypermoderne Moden ist Bayreuth nicht da, das widerspräche dem Stil der Werke, die ja nicht kubistisch-expressionistisch-dadaistisch gedichtet und komponiert sind«, heißt es programmatisch zur Wiedereröffnung der Festspiele im Jahre 1924. Das ist redensartlich dahergesagt, nimmt sich nicht einmal die Mühe, jene Strömungen auseinanderhalten zu wollen. Wäre das ernstzunehmen, so müßte die »Zauberflöte« unwiderruflich im Stile Schikaneders aufgeführt werden. Der Sohn scheint nicht verstanden zu haben, was der Vater in Dresden vor 1848 an Erneuerung des Musiktheaters aus dem Denken und Kunstschaffen seiner eigenen Zeit betrieben hatte.

Auch Siegfried Wagner wird, wie sein Vater, ein *Trauma* nicht los. Wagner kam, im Denken, im Schaffen und auch in der exzentrischen, auf Luxus versessenen Lebensführung niemals weg vom Gedanken an die Hungerjahre eines »Deutschen Musikers in Paris« zu Beginn der 40er Jahre. Als man bei den Rothschild und Meyerbeer antichambrieren mußte. Aber das Genie verwandelte Leid in Kreativität, übrigens auch in theoretische Monologe, an die ihr Schreiber immer nur halb glaubte, wenn sie nicht das eigentliche Werk betrafen. Siegfried Wagners Choc-Erlebnis läßt sich zeitlich und örtlich genau fixieren. 24. März 1901 im Hoftheater München. Die zweite Oper nach dem »Bärenhäuter«, ein »Herzog Wildfang«, endet mit einem in München noch nicht erlebten Skandal, der erst um 11 Uhr dadurch abbricht, daß man das Licht herabschraubt. Ausgelöst wurde, nach allen Berichten, der allgemeine Unmut durch die Aufdringlichkeit der Wahnfriedgemeinde, einer mondänen guten Gesellschaft, die ihrer Sache so sicher scheint, daß sie bereits nach dem ersten, vom Publikum leidlich gut hingenommenen Akt einen Riesenerfolg inszenieren möchte, mit Tücherwedeln und Hervorruf des Dichter-Komponisten, der sich darauf einläßt. Nun formiert sich, gefördert durch ein wirr-theatralisches Libretto, die Front der Gegner. Es sind weder, wie die Bayreuthlegende später raunt, die »Undeutschen« noch die radikalen »Naturalisten«. Es ist gutbürgerliches Opernpublikum, dem der »Bärenhäuter« gefallen hatte, das sich aber von der Aristokratie des Hofes von München und Bayreuth nicht ins Jubilieren drängen läßt.

»Trotz Tücherwedelns und begeisterten Händeklatschens und Fußtrampelns der Bayreuther Gemeinde, die sich vollständig zur Premiere im Hoftheater eingefunden hatte, wurde Siegfried Wagner nach allen Regeln der Kunst ausgepfiffen und ausgezischt. Als Dichter wie als Komponist hat Siegfried Wagner sich als krasser Dilettant gezeigt.« Das steht in den »Dresdener Neuesten Nachrichten«. Auch wohlwollende Kritiker, etwa in der »Breslauer Zeitung«, können nicht mehr konzedieren als: »Einzelnes gelingt sogar sehr nett...«

Unverkennbar allerdings, daß Siegfried Wagner nichts begriff von dem, was ihm an jenem Abend widerfuhr. Cosima hatte den Skandal erleben müssen; ein Vergleich mit den Münchener Premieren des »Tristan« und der »Meistersinger« hätte sich aufdrängen müssen. Sie ließ sich darauf nicht ein, glaubte mit dem Sohn und der Bayreuther Gemeinde, hier habe der Ungeist über echt deutschen Geist gesiegt. Der Antisemitismus gibt Siegfried Wagner von nun an die Möglichkeit, jeden neuen Mißerfolg – vor allem die Nichtachtung der Kritik und der Berliner Metropole – auf jüdische Machenschaften zu reduzieren. Wenn eines seiner Konzerte erfolgreich war, so lobt er brieflich das »echt deutsche« Publikum. Ein Erfolg in Rostock läßt ihn stolz schreiben, neben dem obligaten Lob der arischen Zuhörer, er sei »in Mecklenburg nämlich populär!« Vergessen ist offensichtlich, daß sich *Gu-*

stav Mahler in Wien als Operndirektor und Dirigent erfolgreich für den »Bärenhäuter« eingesetzt hatte.

Ein »unmoderner« Künstler, der schließlich in seinem Denken und in der unneugierigen Kunstauffassung schlechthin reaktionär werden muß. Bestärkt wird er darin durch den Rat von Musikern wie Karl Muck. Man kann sich vor Abscheu nicht lassen über die »Salome«. Den Mißerfolg des »Rosenkavalier« hält man auf die Dauer für unvermeidlich. Noch im Jahre 1924, als Siegfried und Winifred in Amerika das Geld für neue Festspiele aufzutreiben haben und genötigt sind, besagten »Rosenkavalier« in der Metropolitan Opera anzuhören (zwei Akte wenigstens), witzelt Siegfried: »Man muß alles mitmachen, damit man Leute gewinnt.«

Daß er als Musikdramatiker ein Zeitgenosse und Gegenspieler war von Debussy und Busoni, Ravel und Bartók, de Falla und Janáček, zu schweigen von Schönberg und Berg, scheint den Sohn Richard Wagners kaum bekümmert zu haben. Dies alles wurde nicht zur Kenntnis genommen und hatte mit Bayreuth offensichtlich nichts gemein: was sich bis in die Auswahl der Künstler auswirkte, die man zur Mitwirkung einlud oder verwarf.

Solche Fixierung an eine Vergangenheit, die einstmals kühn und neu gewesen war und nunmehr ängstlich abgeschirmt werden soll gegen das Tun all jener nachlebenden Künstler, die ihrerseits kühn und neuartig das Werk Richard Wagners schöpferisch weiterführen möchten, muß Folgerungen haben auch im *Politischen.* Es war nicht allein der »Bayreuther Kreis«, der sich aus Herzensgrund zu allen »völkischen«, nämlich aufklärungsfeindlichen und gegen-demokratischen Strömungen bekannte, was die ersten Nachkriegsfestspiele von 1924 zum Kampfappell der »Alten Kameraden«, aller Antidemokraten, Sozialistengegner und Militärschwärmer degenerierte. Als man freilich im Festspielhaus »spontan« das Deutschlandlied sang, rannte Siegfried Wagner kreidebleich und entsetzt davon. Er fragte sarkastisch, ob demnächst auch die »Wacht am Rhein« intoniert werden müsse. Chamberlains Ideen, ihrerseits nicht eben genau gedacht und empirisch abgesichert, ließen sich mühelos weiter popularisieren als »Mythus des 20. Jahrhunderts«. Siegfried Wagner fand alles nach seinem Herzen und Fühlen. Am 7. Oktober 1923 ist Hitler zu Gast in Wahnfried und bei Chamberlain. Nur mußte man, im Interesse der Festspiele und ihrer Rentabilität, nach außen hin ein bißchen zurückhaltend sein. Man ist für die Leute vom Bürgerbräuputsch des 9. November 1923, lehnt aber alle Mitgliedschaften ab. Als Hitler im Jahre 1924 an Siegfried Wagner, den offenbar Gleichgesinnten, schreibt, wird der Brief sogar vor Winifred geheimgehalten.

Was Siegfried Wagner wirklich denkt, verkündet er, wenige Monate vor den neuen Festspielen von 1924, als er im März dieses Jahres auf der Rückkehr aus den Vereinigten Staaten in Italien reist, in Rom vom Duce empfangen wird und nun berichtet: »Alles Wille, Kraft, fast Brutalität. Fanatisches Auge, aber keine Liebeskraft darin wie bei Hitler und Ludendorff. Romane und Germane! ... Famose echte Rasse ... Es ist schon trostlos, wie Deutschland herabgekommen ist!«

Die Konstatierung einer »Liebeskraft« bei Erich Ludendorff, den alle Augenzeugen stets nur als eiskalten Karrieristen des Generalstabs und als Strategen empfunden hatten, der lebendige Kreaturen bloß als Menschenmaterial versteht, ist fast unbegreiflich. Wer so denkt und formuliert, lebt in der Traumwelt seiner Märchen und Schauerballaden. Es ist ein Kosmos der kräftigen, geistig unbeschwerten jungen Männer und der opferbereiten Frauen, die man, wie das Katerlieschen in dem vergleichsweise geglückten Musikmärchen »An allem ist Hütchen schuld«, für schlichten Geistes hält, bis sie tun und erkennen, was kein Verstand der Verständigen gesehen hatte. Gehäufte Züge der Bösartigkeit bei den Bürger- und Bauerngestalten in den szenischen Entwürfen Siegfried Wagners.

Bayreuth 1923

Wieland mit Soldaten

Welches Deutschland gedachte er mit wem zu erneuern? Für wen schrieb er, und was wollte er aussagen? Die Fragen lassen sich kaum beantworten. Wie so oft in der deutschen Ideologie des 19. und 20. Jahrhunderts, unverkennbar in Ansätzen auch bei Richard Wagner anzutreffen, sinnt man einer vorbürgerlichen Gesellschaft nach mit patriarchalischer Autorität, untergeordneter Opferbereitschaft der Frau, einer Aristokratie gleich jener in den Salons von Wahnfried, wo die Sänger mit den Fürsten konversieren.

Siegfried Wagner

DER FESTSPIELLEITER

Nichts leichter mithin, als Siegfried Wagners Konzept der Festspiele, die er zwischen 1908 und 1930 geleistet hat, aus seinen Anschauungen zur Politik und Gesellschaft, zur Kunst und zum Theater zu deduzieren. Allein die Rechnung geht nicht auf. Zum Charakter des »*Unnotwendigen*« in seinem Tun, jener Beliebigkeit in der Wahl seiner Stoffe und Botschaften, gehört auch eine sonderbare »Aleatorik« in seinen wirklichen Neigungen. Er will Architekt werden, gibt es dann auf, geht mit dem Freund auf eine Weltreise und entdeckt dort, daß ihm deutsche Kunst und Musik, und die Bayreuther Landschaft, über alles geht. Selbst sein Arbeiten als Musikdramatiker weist etwas erstaunlich Privates auf: weit mehr Kinderspiel eines kultivierten Erwachsenen, denn Existenzerfüllung. Gab er dem Ehrgeiz der Mutter und aller »Treuesten der Treuen« darin nach, und hätte er es auch sein lassen können?

Er war ein recht guter, ruhiger Dirigent, wie alle Kritiker hervorheben, doch nicht vergleichbar den Nikisch und Weingartner. Das stellt ein berufener französischer Kritiker am 2. März 1903 fest, nachdem Siegfried ein Konzert des Lamoureux-Orchesters geleitet hat: Siebente von Beethoven, Siegfried-Idyll, eigene Musik aus jenem unseligen »Herzog Wildfang«. Der Kritiker urteilt über den Komponisten Siegfried Wagner: »Achtbare Musik, nicht mehr; so etwas wie die Hausaufgabe eines Schülers, der bei Richard Wagner studiert hat, aus dem sich aber der Lehrer nicht viel machte.« *Gezeichnet Claude Debussy.* Und auch das noch wird angemerkt: »Sicher zeugt es von großer Verehrung, wenn der Sohn das fortführen will, was der Vater begonnen hat. Nur, ganz so einfach wie die Übernahme eines Strumpfladens ist das nicht.«

War Siegfried Wagner aus Leidenschaft ein *Dirigent?* Auch das ist schwer zu sagen. Daß er ein Handwerk verstand, das er bei Richter und Muck und Mottl lernen konnte, wurde nie geleugnet. Seit man ihn, wohl kaum gegen seinen eigenen Wunsch, bereits 1896, also mit 27 Jahren, alternierend mit Hans Richter und Felix Mottl, in Bayreuth den »Ring« dirigieren ließ und er sich sogleich im »Rheingold« einen schweren »Schmiß« leistete, so daß dem zuhörenden Gustav Mahler, wie er an Cosima schrieb, fast das Herz stehenblieb, hatte er gut gelernt und vermochte seine Aufgaben am Pult des Festspielhauses und im Konzert zu erfüllen. Richard Wagner und Gustav Mahler, auch Richard Strauss waren große Dirigenten ihrer Zeit, die selbst derjenige lobte, dem ihre Musik ein Greuel war. Das ist von Siegfried Wagner nie behauptet worden. Wo er gefiel, kam stets die Prämie des großen Namens mit ins Spiel.

Es scheint nicht, daß sich Siegfried Wagner später ohne Notwendigkeit ans Pult gedrängt hätte, so wie es Richard Wagner beim »Parsifal« des Jahres 1882 nicht aushielt, bis er, ungesehen vom Publikum, das eigene Werk wenigstens im Schlußakt hatte leiten dürfen. Den »Tristan« und die »Meistersinger« hat Siegfried in Bayreuth niemals dirigiert. In der zweiten Hälfte seiner Arbeit als Leiter der Festspiele, also zwischen 1924 und 1930, stand er bloß im Jahre 1928, neben Franz von Hoesslin, als Dirigent des Nibelungenrings auf dem Programmzettel. Auch hier die Un-Notwendigkeit.

Notwendig sind ihm allein wohl das Werk und die Arbeit des *Theatralikers* gewesen. Regie, Bühnenbild, Bewegung, Farbe und szenische Interpretation. Wahrscheinlich waren die scharfen Kritiker, die der Sohn für Feinde hielt, worin die Getreuen beistimmten, viel gerechter in der Beurteilung dessen, was der Sohn Richard Wagners und der Enkel von Franz Liszt sein konnte und nicht zu sein vermochte. Auch wer den »Herzog Wildfang« und den »Bruder Lustig« ablehnte oder sich lieber in Bayreuth eine Aufführung mit Rich-

Lauritz Melchior als Siegfried

Friedrich Schorr als Wotan

ter und Mottl aussuchte, statt unter Siegfried Wagner: den Inszenierungen, für die er zeichnete, verschloß man sich im allgemeinen nicht. Mit der Inszenierung des »Tannhäuser« unter Toscaninis Leitung, deren Erfolg er nicht mehr genießen durfte, war ihm, nach soviel Umweg und Beliebigkeit, der Anschluß an eine nicht mehr »unmoderne« Form des Musiktheaters gelungen. Die neue Besetzungspolitik, die sich hier ankündigte, schien wegzuführen aus der trotzigen, aber gesinnungsreinen Provinzialität eines Festspielunternehmens, das universal geplant worden war und allzu lange unter der Verwechslung von Wagner und Wagner-Vereinen gelitten hatte.

Die zwanziger Jahre erlebten, weitgehend von Berlin ausgehend, eine neue Bemühung um musikalische und szenische Interpretation der Werke von Wagner. Mochte man in Wahnfried angewidert weghören, wenn Jürgen Fehling und Otto Klemperer den »Fliegenden Holländer« neu interpretierten, nicht ohne Kenntnis jenes inkriminierten Expressionismus: eine neue Generation von Sängern war aufgetreten, ausgebildet und inspiriert durch Bruno Walter und Fritz Busch, Erich Kleiber und Otto Klemperer, ohne welche Bayreuth, dem die alten Vertreter der großen Partien wegalterten, nicht weiterarbeiten konnte. Sie aber waren nicht bereit, auf das gewohnte musikalische Niveau ausgerechnet in Bayreuth zu verzichten. Noch weniger ging es an, mit militantem Antisemitismus auf die großen Interpreten mit »unreiner« Abkunft zu verzichten. Richard Wagner hatte die Uraufführung des »Parsifal« dem Kapellmeister Hermann Levi anvertraut. Die letzten Lebensjahre Siegfried Wagners zeigen einen Festspielleiter, der sich mehr und mehr freimacht vom provinziellen Trotz und von den Ratschlägen der Wahnfriedideologen. H. St. Chamberlain starb nach langer Krankheit am 9. Januar 1927. Die Festspielidee, das ließ sich nicht verkennen, war gescheitert, wenn man die Bayreuther Aufführungen mit irgendeinem »Deutschen Tag« von Gegnern der Weimarer Republik und der modernen Realität verwechselte.

Winifred Wagner hat, als sie nach dem plötzlichen Tode ihres Mannes die Leitung übernahm und die Verhandlungen mit den »Berlinern« begann: mit Furtwängler und dem Berliner Generalintendanten Heinz Tietjen, wozu der in München lebende Bühnenbildner Emil Preetorius sich gesellen mußte, ein Freund *Thomas Manns,* ausdrücklich betont: damit führe sie Pläne ihres Mannes aus. Das ist sicher richtig. Es lag auf der Linie sowohl der Berufung von Arturo Toscanini wie der eigenen Inszenierung des »Tannhäuser« durch den todgeweihten Siegfried Wagner.

Viele Bilder und Berichte lassen ahnen, daß der Sohn in seinen letzten Jahren, erfolgreich als Festspielleiter, wenngleich nicht als Meister aus eigenem Recht, glücklich in seiner Familie, nicht mehr beschattet von den alternden Frauen, eine neue und freiere Kenntlichkeit zu erreichen vermochte. Das Trauma schien zu weichen. Darüber ist er gestorben. Wie er sich drei Jahre später verhalten hätte, als der frühe Wahnfriedbesucher aus den ersten zwanziger Jahren nun von Berlin aus regierte: es ist müßig, darüber zu spekulieren.

Siegfried Wagner und Arturo Toscanini

»Tannhäuser«-Bacchanal

Gruppenbild aus der »Tannhäuser« – Inszenierung Cosima Wagners 1896

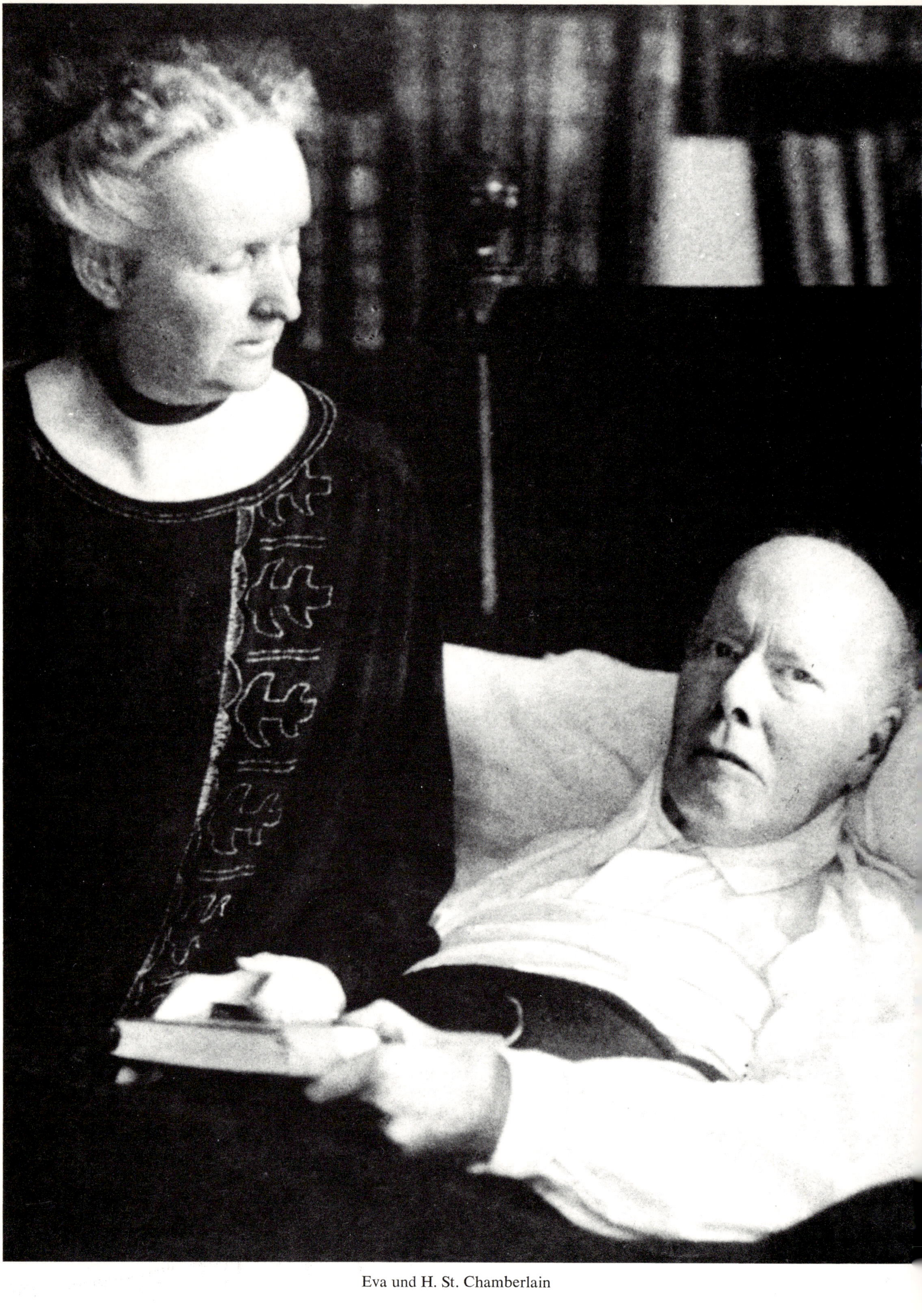

Eva und H. St. Chamberlain

GÖTTERDÄMMERUNG

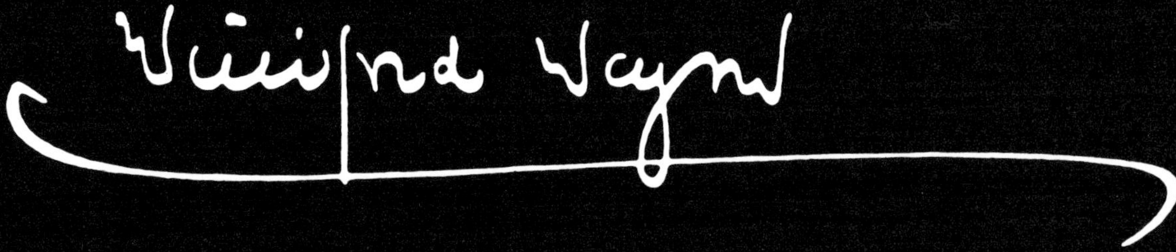

Das Kindchen

I

DAS KINDCHEN

Als Siebzehnjährige war Winifred Williams mit ihrem Adoptivvater Karl Klindworth im Juli 1914 nach Bayreuth gekommen. Ein Jahr später hieß sie Frau Wagner. Siegfrieds plötzlicher Tod am 4. August 1930 machte sie, wenige Monate nach dem Sterben Cosima Wagners, zur neuen »Herrin von Bayreuth«. Eine junge, immer noch schöne Frau in den Dreißigern. Das »Gemeinschaftliche Testament«, das Siegfried und Winifred am 8. März 1929 in gültiger Form stipuliert hatten, legte fest: »Frau Winifred Wagner wird Vorerbin des gesamten Nachlasses des Herrn Siegfried Wagner. Als Nacherben werden bestimmt die gemeinsamen Abkömmlinge der Ehegatten Wagner zu gleichen Stammteilen. Die Nacherbfolge tritt ein mit dem Tode oder mit der Wiederverheiratung der Frau Winifred Wagner.« Entschieden wurde außerdem in dieser Letztwilligen Verfügung, was für das weitere Schicksal der Festspiele nach 1945 von Bedeutung werden sollte: »Die Erben erhalten bezüglich des Festspielhauses folgende Auflage: Das Festspielhaus darf nicht veräußert werden. Es soll stets den Zwecken, für die es sein Erbauer bestimmt hat, dienstbar gemacht werden, einzig also der festlichen Aufführung der Werke Richard Wagners.« An dieser Klausel stießen sich von Anfang an mögliche spätere Pläne Wieland Wagners, auch andere Werke des Musiktheaters auf dem Festspielhügel aufführen zu lassen. Winifred Wagner wurde folglich Erbin nur bis zu einer möglichen Wiederverheiratung. Ging sie eine neue Ehe ein, so kam es zur Nacherbfolge, wobei dem Testament zufolge »der jeweils älteste Abkömmling des Herrn Siegfried Wagner« den Vorsitz übernahm. Das war im besonderen Fall der am 5. Januar 1917 geborene Wieland Wagner.

Winifred Wagner hat sich nicht wieder verheiratet. Das Werk von Bayreuth erhielt Vorrang vor allen Bindungen als Frau und auch als Mutter. Nach Siegfried Wagners Tod war sie die juristisch zur Leitung der Festspiele berufene Verwalterin eines großen materiellen und künstlerischen Erbes. Bei den kurz darauf einsetzenden Angriffen – sowohl der ausgeschalteten Familienmitglieder wie eines großen Teils der Öffentlichkeit – konnte sie sich mit Recht darauf berufen, in den letzten Jahren bereits an der Seite ihres kränkelnden Mannes an der Geschäftsführung mitgewirkt zu haben. Eine Mitteilung von Winifred an den Bayreuther Verwaltungsleiter Dr. Knittel vom 12. Juni 1929 weist bereits die charakteristische Diktion ihrer späteren Herrschaftsanweisungen auf. Sie hat genauen Einblick in den Betrieb, delegiert die Verantwortungen, macht sich Gedanken über mögliche Ersparnisse während der Festspielzeit, denkt an eine Revision der laufenden Verträge über die Feuerversicherung.

In diesem Brief bereits findet sich ein zunächst rätselvoller Satz, der ankündigt, was später eintreten sollte: »Die Besitzfragen sind augenblicklich derart kompliziert, daß wir *jetzt* nichts unternehmen können. Später, wenn meine Familie allein dasteht, ist das sehr viel einfacher...«. Geschrieben wurde das noch zu Lebzeiten Siegfried Wagners. Übrigens war auch die Tendenz in diesem ersten Organisationsprogramm Winifred Wagners erkennbar, die beiden in Bayreuth lebenden Schwägerinnen zu entmachten, also Eva Chamberlain-Wagner und Daniela Thode-von Bülow. Bei den Delegationen nämlich bestimmte Frau Winifred, daß Karl Muck, wie billig, die oberste Verantwortung für Fragen des Orchesters haben solle, der berühmte Chorleiter Hugo Rüdel die für das Chorwesen. Frau Thode wird verantwortlich gemacht »für die Schneider, Schneiderinnen, Garderobiers, Friseure, Putzweiber...«.

Für alle Fragen der Verwaltung und wohl auch des Geldwesens war die Witwe Siegfried Wagners gut ausgerüstet. Verstand sie jedoch etwas vom Fach, nämlich von der Kunst Richard Wagners, von vergangenen und neueren Strömungen der Opernkunst, überhaupt von der notwendigen Konfrontation der Werke Richard Wagners mit neuen Generationen der Interpreten und der Hörer? Das ist sehr fraglich. Natürlich war unvermeidlich, daß Winifred nunmehr von all ihren Gegnern mit dem öffentlichen Bild Cosima Wagners verglichen wurde, also mit der berühmten und traditionellen Herrin von Bayreuth. Sowohl Eva Chamberlain wie, ganz unabhängig von ihr, auch Wilhelm Furtwängler erinnerten, als Konflikte auftraten, recht schnöde daran, Frau Winifred Wagner sei doch offenkundig nicht »vom Fach«: im Gegensatz zu Cosima und Siegfried. Vielleicht wurde dabei die Schwiegertochter etwas ungerechterweise ihrer Schwiegermutter aufgeopfert. Ob nämlich Cosima Wagner in der Tat, wenngleich Tochter von Franz Liszt und Gattin Richard Wagners, sehr viel von Musik verstand, natürlich jenseits der bloßen Attitüde eines Kunstgenusses, war unter Eingeweihten immer umstritten. Der Musiker Josef Rubinstein, einer von den jüdischen Musikern, wie Hermann Levi und Karl Tausig, die sich Richard Wagner als Satelliten für sein Sternbild aussuchte, hat unumwunden behauptet, Cosima sei durchaus unmusikalisch. Rubinstein kannte sich aus. Er hatte am 22. Mai 1880, also zum 67. Geburtstag Richard Wagners, in Wahnfried eine Aufführung der Gralsszene aus dem ersten Akt des »Parsifal« am Flügel begleitet: unter Leitung des Komponisten. Im September 1883, also in Wagners Todesjahr, war er in Luzern aus dem Leben geschieden.

Winifred Wagner hatte natürlich bei ihrem Adoptiv- und Pflegevater Karl Klindworth von früh auf die Werke des Bayreuther Meisters kennengelernt. Die spätere Ehe mit Siegfried machte sie mit allen Aufführungs- und Interpretationsproblemen ebenso vertraut wie mit den schöpferischen Nöten des Musikdramatikers Siegfried Wagner. Allein Winifred hatte weder ernsthaft die Musik studiert, noch das Theater. Der ästhetische Kosmos begrenzte sich für sie, entsprechend der empfangenen Lehre, auf das Werk des Meisters, auf die Arbeiten ihres Mannes, vielleicht auf das Schaffen befreundeter Künstler, wie etwa eines Engelbert Humperdinck.

Sie war aufgewachsen in einem Kreis von Gläubigen, und sie hatte an der Seite eines anachronistischen und demonstrativ »unmodernen« Künstlers alle Beschäftigung mit widerstreitenden ästhetischen Konzepten und künstlerischen Schöpfungen der eigenen Zeit von vornherein abgelehnt. Trotzige Deutschtümelei und demonstrative Unzeitgemäßheit waren integrierende Bestandteile jener Lehre, die Winifred hatte durchmachen müssen und wollen. Was die schönen Seelen der treuen Wagnerianer an Bekenntnissen zu offerieren hatten, mag man aus einem Rundschreiben ersehen, das die Leipziger Zentralleitung des Allgemeinen Richard-Wagner-Vereins im Dezember 1927 an die Patrone der »Deutschen Festspielstiftung Bayreuth« gerichtet hatte. Da stand zu lesen: »...Denn wir dürfen uns doch keiner Täuschung darüber hingeben, daß von den Hochzielen, die der Meister von Bayreuth in seinen Schriften dem deutschen Volk vorgezeichnet hat, von der Durchdringung des gesamten Lebens der Nation mit der heiligen deutschen Kunst bis zu jenem Grade der Veredelung, in dem Religion und Kunst eins werden, erst sehr wenig erreicht ist. Fast möchte man an der Erreichbarkeit solcher Ziele verzweifeln, wenn man heute über 50 deutsche Opernbühnen ein Werk geben sieht, in dem ein auf weiße Frauen Jagd machender Neger als Erbe des alten Europas, also auch als Erbe der Kultur eines Bach, Mozart, Beethoven und RW aufzutreten sich erdreisten darf! Nur das Vertrauen in den deutschen Geist, das dem Meister die Errichtung seines Bayreuther Lebenswerkes allen Widerständen zum Trotz ermöglicht hat, kann uns in der Hoffnung beharren lassen, daß der geistige ›Untergang des Abendlandes‹ noch nicht gekommen ist.« Man errät, daß hier Ernst Kreneks Oper »Jonny spielt auf« gemeint war.

Herangewachsen also war Winifred im Kreise ästhetischer Sektierer. Als Künstlerin für das Musiktheater nicht eigentlich ausgebildet. Bedenklicher blieb, daß sie die Dimensionen und vor allem die Strukturprinzipien der Kunst Richard Wagners niemals recht begriffen hat. In ihren Ausführungen zur Retrospektive Bayreuths und ihres eigenen Lebens sprach sie abschätzig von einem »Zergliedern« der Kunstwerke, das erst mit ihrem Sohn Wieland und in der Nachkriegszeit aufgekommen sei. Früher sei man unmittelbarer und wohl unintellektueller vorgegangen. Zu ihrer Zeit nämlich.

Hier spricht Ressentiment gegen den ältesten Sohn. Es drückt sich darin aber auch ein profundes Mißverstehen der Wagnerkunst aus. Friedrich Nietzsche hatte noch zur Zeit, da er den Ruhm Richard Wagners zu verkünden auszog, von der spezifischen »doppelten Optik« dieser Kunst gesprochen. Doppelt insofern, als sie gleichzeitig eine Kunst für den allgemeinen, wenig geläuterten Geschmack und Genuß zu sein gedachte, *und* eine Kunstschöpfung für die raffinierten Kenner. Wenn einer, so war der abgefeimte Bühnentechniker, spekulierende Denker, vom Gesamtkunstwerk träumende Spätromantiker Richard Wagner ein »Zergliederer«.

Wenn *Wieland Wagner* später in einer bemerkenswerten, um das Kreuzeszeichen gruppierten, nahezu graphischen Darstellung des »Parsifal« die dialektischen Spannungen zwischen den Kunstfiguren des Bühnenweihfestspiels aufzeichnete, so gab er sich nicht mit einem müßigen Zergliedern einer nicht analysierbaren künstlerischen Ganzheit ab, sondern legte Beziehungen bloß, die Wagner dem Werk integrierend mitgegeben hatte. Dies alles scheint Winifred niemals verstanden zu haben.

Ihre Lehrjahre hatte sie zubringen müssen mit unzeitgemäßer, nämlich hinfällig gewordener Kunstschöpfung, und mit ästhetischen Ressentiments. Die vielleicht nicht sehr musikalische Cosima wuchs auf im Kreise einer geistigen und künstlerischen Avantgarde. Ihr erster Gatte Hans von Bülow war ein durchaus politischer Mensch, und ein Künstler, der mit unfehlbarem Kunstverstand die neuen Begabungen zu entdecken pflegte: nicht bloß den damals verfemten Richard Wagner, sondern sogar den unbekannten jungen Russen Tschaikowski, noch in späten Jahren den bayerischen Debütanten Richard Strauss. Cosima wurde dieser intellektuellen Exaltation bald überdrüssig. Sie suchte Ruhe und Gewißheiten: ausgerechnet an Richard Wagners Seite. Allein das Werk von Bayreuth, das sie nach Richard Wagners Tod fortzusetzen beschloß, war immer noch künstlerisches Neuland. Nichts war hier gesichert oder gar hinfällig geworden. So konnte Cosima noch für den umnachteten Nietzsche ins Sternbild der Ariadne verwandelt werden. Ob sich Winifred Wagner je Gedanken gemacht hat über jene Polarisierung der bürgerlichen Ideologien, die sich in der divergierenden Spätentwicklung Richard Wagners und Friedrich Nietzsches konkretisieren sollte, darf bezweifelt werden.

Als Kindchen war sie geheiratet worden: nicht allein von Siegfried Wagner, sondern von Bayreuth. Sie hatte die Dynastie fortzusetzen. Selbst freilich sollte sie nichts bewirken, so hatten es sich die Schwägerinnen und die Chamberlain-Wolzogen ausgedacht. Winifred Wagner hat solche Erwartungen enttäuscht. Sie wollte bestimmen und bewirken. Das hat sie erreicht. Wobei es ohne Härten, Allianzen und Feindschaften nicht abgehen mochte.

II

VERSUCH EINER VERWELTLICHUNG

Es gibt, datiert vermutlich Ende des Jahres 1930, also im Todesjahr von Siegfried Wagner, Aufzeichnungen über ein Gespräch der Schwägerinnen Eva Chamberlain und Winifred Wagner. Die Witwe H. St. Chamberlains und Tochter Richard Wagners riet ab von dem Plan, eine Art Pressestelle für die Festspiele einzurichten und für das Bayreuther künstlerische Unternehmen regelrecht zu werben. Die Schwester berief sich auf den verstorbenen Bruder, der solche Zumutung stets abgelehnt habe. Man solle die frühere Sitte beibehalten, »gut Bestrebte und freundlich Gesinnte unter den Zeitungsschreibern im einzelnen Fall entgegenkommend zu berücksichtigen«. Dagegen habe ein »Liebäugeln mit der Presse« keinerlei Aussicht auf Erfolg. Eva Chamberlain zieht eine bittere Bilanz der äußerlich doch glanzvollen Festspiele von 1930 mit den von Toscanini geleiteten Aufführungen des »Tannhäuser« und »Tristan«. Sie sieht das anders: »Bayreuth stand stolz und frei bisher der Presse gegenüber da. Das können wir leider seit dem Sommer 1930 nicht mehr sein.«

Was war geschehen? Winifred Wagner scheint rasch verstanden zu haben, womit sie abermals auf Pläne Siegfried Wagners zurückgriff, daß eine Öffnung Bayreuths für das breite Publikum mit der Notwendigkeit verbunden blieb, den Bruch mit dem politischen und ästhetischen Sektierertum der Wagnervereine und alt gewordenen Bayreuther Getreuen zu vollziehen. Es hatte sich jedoch gezeigt, daß die Berufung des Maëstro Toscanini und auch die Neuinszenierung des »Tannhäuser« durch Siegfried Wagner selbst nur denkbar war als Ergebnis eines Entschlußes, den Sakralcharakter des Festspielbetriebs, der ohnehin fadenscheinig war angesichts der finanziellen Miseren und eines stets wieder notwendig werdenden Mäzenatentums, abzubauen und die Festspiele zu *säkularisieren.* Indem Winifred Wagner das weiterzutreiben beschloß, handelte sie offensichtlich im Sinn und Geist ihres verstorbenen Mannes.

Dadurch freilich wurde sogleich der Widerspruch virulent, der Siegfried Wagners spätes Leben zerrissen hatte. Man konnte nicht gleichzeitig der politischen Reaktion anhängen, die Tiraden von der hehren deutschen Kunst, vom jüdischen Kunstzerfall und vom Kulturbolschewismus nachreden – und internationale Festspiele anbieten auch für undeutsche, nichtarische, womöglich gar kulturbolschewistische, jedoch zahlende Besucher. Siegfried Wagner war im entscheidenden Augenblick, da er hier Stellung nehmen mußte, verstorben. Winifred schien verstanden zu haben, daß es nun darauf ankam, nach dem Festspielerfolg von 1930 die Bayreuther Vorstellungen auf die Höhe damaliger Opernkunst zu heben, was unmöglich schien ohne die Mitarbeit bedeutender Bühnenbildner, Regisseure, Dirigenten aus der Reichshauptstadt Berlin.

Bei den ersten Nachkriegsfestspielen des Jahres 1924 war es den alten Bayreuthern noch gelungen, den Meistersinger-Dirigenten Fritz Busch, im Widerspruch zu Plänen Siegfried Wagners, rasch wegzuekeln. Das sollte sich nicht wiederholen. Mit Toscanini hatte man einen großen Dirigenten nach Bayreuth geholt, aber auch einen *Antifaschisten.* Die Preußische Staatsoper in Berlin unter dem Generalintendanten *Heinz Tietjen* betrieb seit Mitte der 20er Jahre eine völlige Erneuerung des klassischen Opernrepertoires. Im Stammhaus Unter den Linden mit Dirigenten wie Erich Kleiber und Leo Blech. Hier war, zum Entsetzen Siegfried Wagners und der Bayreuther, ein Werk aufgeführt worden wie der »Wozzeck« von Alban Berg. Im zweiten Berliner staatlichen Opernhaus, der sogenannten Kroll-Oper, hatte *Otto Klemperer* eine Opernkunst entwickelt, die historisch geworden ist. Dirigenten, Sänger, Bühnenbildner und Spielleiter waren tätig gewesen, die

Fritz Busch

Arturo Toscanini

nach dem Jahre 1933 ausserhalb von Deutschland, doch in der ganzen Welt die Maßstäbe setzten für das moderne Musiktheater. Hier hatte Otto Klemperer zusammen mit Jürgen Fehling einen wild-balladesken, aus expressionistischer Erfahrung gestalteten »Fliegenden Holländer« aufgeführt. Auch ein neuer »Tannhäuser« war noch im Januar 1933 aus solchem Geist entstanden. Nur die Stillegung der Kroll-Oper als Folge der deutschen Wirtschaftskrise hatte verhindert, daß Otto Klemperer in seinem Hause, und im Gegensatz zu Bayreuth, das den Nichtarier ebensowenig berief wie ehemals Gustav Mahler oder später Bruno Walter und Erich Kleiber, eine für das damalige Kunstverstehen stellvertretende Neuinterpretation des Gesamtwerks von Richard Wagner zu Ende führen durfte. Freilich hatte sich Klemperer dabei auch, im Gegensatz zu Bayreuth, der philosophischen und ideologiekritischen »Zergliederer« bedient. Wissenschaftlicher Berater der Kroll-Oper, von seinem Freund Otto Klemperer ausdrücklich berufen, war *Ernst Bloch* gewesen.

Im Gesamtverband der Preußischen Staatstheater, doch in offenkundiger Konkurrenz zur Kroll-Oper und mit konservativer Tönung, unternahm *Heinz Tietjen* an der Lindenoper eine Erneuerung des Wagner-Repertoires. Für Berlin wurde ein neuer »Ring des Nibelungen« geplant. Heinz Tietjen war ausgebildeter Kapellmeister und ein Opernspielleiter von Können und Geschick. Vor allem hatte er sich in dem Graphiker, Bühnenbildner und Münchener Kunstprofessor Emil Preetorius einen Partner geholt, dessen Opernentwürfe in Berlin von Publikum und Kritik begeistert aufgenommen wurden. Der Leiter der Berliner Philharmonischen Konzerte, Wilhelm Furtwängler, sollte dirigieren.

Winifred Wagner scheint, im Konflikt mit der Bayreuther Opposition, bald begriffen zu haben, daß sie nur in Berlin eine Hilfe finden könnte, wenn die Arbeit des Jahres 1930 weiterzuführen war. Am 18. Januar 1931, fünf Monate also nach dem Tod Siegfried Wagners, wird eine Vereinbarung getroffen zwischen Winifred Wagner, Heinz Tietjen und *Wilhelm Furtwängler,* worin es heißt: »Frau Winifred Wagner hat als Nachfolger Siegfried Wagners in der künstlerischen Leitung der Bayreuther Festspiele Heinz Tietjen und in der musikalischen Leitung Wilhelm Furtwängler berufen. Der preußische Kultusminister hat Tietjen seine Ermächtigung zur Annahme der Berufung erteilt, ebenso hat Furtwängler seine Zusage gegeben. Diese Neuordnung wird erst 1933 in Kraft treten, da nach dem Willen Siegfried Wagners die diesjährigen Festspiele in unveränderter Form stattfinden. Wilhelm Furtwängler hat sich aber freundlicherweise bereit erklärt, schon in diesem Jahre die Leitung von ›Tristan und Isolde‹ zu übernehmen.«

In der Tat hat Furtwängler im Sommer 1931 den »Tristan« dirigiert: neben Toscanini, der wieder die Aufführung des von ihm einstudierten »Tannhäuser« leitete, und diesmal von Karl Muck auch die Leitung des »Parsifal« übernommen hatte. Wie bisher überließ man Karl Elmendorff die Leitung der beiden Zyklen des »Ring«.

Nach außen hin ergab das ein glanzvolles Duumvirat: Arturo Toscanini und Wilhelm Furtwängler. Allein die Streitereien und halben Skandale ließen nicht auf sich warten. In einem Rückblick von D. Bergen vom Jahre 1932 wird über »Bayreuth seit dem Tode Siegfried Wagners« berichtet: »Die Bürokratie gewann die Oberhand; niemand mehr konnte sich der Empfindung der Entpersönlichung verschließen.« Denn Winifred sei nicht imstande gewesen, die geistige Übersicht zu behalten. Beim Gedächtniskonzert für Siegfried Wagner kam es zum Konflikt. Toscanini, Furtwängler und Elmendorff sollten sich in die Leitung des Orchesters teilen. Toscanini sagte ab, so daß Furtwängler mit der 3. Symphonie von Beethoven den großen Erfolg davontragen konnte, was den italienischen Maëstro nicht milder stimmen mochte. Es war unverkennbar, daß sich dies Nebeneinander nicht fortsetzen ließ. Einer der beiden Meister sollte geopfert werden. Winifred scheint sich für Toscanini und gegen Furtwängler entschieden zu haben.

Heinz Tietjen

Am 21. März 1932 schreibt Wilhelm Furtwängler an Winifred Wagner: »Entweder wollen Sie Mitarbeiter am Bayreuther Werk – als solche haben Sie seinerzeit mit mir und Tietjen verhandelt – oder Sie wollen mehr oder weniger unverantwortliche bloße Berater, in der Absicht, selbst die Verantwortung – wie gesagt auch über rein künstlerische Streitfragen – zu übernehmen. – Da diese Anschauung mit der Auffassung, die ich von meiner Aufgabe in Bayreuth habe, nicht übereinstimmt und da mir die Atmosphäre von Mißtrauen, die aus allen Ihren Äußerungen mir gegenüber bisher hervorging, nicht die Vorbedingung zu einer gedeihlichen Zusammenarbeit im Interesse des großen Bayreuther Werkes zu sein scheint, so möchte ich Ihnen unter diesen Umständen anheimgeben, mir mein Ihnen seinerzeit unter anderen Voraussetzungen und Erwartungen gegebenes Wort zurückzugeben.« Winifred antwortete am 1. April 1932: »Aus unserer letzten mündlichen Besprechung habe ich erkennen müssen, daß Sie ausschlaggebende Bedenken gegen meine Forderung der letzten Entscheidung auch in künstlerischen Dingen hegen. Wenn ich mir auch nicht anmaße, für die künstlerische Executive fachmännische Vorbildung zu besitzen, so muß ich doch auf der geäußerten Forderung beharren, weil der letzte Wille meines Mannes bestimmt, daß ich mein Amt als Leiterin der Bayreuther Festspiele nicht nur dem Namen nach führe, sondern mit voller Verantwortung für den Weiterbestand des Werkes, außerdem darf ich darauf aufmerksam machen, daß ich in 15jähriger engster Zusammenarbeit mit meinem Mann und unter den Augen von Frau Cosima Wagner wohlvertraut und wohlausgerüstet für die Gesamtleitung bin. Wenn ich mir nach dem Tode meines Mannes in Ihnen und Herrn Tietjen sofort die Mitarbeiter erwählte, die ich für die Kunstausübung für die Berufenen hielt, so glaube ich, damit zum Ausdruck gebracht zu haben, daß ich mir nicht mehr anmaße, als ich selbst zu leisten imstande bin.«

Furtwänglers Antwort vom 18. Juni bestätigt noch einmal seinen Auszug aus Bayreuth. Der Briefwechsel wird als Pressematerial veröffentlicht.

Im Jahre 1932, in dieser Endphase der Weimarer Republik, finden keine Festspiele statt. Traditionsgemäß ein spielfreies Jahr. Man rüstete sich für die Festspiele des Jahres 1933. Wilhelm Furtwängler trat jetzt, nach seiner endgültigen Absage, an die Öffentlichkeit. Im »Hannoverschen Kurier« vom 29. Juni 1932 erschien ein polemischer Aufsatz »Um die Zukunft von Bayreuth«: »Es wird Frau Winifred gewiß kein Mensch übel nehmen, daß sie so ist, wie sie ist, und niemand kann etwas anderes mit Recht von ihr verlangen, aber ausgesprochen muß es doch werden: Sie ist nicht gut beraten, wenn sie glaubt, aufgrund der Auslegung des Testaments Eigenschaften beanspruchen zu müssen, die sie nun einmal nicht hat. Ich sage ›Auslegung‹, denn bei Abschluß der ersten Vereinbarung mit Tietjen und mir war dieses Testament ja auch schon da. Das oberste Prinzip, daß nur der mit zu entscheiden hat, der dafür verantwortlich gemacht werden kann, gilt auch für Bayreuth. Über kurz oder lang wird es auch Frau Winifred nicht erspart bleiben, anstatt unverantwortlicher Ratgeber sich verantwortliche Mitarbeiter wählen zu müssen.« Es fehlt auch nicht ein Hinweis des berühmten Dirigenten auf die Laienhaftigkeit der Witwe Siegfried Wagners in allen Fragen der Musik und der musikalischen Interpretation.

Heinz Tietjen scheint damals alles aufgeboten zu haben, den berühmten Toscanini von neuem für Bayreuth zu gewinnen, was ohne Opferung Wilhelm Furtwänglers nicht möglich war, die folglich in Kauf genommen werden mußte. So kommt es zu einem sonderbaren und fast komischen Bündnis zwischen Tietjen und Daniela Thode, also zwischen Alt- und Mittelbayreuth. Durch ihre Ehe mit dem Kunsthistoriker Henry Thode, von dem sie freilich geschieden worden war, besaß Daniela gute Verbindungen zur italienischen Gesellschaft und Künstlerschaft. Sie hatte auf Wunsch ihres Halbbruders Siegfried die Verhandlungen mit Toscanini geführt. Nun sollte sie ihn zurückholen.

Andererseits wiederholen sich Vorwürfe der Schwägerinnen gegen Winifred. Eine Notiz von Eva Chamberlain vom 7. März 1932 rügt den »Geist der Ehrfurchtslosigkeit, Pietätlosigkeit, Traditionslosigkeit in Bühne wie Haus, die Ullstein-Presse etc.«. Tietjens Bemühung um eine Erneuerung der Regie in den Werken des laufenden Repertoires hatte sich nicht durchsetzen können, denn Alexander Spring, ein Günstling Winifreds, zeichnete verantwortlich. Eva Chamberlain spricht in ihrer Notiz von einem »bodenlosen Dilettantismus in der Regie«, und hatte wohl nicht unrecht.

Das spielfreie Jahr 1932 vermochte die Herrschaft der neuen Herrin von Bayreuth, der Erbin Siegfried Wagners, nicht zu gefährden. Allein im Konflikt sowohl mit Furtwängler wie mit der eigenen Familie war offenkundig geworden, daß die Leiterin der Festspiele kein eigenes geistiges Konzept besaß, mithin angewiesen war auf attraktive Namen wie Toscanini, und auf Berater wie Tietjen, die ihrerseits gewillt waren, in Bayreuth die künstlerische Leitung in Form praktischer Regiearbeit zu übernehmen. Für das Jahr 1933 war eine Gesamterneuerung der Inszenierung des Nibelungenrings geplant, dazu der »Meistersinger«, beides unter Mitwirkung von Emil Preetorius. Man hoffte, Toscanini für die Leitung der »Meistersinger« und abermals für den »Parsifal« zu gewinnen, den Daniela Thode mit Hilfe einiger Freunde des Hauses in der herkömmlichen Form darbieten sollte. Der 30. Januar jedoch des Jahres 1933 machte all diesen Opernplänen ein Ende. Ein vor kurzem erst eingebürgerter Österreicher aus Braunau wurde vom Reichspräsidenten Paul von Hindenburg zum Kanzler des Deutschen Reiches ernannt.

Winifred Wagner mit Wilhelm Furtwängler

FESTSPIELHAUS UND REICHSKANZLEI

Die wohlbekannte, nahezu weltbekannte Freundschaft der Witwe Siegfried Wagners mit dem neuen Reichskanzler ließ nachträglich, erst recht in der Gegenwart, die Vermutung aufkommen, das deutsche Erwachen, ein Erwachen zu Beginn des Jahres 1933, sei vom Haus Wahnfried mit Entzücken registriert worden. Die Dokumente stellen es anders dar. Winifred Wagner hat seit jenen Jahren, und eigentlich bis in ihr Alter, eine sonderbare Trennung angestrebt. Einerseits die Freundschaft mit diesem Erneuerer Deutschlands, den sie noch von seinen Anfängen her kannte und dem man von Bayreuth aus ins Landsberger Gefängnis einige Liebesgaben geschickt hatte, andererseits das künstlerisch-administrative Gebilde der Bayreuther Festspiele. Sie hatte sich gedacht, daß man begeisterte Nationalsozialistin sein (sie trat im Jahre 1926, weil der gute Freund es gern wollte, seiner Partei bei), gleichzeitig aber auf dem Festspielhügel zusammen mit Tietjen, Preetorius und Toscanini, wenngleich ohne den abtrünnigen Furtwängler, in üblicher Weise die Festspiele begehen könne.

Es war ebenso naiv wie illusionär. Daß Winifred Wagner, die stets die These eines solchen möglichen Dualismus verfochten hat, vor sich selbst an ihre Gedankenkonstruktion glaubte, ist wahrscheinlich. Sie hat sich auch nie durch den entgegengesetzten Ablauf der Ereignisse belehren lassen.

Die Ereignisse des Frühjahrs 1933 seit jener von wohlorganisierten Fackelzügen begleiteten politischen Ernennung des 30. Januar sind bekannt. Reichstagsbrand und Maßnahmen gegen die politischen Parteien der Weimarer Republik; eine Reichstagswahl im März, deren Ergebnis dadurch verfälscht wird, daß die legal gewählten Vertreter der zur Illegalität verurteilten Kommunistischen Partei ihr Amt als Abgeordnete nicht wahrnehmen können; Verhaftungen durch die »Sturmabteilungen« (SA), denen man in aller Eile die Armbinde eines Polizisten aufstreifte, wodurch eine halb staatliche Funktion dokumentiert wurde, was man sich gesagt sein ließ. Ein Tag zu Potsdam in der Garnisonkirche mit Orgelklang und Glockenschall, wo Feldmarschall und Gefreiter, Reichspräsident und Reichskanzler, einander vor der Kamera tief in die Augen schauten. Für den 1. April 1933 wurde vom neuernannten »Reichsminister für Volksaufklärung und Propaganda«, dem Germanisten und Gundolf-Schüler Dr. Joseph Goebbels, ein Tag des antisemitischen Boykotts anberaumt. Es war eine große Volksbelustigung, als man die jüdischen Kaufleute zusammentrieb, wegkarrte oder in ihren Läden sequestrierte, die kein »guter Deutscher« betreten durfte, auch nicht hätte betreten können, denn die Männer in brauner Uniform bewachten den Eingang.

Am Abend des 31. März hielt Goebbels in Berlin eine seiner geschicktesten Reden der doppelten Gaukelei: Aufwiegelung und Abwiegelung in einem. Vor seinem Massen-Meeting zählte er in geschickter Steigerung alle diejenigen Kräfte der Unterwelt auf, die sich dem neuen und erwachten Deutschland in den Weg stellten: die Bolschewisten natürlich mitsamt ihren Kulturbolschewisten; die untergehenden mammonistischen Parlamentsdemokratien des Westens; das jüdische New York. Nun war er beim Thema. Nachdem das gesunde Volksempfinden nach Kräften angewärmt worden war und die erwünschte Pogromstimmung nach Taten verlangte, wurde der Boykott und Juden-Jux des 1. April verkündet. Das war die befreiende Aufwiegelung. Ihr folgte – noch in derselben Rede – die Zurücknahme. Es sei vorerst nur an diesen einzigen Tag der Sanktionen gedacht. Ein Denk- und Strafzettel also. Am 2. April hingegen werde das deutsche Volk, diszipliniert und erwacht, die Boykottierten in Ruhe lassen.

Hat man sich damals in der Berliner Wilhelmstraße wirklich vorgestellt, wie eine leidlich an Gesittung und Humanität gewöhnte, wenngleich seit 1918 mit Geldentwertung, Unstabilität und Arbeitslosigkeit geschlagene Welt diese schaustellerhaften Ereignisse aufnehmen würde? Vieles spricht nach heutiger Kenntnis dafür, daß sich der neue Reichskanzler und seine wenigen Parteigenossen in der neuen Reichsregierung, mit Innenminister Frick etwa und dem neuen Propagandaminister, dazu dem Preußischen Ministerpräsidenten Göring als Chef eines gewaltigen Polizeiapparates, flankiert jedoch von konservativen Vertrauensleuten der Reichswehr und Großindustrie, wie dem Vizekanzler und ehemaligen Krupp-Manager Alfred Hugenberg, im realen Kräftespiel der Innen- und Außenpolitik nur zaghaft zurechtfanden.

An tiefere Reflexionen über das Schicksal der Bayreuther Festspiele und der jungen Freundin im Haus Wahnfried war nicht zu denken. Dort hatte man die Folgen jener politischen »Machtergreifung« deutlich zu spüren bekommen. Nach Furtwängler war nun auch *Arturo Toscanini zurückgetreten.* Am 28. Mai schrieb der italienische Dirigent an Winifred Wagner einen Brief in italienischer Sprache. Graf Gilbert Gravina, Cosimas Enkel und ein Neffe Siegfried Wagners, hat das Schreiben übersetzt. Da hieß es: »Die schmerzlichen Begebenheiten, die meine Gefühle als Mensch und Künstler verletzt haben, haben bis jetzt, entgegen allen meinen Hoffnungen, keine Genugtuung erfahren. Es ist indessen meine Pflicht, heute das Schweigen, das ich mir seit 2 Monaten auferlegt habe, zu brechen und Sie davon zu verständigen, daß um meiner eigenen Ruhe, der Ihrigen und der Aller willen es besser ist, nun nicht mehr an mein Kommen nach Bayreuth zu denken...«

Den Brief übergab Toscaninis Rechtsanwalt im Auftrag seines Mandanten sogleich der Öffentlichkeit. Die Absage wurde natürlich nicht allein in Bayreuth, sondern auch in der Berliner Reichskanzlei als arger Schlag empfunden. Merkwürdigerweise besaß Toscanini im Bayreuther Familienkreis eine treue Verehrerin in Daniela Thode. Sie hatte die Mißstimmung zwischen Winifred und Toscanini vom Jahre 1931 inzwischen beigelegt. Allein Toscanini war in seiner eigenen italienischen Heimat als Antifaschist aufgetreten. Er konnte nicht in einem faschistischen Deutschland ans Pult treten und die obligaten Hymnen auf den Führer und das neue Reich intonieren lassen. Daniela Thode hat 1935 die Hintergründe darzustellen versucht. Nach der Goebbels-Aktion vom 1. April 1933 hatten sich viele jüdische Künstler an den Maëstro gewandt, um seine Solidarität zu erbitten. Winifred muß einen verzweifelten Versuch gemacht haben, denn Daniela Thode weiß zu berichten: »Man hatte dem Reichskanzler gesagt, ein Zuruf von ihm würde den schon sich abwendenden Künstler zu Gunsten Bayreuths umstimmen, und Hitler schrieb ihm in solchem Sinne einen warmen, verehrungsvollen schönen Brief. Toscanini antwortete in äußerster Höflichkeit, mit großer Würde, aber in unerschütterlicher Festigkeit.«

Es gibt, freilich ohne genauere Datierung, eine Notiz von Daniela Thode über ein Gespräch mit Joseph Goebbels über die Zukunft Bayreuths. Der Propagandamann hatte dabei die Absage Toscaninis einfach als Resultat jüdisch-amerikanischer Erpressung dargestellt und sich auf Richard Wagners Stellung zur Judenfrage berufen. Daniela Thode wies hin auf die »katastrophale Lage für Bayreuth«. Die in den früheren Jahren meist ausverkauften Festspiele seien bisher erst etwa zur Hälfte durch Vorbestellungen gesichert. »Die Festspiele sind am 1. Juli geldlich am Ende. Zehn- bis fünfzehntausend Karten innerhalb der nächsten acht Tage müßten von den Ländern gekauft sein.« In der Notiz heißt es weiter: »Hitler und Göring haben vor vielen Wochen Frau Wagner in Aussicht gestellt, größere Posten von Karten über Reich und Länder anzukaufen, um sie an Würdige zu verteilen. Minister Schemm hat vor acht Tagen diese Zusage für Bayern bestätigt.«

Gleichzeitig lief natürlich die offizielle Propaganda weiter: ohne Rücksicht auf die Auswirkung für das Festspielhaus und die Festspiele. Ein Artikel aus den »Monatsblättern des Bayreuther Bundes der deutschen Jugend«, den der »Völkische Beobachter« am 1. Februar wohlwollend zitiert, nimmt den Mund gewaltig voll: »Die Feinde des Bayreuther Gedankens und die Widersacher Wagners sind mithin diejenigen Kreise, welche das sittlich Belebende und geistig Aufbauende dumpf ablehnen und sich dagegen wenden ... weil sie von der Wiedergeburt Deutschlands keinen Vorteil zu erhoffen haben. Diese Tatsache zeigte sich besonders deutlich, als im Jahre 1924 die durch Weltkrieg und Umsturz 12 Jahre lang geschlossenen Tore des Bayreuther Festspielhauses sich wieder öffneten. Damals gestaltete sich die Aufführung der deutschen Erlösungsspiele zu einer großartigen Kundgebung des neu erwachenden deutschen Geistes. Es war erhebend, als am Schluß der ersten ›Meistersinger‹-Aufführung die Zuschauer, von Begeisterung ergriffen, sich erhoben, um das Deutschlandlied anzustimmen. Dieses Ereignis wirkte auf die neuen Götter Deutschlands wie der Hornruf Siegfrieds auf jenen Räuber des ›Hortes‹. Es zuckte wie ein Blitzstrahl in das Lager derer, die da wähnten, Deutschland für ewig in ihrer Kralle zu halten... Jawohl, Wagners Werke sind nationale Propaganda. Sie haben die Bestimmung, für den deutschen Geist zu werben. Sie sind nach ihres Schöpfers eigener Erklärung: ›geschrieben im Vertrauen auf den deutschen Geist‹. Der Festspielhügel soll ein Wallfahrtsort gerade der Deutschen sein...«.

Winifred Wagner war offensichtlich durchaus nicht beglückt beim Lesen und Anhören so markiger Schwüre. Es gibt eine sonderbare Geschichtsquelle, die das bestätigt. Briefe ihrer vertrauten Mitarbeiterin *Lieselotte Schmidt* haben sich nämlich erhalten. Fräulein Schmidt war eine ebenso treue Wagnerianerin wie Nationalsozialistin. Jubelnd und trauernd hat sie in den Jahren 1933 bis 1937 den Eltern mitgeteilt, was sich im Festspielhaus und in Wahnfried abspielte. Am 19. Mai 1933 teilt sie mit: »Frau Wagner hat unerfreuliche Tage in Berlin. Die Hetze gegen Bayreuth – die letzten Endes auch nur jüdischen Ursprungs ist – scheut vor keiner Lüge und Gemeinheit zurück.« Eine Woche später geht sie auf Einzelheiten ein: »Die Mächte der Finsternis sind unablässig am Werk, und auch leider mit Erfolg: planmäßig und auch höchst raffiniert wird das unantastbare Bayreuth seiner letzten Stützen beraubt, und das Traurigste ist, daß es so aussieht, als ob man an höchster Stelle nichts davon merken will. Jedenfalls gehen Leute dort aus und ein und haben mitzureden, die weder solcher Ehre würdig sind, noch einen Dunst von Bayreuth haben. Höchste Tragik, daß Bayreuth noch nie so von allen Fronten angegriffen wurde wie im 3. Reich. Wir stehen in eisiger Einsamkeit, von allen guten Geistern verlassen – nur Knittel ist ein treuer Mann und Tietjen, der weiß Gott vielleicht den schwersten Stand hat und ganz unerhört behandelt wird.« Mitte Juni, also bereits während der Proben zu den Festspielen, müssen von Lieselotte Schmidt nun auch Zahlen genannt werden: »Unser voraussichtliches Defizit, das Knittel errechnete, ist leider nackte Wahrheit! ... Wir haben jetzt von 21 Aufführungen 12 verkauft; bis wir von der 11. zur 12. kamen, das hat über einen Monat gedauert. Die 40.— Mark-Plätze für die mittleren 3 Meistersinger-Aufführungen sind nun gottseidank auch preisgegeben und auf 30.– gesetzt... Festspielbesucher kriegen auf der Bahn gegen Vorweis ihrer Eintrittskarte 33% Ermäßigung wie bei Sonntagsfahrkarten. Für viele ist das doch eine wesentliche Erleichterung...«

Am 28. Juni vollzieht sich dann das erhoffte Gralswunder. Winifred Wagner fuhr nach Berlin, um ihren Freund und Reichskanzler aufzusuchen. Im Haus Wahnfried ließ er sich von der Bayreuther Herrin und ihren Kindern mit dem Vornamen »Wolf« anreden. »Seit vorgestern sind wir erlöst von unserer größten Sorge: Wolf (Hitler) hat sich unserer Sorge angenommen. Er rief Frau W. nach Berlin, sie flog und innerhalb einer Viertelstunde war uns geholfen – und wie! Es ist so, wie wir immer dachten: er ahnungslos, und in seiner Umgebung Stimmen, die uns vielleicht aus allzumenschlichen Gründen nicht ganz hold gesinnt sind ... Bayern stellt 50000 M zum Ankauf von Karten zur Verfügung und sie haben die anderen Länder aufgefordert, ein Gleiches zu tun. Das ist doch nobel? Das war am Dienstag ... und am Mittwoch kam dann der erlösende Anruf Frau W's. Schönstes Einvernehmen wie von je, keinerlei Verstimmung oder irgend etwas Fremdes zwischen ihnen ...«

Die Rekonstruktion der Ereignisse macht sichtbar, daß Winifred Wagner zu Beginn des Jahres 1933 im mindesten nicht daran gedacht hatte, entsprechend der allgemeinen und antisemitischen »Gleichschaltung«, die damals in allen deutschen Bereichen organisiert wurde, nun auch eine entsprechende Bayreuther Gleichschaltung zu exekutieren. Da Bayreuth ohnehin das Vermächtnis Richard Wagners als Verpflichtung auf eine nationaldeutsche und judenfeindliche Ideologie verstand, brauchte man keine Kulturbolschewisten und jüdischen Untermenschen aus der Leitung zu entfernen. Während organisierte Stoßstrupps in den großen Opernhäusern die jüdischen Generalmusikdirektoren verjagten, und in der Staatsoper Dresden auch den »rein arischen« Fritz Busch, ehemals Dirigent der »Meistersinger« in Bayreuth, schienen sich solche Reinigungen für die Bayreuther Festspiele 1933 zu erübrigen. Freilich hatte man nach dem Rücktritt Furtwänglers und der Absage Toscaninis nur Karl Elmendorff für zwei Aufführungen des Nibelungenrings und für die Hälfte der acht »Meistersinger«-Aufführungen. Toscanini jedoch hatte ursprünglich zugesagt, sowohl die »Meistersinger von Nürnberg« wie auch den »Parsifal« zu dirigieren. Als zweiter Dirigent der »Meistersinger« sprang Heinz Tietjen ein. Damit aber hatte man, als Kontrast zur Besetzung des Jahres 1931 mit Furtwängler und Toscanini, nur die Herren Elmendorff und Tietjen für das große Nationalspektakel der Bayreuther Festspiele im Jahre 1933 anzubieten.

In dieser Situation kam Tietjen auf den Gedanken, den nunmehr 69jährigen *Richard Strauss* zu veranlassen, anstelle des italienischen Maëstro den »Parsifal« zu dirigieren. Strauss war verwundbar. Sein Sohn verheiratet mit einer Jüdin; sein Librettist Hofmannsthal ein Halbjude; seine neue Oper »Die schweigsame Frau« bemakelt durch ein jüdisches Libretto von Stefan Zweig.

Richard Strauss war kein Neuling in Bayreuth. Als junger Mann hatte er auf Einladung Cosimas im Jahre 1894 dort den »Tannhäuser« dirigiert, dabei die Sängerin der Elisabeth kennengelernt, Pauline de Ahna, bald darauf Frau Pauline Strauss. Cosima hatte ihm scherzend Vorwürfe gemacht: Er schreibe doch so gräßliche neue Musik, aber dirigiere den »Tannhäuser« so gut ...

Richard Strauss hat zugesagt und im Sommer 1933 den »Parsifal« dirigiert. Einen Brief von Strauss an Stefan Zweig, der ihm deshalb Vorwürfe machte und auch, weil Strauss die Konzerte des verjagten Bruno Walter übernahm, kann man heute nur mit widerwilliger Trauer lesen. Wenn Strauss sich – gewaltig brutal – vor Stefan Zweig rechtfertigt, so unverkennbar aus persönlichem Interesse. Es soll verhindert werden, daß Zweig aus urheberrechtlichen Gründen die »Schweigsame Frau« verbieten läßt. Andererseits muß man sich auch mit den neuen Herren stellen, damit die Opern von Strauss und Hofmannsthal weiter gespielt werden können.

Der Ablauf der Festspiele selbst erfolgt, unter solchen Umständen, durchaus programmatisch. Das Volk erwartet seinen Führer. Winifred waltet als Herrin des Hauses und wird mit Handkuß und der Anrede »Hohe Frau« begrüßt. Das Spielen des Deutschlandliedes und der Parteihymne hatte der Reichskanzler und Wagnerfreund durch offizielle Mitteilung untersagt. In Bayreuth trat er zurück vor Richard Wagner.

Noch während dies alles abläuft, hat Winifred Wagner ihren Entschluß gefaßt. Am 4. August 1933 schreibt sie an *Heinz Tietjen* den folgenden Ernennungsbrief: »Als mir durch Siegfrieds Tod die ungeheure Last der Verantwortung für die Fortführung der Festspiele übertragen wurde, beschäftigte mich Tag und Nacht die eine brennende Frage: ›Wo finde ich den Kapellmeister-Regisseur, der imstande ist, durch restlose Beherrschung der Partitur, der Dichtung und der Inszenierungsabsichten des Meisters die künstlerische Seele Bayreuths zu vertiefen? Wo finde ich den selbstlosen Helfer, um meiner Aufgabe gerecht werden zu können?‹ Sie, mein lieber Herr Tietjen, hatten bereits in jahrzehntelanger künstlerischer Arbeit bewiesen, daß Sie diese allseitige Befähigung zum Werk besitzen und die erste Fühlungnahme mit Ihnen brachte die beglückende Erkenntnis, daß Sie nicht nur die künstlerischen Qualitäten besitzen, sondern auch die menschliche Größe haben, um sich restlos hinter das Werk zu stellen und ihm zu dienen. Das Werden der diesjährigen Festspiele haben mir bestätigt, daß Sie der Berufene sind. Helfen Sie mir in treuer Zusammenarbeit weiter und führen Sie meinen Sohn Wieland allmählich seiner Lebensaufgabe zu: Der würdige Nachfolger seines Vaters im Dienst am Bayreuther Werk zu sein.«

Dies ist von nun an die Bayreuther Konstellation bis hinein in den neuen Weltkrieg: *Winifred Wagner und Heinz Tietjen.* Eine enge persönliche Bindung, die juristisch vielleicht nicht sanktioniert wird, weil sonst das Gemeinschaftliche Testament von Siegfried und Winifred Wagner eine Veränderung der Herrschaftsverhältnisse erzwänge. Hier freilich liegt die Wurzel zum langsam sich schärfenden Konflikt zwischen dem ältesten Sohn *Wieland* und seiner Mutter: zu schweigen von der auf beiden Seiten haßgesteuerten Relation zwischen Wieland Wagner und Heinz Tietjen.

Die Bayreuther Festspiele 1933 hatten nach außen hin und eine Zeitlang wohl auch innerhalb des Festspielhauses eine Art Familiensolidarität entstehen lassen. Bald aber zeigte es sich, daß keine der früheren Spannungen beigelegt war. Die Schwägerinnen kämpften weiter gegen die Herrin des Festspielhauses, die vom Reichskanzler geschützt wurde. Den politischen Rummel um Führer und Meister ließ man sich gefallen, doch einer künstlerischen Erneuerung der Aufführungspraxis, wie sie von Winifred, Tietjen und Preetorius angestrebt wurde, widersetzte man sich mit Abscheu.

Erschreckendes schien sich vorzubereiten: ein erneuerter »Parsifal« unter Verzicht mithin auf jene uralten und jedem Bayreuth-Besucher seit dem Jahre 1882 vertrauten Dekorationen zum Bühnenweihfestspiel. Im Jahre 1933 war noch die vertraute Dekoration gezeigt worden, irgendwie von Daniela Thode für traditionelle Arrangements genutzt.

Als ruchbar wird, eine Neuinszenierung des »Parsifal« im Jahre 1934, unter Heinz Tietjens Leitung, werde auch in neuen Dekorationen und Kostümen vonstatten gehen, kommt es zu einer großen und letzten Konfrontation von Altbayreuth und dem Bayreuth von Winifred und Tietjen. Die sogenannte »*Parsifal-Eingabe*« vom September 1933, gerichtet »An die Leitung der Bühnenfestspiele zu Bayreuth«, ist ein sonderbares Dokument. »Die Szenenbilder, *auf denen das Auge des Meisters geruht hat,* sprechen zu unseren Sinnen auch heute noch ihre besondere, unnachahmliche, mit der Weihe des ganzen Werkes unauflöslich verbundene Sprache.« Die Stelle, wo von den Augen des Meisters die Rede ist, ist gesperrt gedruckt im Originaltext. Die Eingabe schließt mit folgendem, gleichsam ultimativen Ersuchen: »Die unterzeichneten alten und jungen Freunde Bayreuths richten daher an die Festspielleitung die dringende Bitte, das Bühnenweihfestspiel ›Parsifal‹ fortan in keiner anderen als der szenischen Urgestalt von 1882 aufzuführen und so zugleich dem Meister von Bayreuth das einzig seiner würdige, weil sein und seiner durchaus einmaligen und unvergleichlichen Kunst Wesen lebendig widerspiegelnde Denkmal zu errichten.« Unterzeichner sind, wie zu erwarten war, Eva Chamberlain und

Daniela Thode, dann natürlich Hans von Wolzogen, und ein paar Mitglieder dieser minoritären Fraktion. Unterzeichnet aber hat auch Richard Strauss.

Was man im Sinn hat, ist kein Geheimnis. Man möchte jenen einstigen Beschluß des Deutschen Reichstags rückgängig machen und die Exklusivrechte Bayreuths am »Parsifal« durch Führerbeschluß zurückgewinnen. Darum der sonst eher komische Versuch, die geheiligten Uraltdekorationen zu verteidigen. Der Altgermanist, Wagnerianer und Antisemit Wolfgang Golther spricht alles in seinen Briefen an Eva Chamberlain nüchtern aus. Man erstrebt eine »vertrauliche mündliche Aussprache mit dem Führer«, um »den ›Parsifal‹ für Bayreuth zurückzugewinnen, Tantieme der Theater für den Bayreuther Festspielfonds allen Aufführungen aufzuerlegen, dem Stipendienfonds einen Reichszuschuß zu verschaffen«. Die Konsequenz? »Dann wären die Festspiele im idealen Sinne gesichert, ohne daß man, wie heuer, um eine Rettung durch das Reich in letzter Stunde nachsuchen müßte«.

Das bedeutet natürlich den Hinauswurf von Heinz Tietjen und die Entmachtung von Frau Winifred. Tietjen ist bekanntlich der Intendant der Preußischen Staatsoper in Berlin. Was Golther davon hält, verrät er der Tochter Richard Wagners am 29. Oktober 1933: »Unter Tietjen ist die Staatsoper das Bollwerk des undeutschen Geistes! Und darum ist Tietjen fehl am Ort ... Was soll man zu einem Theater sagen, wo nach wie vor Klemperer und Kleiber dirigieren.« Daran übrigens stimmt bloß, daß Erich Kleiber damals, ebenso wie Leo Blech, noch Unter den Linden ans Pult treten konnte. Otto Klemperer hat dort in jener Zeit nicht mehr dirigiert.

Gegen Jahresende 1933 scheinen Winifred und Tietjen einen Kompromiß angestrebt zu haben. Erneuerung des »Parsifal«, wie vorgesehen, aber Unterstützung aller Bemühungen, das letzte Werk Richard Wagners für die Bayreuther Ausschließlichkeit zurückzugewinnen. In der Reichskanzlei ist darüber offenbar verhandelt worden, doch wünscht der Reichskanzler eine Neuinszenierung und Neuausstattung. Damit ist die »Eingabe« gescheitert. Tietjen schreibt triumphierend an Daniela Thode (12. Januar 1934): »Die Entscheidung, daß der Parsifal neuinszeniert wird, hängt mit dem Wagner-Schutzgesetz eng zusammen, das demnächst von der Reichsregierung herausgegeben wird. Diese Entscheidung ist vom Führer selbst gefällt worden, untersteht also nicht der Kritik. Man scheint ihn nicht zu kennen, wenn man glaubt, er ließe sich in seinen Entscheidungen irgendwie beeinflussen.«

Richard Strauss hat nunmehr das Interesse an den sakralen einstigen Dekorationen verloren. Die Änderung des Urheberschutzes hingegen beschäftigt ihn ungemein. Erweiterung der Schutzfrist bedeutet gleichzeitig übrigens eine Anpassung des deutschen Urheberrechts an die internationalen Normen. Natürlich ist der Fall des »Parsifal« zugleich ein Präzedenzfall für eine künftige erweiterte Schutzfrist auch der Werke von Richard Strauss. Strauss hat gute Verbindungen zu den Potentaten der NSDAP, und er läßt sie spielen. Im Dezember unterhält er sich darüber in der Reichskanzlei. In München versucht er den Dr. Hans Frank für sich zu gewinnen. Noch im November korrespondiert er in der Urheberrechtsaffäre mit Joseph Goebbels. Am 16. Dezember 1934 schreibt Strauss auch an Winifred: »Die Minister Goebbels und Frank, die ich von Hamburg aus nochmals brieflich bombardierte, haben geantwortet.« Geplant wird offenbar ein Urhebergesetz mit einer Schutzfrist von 50 Jahren. Das genügt dem Komponisten der »Salome« ganz offensichtlich nicht. Daher seine Frage an Frau Winifred: »Soll ich selbst mich einmal beim Führer anmelden?« Der Einspruch gegen die Neuinszenierung des »Parsifal« bei den Festspielen von 1934 ist offenbar vergessen, denn Strauss hat, neben dem zurückgeholten Dirigenten Franz von Hoesslin, auch 1934 einige Aufführungen dieses neuen »Parsifal« geleitet.

Die Dekorationen durfte jedoch nicht Preetorius entwerfen. Die Kulissen, auf denen Richard Wagners Auge noch geruht hatte, mußten weichen vor den Entwürfen eines Bühnenbildners von hohem Rang, den man jedoch an dieser Stelle am wenigsten erwartet hatte. *Alfred Roller* war Freund und Bühnenbildner von Hugo von Hofmannsthal und Max Reinhardt. Für sie hatte er in Dresden die immer wieder nachgeahmten Bühnenbilder und Kostüme des »Rosenkavalier« geliefert. Wie es zu Rollers Berufung kam, hat Winifred Wagner nachträglich mitgeteilt. Man hatte in der Reichskanzlei über mögliche Bühnenbildner gesprochen und dabei auch Rollers Namen erwähnt. Der Führer und Wagnerianer entschied sich für ihn. Roller war ihm von Wien her wohlbekannt. Als einziger hatte er sich damals, ohne Erfolg, wie man weiß, für ein Studium des Malers und Zeichners Adolf Hitler an der Wiener Kunstakademie eingesetzt. Das war ihm nicht vergessen worden.

Eines wurde immerhin erreicht: diese Festspiele 1934 entbehrten des Skandals wie der tieferen künstlerischen Bedeutung. Die Welt außerhalb des Deutschen Reiches schien sich abgefunden zu haben mit dem, was vorging. Einen Monat vor Festspielbeginn, am 30. Juni, hatte der Führer ein Blutbad anrichten lassen unter seinen treuen Vasallen von gestern. Der Stabschef Ernst Röhm und viele andere galten nun plötzlich als Verräter und Abschaum. Bald darauf begab man sich ins Festspielhaus, um Richard Wagners Botschaft des Mitleids im neuinszenierten »Parsifal« genußvoll aufzunehmen. Hier war niemand durch Mitleid wissend geworden. Freilich suchte man vergebens nach dem reinen Toren.

Über die *finanzielle Bilanz* gibt es die nicht uninteressante Aktennotiz eines Ministerialrats aus dem Reichsministerium für Volksaufklärung und Propaganda. Man hatte danach 11310 Eintrittskarten von Reichs wegen übernommen: in der normalen Preisklasse von 30 und 15 RM. Darüber hinaus hatte Winifred Wagner selbst und nach eigenem Ermessen, aber auf Reichskosten, noch Eintrittskarten für mehr als 37000 RM verteilt. »Der Wille des Führers«, notiert der Ministerialrat Dr. Ott, »das Bayreuther Werk unter allen Umständen zu erhalten und daneben den Minderbemittelten den Besuch der Festspiele zu ermöglichen, ist somit ausgeführt worden.« Freilich gibt der Bürokrat zu bedenken, die Festspiele seien bekanntlich »fast ausverkauft« gewesen. Auch habe man durch die Rundfunkübertragung des »Ring« fast 100000 RM erzielt. Vermutlich sei ein Überschuß zustande gekommen. Man dürfe sich fragen, ob der Staat den vollen Preis für die übernommenen Eintrittskarten erstatten müsse.

Zwar hatten die Staatsjuristen, voran der Preußische Staatsrat und Kronjurist Professor Carl Schmitt, ausführlich begründet, die Erschießung von Röhm und anderen Opfern des 30. Juni ohne Gerichtsverfahren und Urteil sei trotzdem »rechtens« gewesen: aus dem souveränen Recht des Führers. Allein in Geldsachen ist man im Dritten Reich offenbar nicht ganz so großzügig. Weshalb der Mitarbeiter von Joseph Goebbels zur Hauptsache kommt: »Da damit zu rechnen ist, daß der Rechnungshof eine Abrechnung über die hierfür aufgewendeten Reichsmittel fordern wird, und da es nach den allgemeinen Grundsätzen der Reichshaushaltsordnung ... notwendig erscheint, daß die Verwaltung der Bayreuther Festspiele einen Nachweis der Einnahmen und Ausgaben vorlegt, war beabsichtigt, daß ein Vertreter des Ministeriums mit Frau Wagner persönlich über die Frage der Form und Notwendigkeit dieses Nachweises sprechen sollte. Die persönliche Fühlungnahme mit Frau Wagner war von Herrn Minister Dr. Goebbels besonders gewünscht, um jedes Mißverständnis von seiten der Frau Wagner zu vermeiden.« Darüber muß ein Telefongespräch mit Bayreuth geführt worden sein, wo schonend mitgeteilt wurde, »daß lediglich an eine summarische Aufstellung gedacht und nicht etwa eine eingehende Buchprüfung ... beabsichtigt wäre«. Das Ministerium war also auf der Hut und hatte begriffen, daß auf dem Festspielhügel sehr nachdrücklich nach dem Führerprinzip regiert wurde.

Gralstempel von Alfred Roller in der »Parsifal« – Inszenierung 1934

Nach den Festspielen wurde zunächst einmal mit der Fraktion der Altbayreuther um Daniela Thode und Eva Chamberlain abgerechnet. Der sektiererische Altwagnerianer Zinsstag aus Basel, der nach Ende des Zweiten Weltkriegs die damals geführte Korrespondenz publiziert hat, schreibt an Daniela Thode am 8. November 1935, man habe ihm mitteilen lassen, er solle sich »ja nicht unterstehen, wieder deutschen Boden zu betreten«. Er führt die Ausweisungsmaßnahme auf Winifred Wagners Einfluß zurück: »Ihre Position in unmittelbarer Nähe des Kanzlers legt den Begriff einer ›Majestätsbeleidigung‹ nahe.« Dem war ein scharfer Briefwechsel zwischen Winifred und Zinsstag voraufgegangen. Sie bediente sich darin der Formel »Heinz Tietjen oder ich« und stellt fest: »Sie haben absolut kein Recht, für das deutsche Volk und für die übrige Kulturwelt ultimativ Forderungen zu stellen, denn Sie sind lediglich das Sprachrohr einer verschwindend kleinen Gruppe, mir wohlbekannt, die sich bedauerlicherweise von der alten Bayreuther Gemeinde abgespalten hat und auf deren Verständnis und Unterstützung ich bei meiner weiteren Arbeit verzichten lernen mußte.«

Freilich darf man nicht vergessen, daß einer dieser Altbayreuther (P. Pretzsch), übrigens auch ein Unterzeichner jener Parsifal-Eingabe, in einem Brief die Witwe Siegfried Wagners folgendermaßen kennzeichnet: »Sie ist nach meiner Ansicht nur das willenlose ... Werkzeug in der Hand des früheren Edelkommunisten Tietjen, der wiederum rassisch verdächtige Mitarbeiter in entscheidende Stellen berufen hat, so Preetorius, Palm und andere.« Kurt Palm war der vorzügliche Entwerfer der Bayreuther Kostüme. Er hat nach dem Kriege jahrelang mit Wieland und Wolfgang Wagner zusammengearbeitet. Übrigens war er auch ein vertrauter Freund und künstlerischer Berater Bertolt Brechts beim Aufbau des »Berliner Ensemble« in Ost-Berlin.

In dieser Atmosphäre der Intrigen und Machtkämpfe zwischen Festspielhaus und Reichskanzlei hat es *Daniela Thode* mit großer Würde abgelehnt, das Spiel mitzuspielen. Ein Brief an Heinz Tietjen vom 18. Januar 1934 ist in der Sprache eines Besiegten abgefaßt. Man hat die Tochter der Cosima von allen offiziellen Veranstaltungen in Haus Wahnfried, ihrem Vaterhaus folglich, ausdrücklich ferngehalten. Dann muß Heinz Tietjen folgendes lesen im Brief der Tochter von Cosima und Hans von Bülow: »Sie glauben, oder nehmen vielmehr an, daß die Anderen es glauben können, zwei Welten stünden sich hier gegeneinander über. *Dem ist so* und zwar geistig, künstlerisch und moralisch. Nennen wir sie die des 19. und 20. Jahrhunderts ... Wenn ich aber aus Ihrem Munde höre, daß Wieland zum ›*Regieren*‹ erzogen würde, so überfällt mich ein wahrer Schrecken. In Bayreuth ist nie ›regiert‹ worden, es ist nur in großer Demut *gedient* worden.«

Künstlerisch hinterließen die Festspiele von 1934 einen flauen Eindruck in jeder Hinsicht. Zur Trauer der Traditionalisten über das Verschwinden der originalen »Parsifal«-Ausstattung gesellte sich allgemeines Mißbehagen über Rollers neue Entwürfe, die in den späteren Jahren zunächst durch Preetorius verändert und bereits im Jahre 1937 durch neue Entwürfe *Wieland Wagners* ersetzt wurden. Ein Domprediger Martin aus Magdeburg hat »Bayreuther Eindrücke« aus dem Jahre 1934 formuliert. Er lobt sich den Wandel gegenüber früheren Zeiten: »Wie anders ist das Publikum geworden als in den früheren Jahren. Es fehlen so viele Gestalten, die von den Bayreuthern wie exotische Vögel angestaunt wurden. Dafür sieht man im Zuschauerraum viele Männer im braunen Rock. Der Führer hat es Bayreuth zu danken gewußt, daß es auch während der dunkelsten Jahre an ihn geglaubt hat. Es ist gewiß ein großer Gedanke des Führers, den Besuch der Festspiele Menschen zu ermöglichen, denen ohne diese Hilfe der Besuch versagt geblieben wäre. Es ist gewiß ein großer Gedanke des Führers, seinen Kämpfern durch das Werk Bayreuth den tiefsten Sinn ihres Kämpfens offenbaren zu lassen. Über diesem Großen vergißt man die kleinen Schäden, die durch bessere Vorbereitung der Besucher in späteren Jahren behoben werden können. ... Vielleicht ist der Ring Wagners niemals so wenig als Genuß und so sehr als Aufgabe und Dienst empfunden worden wie jetzt im dritten Reich...«

Die Notwendigkeit dieses Theaterdienstes der braunen Gefolgsleute wird ideologisch untermauert mit markigen Sätzen von Alfred Rosenberg. Aber trotz so viel guter Gesinnung muß der Geistliche Herr doch einräumen: »Geteilt sind die Meinungen über die neue Inszenierung des ›Parsifal‹.« Er hält sich an die Worte des Hans Sachs aus den »Meistersingern« und möchte das Volk zum Richter aufrufen. Man sollte die alte und die neue Inszenierung wahlweise nebeneinander spielen ...

Das finanzielle Schema, das 1934 erprobt worden war, denn natürlich wurde von Bayreuth aus keinerlei Abzug durch Überschüsse gewährt, blieb einigermaßen stabil in den Jahren, da Winifred Wagner die Festspiele leitete. Im Jahre 1935 fanden keine Festspiele statt. Dadurch entstand ein Verlust von RM 168000. In den späteren Jahren, bis 1939, konnte im allgemeinen ein Zuschuß der Reichskanzlei von RM 100000 gebucht werden. Der Betrag wurde vom Konto des Reichskanzlers überwiesen. Hinzu kamen Reichsmittel für den Kartenankauf, für Leistungen der Reichsrundfunkgesellschaft. (Die Reichsrundfunkgesellschaft hatte zuerst 1931 eine Weltsendung mit dem von Furtwängler dirigierten »Tristan« veranstaltet.)

Im Kriege wurde noch einmal für das Jahr 1941 der persönliche Zuschuß des Reichskanzlers gewährt. Im übrigen kam die Organisation »Kraft durch Freude« für einen großen Teil der Kosten auf. Im Jahre 1942, wo man nur eine Gesamtaufführung des »Ring« und vier Einzelvorstellungen der »Meistersinger« veranstalten konnte, betrug der Gesamtzuschuß der Organisation »Kraft durch Freude« insgesamt RM 1600000.

In jenen Jahren ist Heinz Tietjen an der Seite von Winifred Wagner der eigentliche Herr auf dem Festspielhügel. Er leitet die Festspiele im Jahr 1936 der Berliner Olympiade; im Zeichen der Allgemeinen Wehrpflicht, der Einverleibung Österreichs, dann des Sudetenlandes, dann der gesamten Tschechoslowakischen Republik in ein nach dem Führerprinzip befehligtes Großdeutsches Reich.

Im Jahre 1936 kehrt Wilhelm Furtwängler, der nach seinem Eintreten für Paul Hindemith ungnädig behandelt worden war, nach Bayreuth zurück. Die Inszenierung des »Lohengrin« setzt scheinbar die Linie fort, die Winifred Wagner im Jahre 1931 mit Hilfe des Triumvirats von Furtwängler, Tietjen und Preetorius angestrebt hatte. Sängerische Leistungen von damals können dank der Schallplatte nachgeprüft werden. Maria Müller und Franz Völker waren im Zusammenspiel und in der sängerischen Bewältigung der Rollen von Lohengrin und Elsa kaum zu überbieten. Das dunkle Paar Ortrud und Telramund, Margarete Klose und Jaro Prohaska, stand nicht nach. Dennoch war dies mehr und anderes, als die Aufführung einer Romantischen Oper im Festspielhaus von Bayreuth. Man hörte es anders, und sollte es anders hören. Man hörte, was König Heinrich seinen Edlen zu Brabant zu verkünden hatte:

»Nun ist es Zeit, des Reiches Ehr' zu wahren;
ob Ost, ob West, das gelte allen gleich!
Was deutsches Land heißt, stelle Kampfesscharen,
dann schmäht wohl niemand mehr das Deutsche Reich!«

Der Schwanenritter und der Deutsche König waren sich einig. Lohengrin weiß noch kurz vor dem Abschied zu melden:

Entwurf von Emil Preetorius für das Brautgemach im »Lohengrin« 1936

Maria Müller als Elsa

Franz Völker als Lohengrin

»Doch, großer König, laß' mich dir weissagen:
Dir Reinem ist ein großer Sieg verliehn.
Nach Deutschland sollen noch in fernsten Tagen
Des Ostens Horden siegreich niemals ziehn!«

Man ließ sich das gesagt sein in der einstigen Königsloge wie auch in den breiten Reihen des berühmten Amphitheaters.

Jüdische Künstler hatten als Sänger, wenngleich nicht in der künstlerischen Leitung, auch unter Siegfried Wagner, dann unter dem Regime von Winifred, nunmehr von Heinz Tietjen, mitwirken dürfen: der unersetzbare Wotan von Friedrich Schorr, Alexander Kipnis und Emanuel List in den großen Baßpartien. Frida Leider war mit einem Juden verheiratet. Allein bald darauf sangen Kipnis und List in New York; die Liste der Mitwirkenden im neuen Bayreuth wurde immer deutlicher »arisiert«. Bemerkenswert ist ein Vergleich der damaligen tragenden Sängerschar, ihrem Herkunftsland nach, mit einer Zusammensetzung der Festspiele seit 1951. Wie zu Richard und Cosimas Zeiten konnte Bayreuth immer noch bis 1939 auf die hervorragenden Wagnersänger der deutschen Staats- und Stadttheater zurückgreifen. Lohengrin und Tristan, Kundry und Sachs: das waren deutsche Sänger, die sich ihrer Muttersprache bedienen durften. Im Gegenteil: das Wagnerrepertoire etwa der Metropolitan Opera in New York, die alle Werke in der Originalsprache vorstellte, wurde damals fast ausschließlich von deutschen Sängern bestritten, die man herüberholte. Ausnahmen gab es in Bayreuth nur 1939 im Falle des italienischen Dirigenten Victor de Sabata, der »Tristan und Isolde« leitete, und seiner Isolde, der Pariser Sopranistin Germaine Lubin, die bereits 1938 auch als Kundry aufgetreten war. Nach 1944 wurde die Sängerin in Paris von ihren Landsleuten als Kollaborateurin geächtet.

Das Musiktheater von Tietjen und Preetorius blieb im Kern traditionalistisch. Eine Neudeutung der Werke wurde nicht unternommen. Man hielt sich in der Tat nicht beim »Zergliedern« auf, sondern wollte ein absolut gesetztes Kunstwerk bewahren und geschmackvoll, genußhaft an erlauchter Stätte präsentieren. Psychologische Vertiefung im Zusammenspiel der Sänger wurde angestrebt und auch mit Geschmack und Geschick erreicht. Bewährte Striche konnten übernommen werden. Ein glanzvoller Wagner kam zustande, doch eine Beziehung der Gesamtkunstwerke zur eigenen Außenwelt, die als Vorkriegszeit erkannt werden mußte, ließ sich auf solche Art nicht herstellen. Man spielte ein bißchen mit den Assoziationen: Mime und Alberich als Untermenschen, Beckmesser als der geprellte jüdische Intellektuelle, das deutsche Schwert im »Lohengrin« und die »deutschen Meister« in der Ansprache des Hans Sachs.

Heinz Tietjen war, mit all seinen Begabungen für vielerlei, ein Anpasser und Opportunist. In einer Rede vom 30. Januar 1936, also zum Jahrestag der »Machtergreifung«, berief er sich auf ein Gespräch mit Hitler im Sommer 1930 in Bayreuth. Der habe ihm die Parole gegeben: »Durchhalten«. Das sei nötig gewesen, »da die Musik Richard Wagners bei der früheren Regierung nicht beliebt war«. Die Behauptung ist fast unverständlich bei einem preußischen Generalintendanten, dem die erfolgreichen Wagneraufführungen von Kleiber und Klemperer nicht unbekannt sein konnten und der genau wußte, daß weder die Reichsregierung noch der Preußische Kultusminister der Weimarer Republik, immerhin Adolf Grimme, jemals auf den Gedanken gekommen wären, eine negative Zensur auszuüben. Bei jenem »Betriebsappell« zu Berlin kann der verantwortliche künstlerische Leiter von Bayreuth seiner Gefolgschaft zudem mitteilen, der Führer habe als Opernbesucher das falsche Spiel der Oboe bemängelt, was dem Dirigenten Richard Strauss leider entgangen war.

Frida Leider als Isolde

Rudolf Bockelmann als Sachs

Aus solchen Reden und Aktionen Tietjens an der Seite von Winifred Wagner erklärt sich auch der wachsende Widerstand der Brüder Wieland und Wolfgang Wagner. Hier beginnt die Auseinandersetzung vor allem Wieland Wagners mit seiner Mutter und mit Tietjen. Sicher handelte es sich dabei auch um Gefühle und Ressentiments eines Kronprinzen, der von der Thronbesteigung ferngehalten wird. Orest und Hamlet: das mochte wohl auch erinnert werden. Heinz Tietjen als Aegisth und Claudius. Dennoch führt die tiefenpsychologische Betrachtung, die er selbst später oft bis zum Übermaß in Neuinterpretationen von Werken des Musiktheaters eingehen ließ, bei einem so bedeutenden Künstler wie Wieland Wagner nicht besonders weit. Was sich seit Kriegsausbruch 1939 in seinem Verhalten zu Tietjen und damit wohl auch zu seiner Mutter ankündigt, ist wachsende Erbitterung gegen ein unverbindliches Operntheater, das die Werke Richard Wagners in Bayreuth insgeheim nicht mehr ernst nimmt, nicht mehr neu durchdenkt, befragt, also fragwürdig macht. Tietjen demonstriert ein schön gesungenes, gut gespieltes, hübsch ausgestattetes Operntheater, das ebenso glanzvoll und erfolgreich auch völlig andere Werke darbieten könnte.

Die Konfrontation zwischen Heinz Tietjen und Wieland Wagner beginnt schon hier. Bei Tietjen: Vereinnahmung der Schöpfungen Richard Wagners, mit Einschluß des Bühnenweihfestspiels, für ein kulinarisches, kaum aussagekräftiges allgemeines Operntheater. Beim späteren Wieland Wagner: der Versuch, die Erfahrungen und Ergebnisse einer Neuinterpretation der Wagnerkunst schrittweise auch bei Inszenierung anderer Werke des Musiktheaters fruchtbar zu machen. Bei »Carmen« und »Salome«, »Wozzeck« und »Lulu«, bei Verdi wie bei Gluck.

Max Lorenz als Siegfried

KRIEGSFESTSPIELE

Die Festspiele des Jahres 1939 brachten fünf Aufführungen des »Parsifal«, sechsmal den »Tristan« unter Victor de Sabata, fünf Aufführungen des »Fliegenden Holländer« und zweimal, dirigiert von Heinz Tietjen, den »Ring des Nibelungen«. Unmittelbar nach Abschluß der Festspiele, denen er mit gewohnter Hingebung gelauscht hatte, zog der Führer und Reichskanzler in einen Weltkrieg um die Freie Stadt Danzig. Die von Winifred Wagner unerschütterlich festgehaltene Trennung von Festspiel und Außenwelt wurde an diesem Beispiel bis zur Groteske emporstilisiert. Der Freund von Haus Wahnfried teilte seine Zeit zwischen den Aufführungen am Festspielhügel und den Vorbereitungen, die ein Oberbefehlshaber zu treffen hat, der in den Krieg zieht und weiß, daß es ein Weltkrieg werden könnte. Carl J. Burckhardt, damals Hochkommissar des Völkerbunds für den Freistaat Danzig, hat Ende August 1939 auf dem Obersalzberg versucht, das Geschehen zwar nicht aufzuhalten, aber seinem Gesprächspartner in den Folgerungen klarzumachen. Natürlich hörte man nicht zu.

Die Festspiele dieses Jahres waren Vorkriegsspiele. Von Frieden hatte man, mindestens seit dem Jahre 1937, nicht mehr sprechen können. Wie unmöglich es war, die festliche Welt von Bayreuth, jenes Sommerfestes im Juli und August, fernzuhalten von allem, was Alltag sein mochte, Außenwelt, Tristans »öder Tag«, mußte Winifred Wagner damals bereits im eigenen Haus spüren. Der zerreißende Zusammenhang zwischen Hitlerwelt und Wahnfriedwelt wurde in der Folge schwer bezahlt. Wenn sich die spätere Winifred Wagner im hohen Alter wie eine unfreiwillig parodierende »Mutter Courage« ausnimmt, so teilt sie jedenfalls mit Bertolt Brechts berühmter Kunstfigur das Schicksal, daß ihr, wenngleich im übertragenen Sinne, nacheinander die Kinder genommen wurden.

Das begann bereits 1939 und noch im Vorkrieg mit der ältesten Tochter *Friedelind Wagner*. Das zweite Kind aus Winifreds Ehe mit Siegfried Wagner war am 29. März 1918 zur Welt gekommen. Die Friedenssehnsucht in jenem letzten Kriegsjahr hatte die Namengebung bewirkt. Wenn sich im Sommer 1939 die soeben volljährig gewordene älteste Tochter der Winifred nach Luzern begab, wo Arturo Toscanini das Schweizerische Festspielorchester dirigierte und zusammenwirkte mit Künstlern wie Bruno Walter, mit dem jüdischen Pianisten Wladimir Horowitz, seinem Schwiegersohn, und mit dem aus Deutschland emigrierten Geiger Adolf Busch, so handelte die Tochter der Herrin von Bayreuth sowohl demonstrativ wie provokatorisch. Sie trennte sich von der Familie, von Wahnfried, vom Großdeutschen Reich des hohen Protektors. In ihrem Buch über »The Royal Family of Bayreuth« hat Friedelind später die Fakten und Motivationen erläutert. Es war doch nicht so, wie die Mutter sich selbst und der Außenwelt vortrug: daß Friedelind darunter gelitten hätte, beim Herrn der Reichskanzlei von Anfang an die Rolle der Ungeliebten spielen zu müssen. Friedelind besaß, wie sich später zeigen sollte, eine starke affektive Bindung an ihren Vater. Nach seinem Tode (sie war damals zwölf Jahre alt) scheint sie die Affekte auf den Maëstro Toscanini übertragen zu haben, der als Gast des Vaters nach Bayreuth kam, um auch dort zu triumphieren. So hielt sie ihm die Treue nach seinem Absagebrief an Bayreuth im Frühjahr 1933. Vermutlich hat Daniela Thode die Verbindung zwischen Friedelind Wagner und Arturo Toscanini gefördert. In Tribschen am Vierwaldstätter See, wo Siegfried Wagner zur Welt gekommen war, besaß die Familie Wagner immer noch ein Wohnrecht.

Dorthin fuhr Friedelind in diesem letzten Vorkriegssommer. Sie ist dann nicht mehr zurückgekehrt. Winifred hat sie aufgesucht, offensichtlich auf Geheiß der Reichskanzlei, wie Friedelind berichtet, um die Ungebärdige heimzuführen ins Reich. Sie hatte keinen Erfolg. Auch Drohungen aus Berlin mit gewaltsamer Entführung, die bekanntlich sehr ernstgenommen werden mußten, bewirkten nichts.

Friedelind Wagners Leben glich von nun an einer schrecklichen Irrfahrt. Sie hatte dem Krieg und seinen Kriegstreibern entgehen wollen: man holte sie ein. Zwar bekam sie ein Visum nach England, dank der Vermittlung eines Journalisten, der sich davon einige sensationelle Artikel über Schlafzimmergeheimnisse in Haus Wahnfried versprach. Als die Enkelin Richard Wagners die Ansuchen ablehnte, ließ man sie fallen. Plötzlich war sie eine feindliche Ausländerin in Großbritannien und wurde 1940 auf der Isle of Man interniert. Abermals kam Arturo Toscanini zu Hilfe, als er von der Internierung erfuhr. Er dirigierte damals in Argentinien und erwirkte für Friedelind Wagner einen Sängerkontrakt, der sie nach Buenos Aires berief. Man ließ sie hinfahren: in Begleitung eines britischen Polizeisergeanten. Aber Friedelinds Stimme reichte nicht aus für eine Solistenlaufbahn. Toscanini holte sie dann von Buenos Aires nach New York. Später gab es im Londoner Unterhaus eine Debatte über Friedelind Wagner, wobei sich herausstellte, daß Winston Churchill selbst die Genehmigung zur Ausreise des »enemy alien« erteilt hatte. In New York studierte sie an der Columbia University sowohl Sprechtechnik wie Dramaturgie. Ein anderer deutscher Emigrant gab ihr Gesangstunden. Der Bariton Herbert Janssen, übrigens von durchaus »reiner« Abstammung, hatte noch 1937 in Bayreuth den Heerrufer im »Lohengrin« gesungen. Er war auch als Gunther im »Ring« und als Kothner in den »Meistersingern« aufgetreten. Janssen gehörte zu Heinz Tietjens Berliner Opernmannschaft, war aber emigriert und wirkte nun an der Metropolitan Opera.

Während des Krieges mußte sich die Tochter der Winifred in New York im kriegführenden Amerika als Sekretärin und Marktforscherin durchschlagen. Dagegen gelang ihr bereits im Jahre 1946 ein erster Versuch mit einer eigenen Operntruppe. Sie inszenierte »Tristan und Isolde« und ließ sich dafür die Bühnenbilder von ihrem ältesten Bruder entwerfen, mit dem sie stets die Verbindung aufrechterhalten hatte: von Wieland Wagner. Die enge Verbindung zu Wieland, die sicher verstärkt wurde durch den gemeinsamen Gegensatz zur Mutter, bewirkte 1953 die – vorübergehende – Rückkehr nach Bayreuth.

Natürlich war es unvermeidlich, daß die Emigration der Tochter und Schwester Friedelind in Wahnfried jene Spannungen akzentuierte und verschärfte, die latent seit jener Zeit in der Familie aufgetreten waren, da sich Heinz Tietjen zum realen, wenn auch nicht formalen Leiter der Festspiele aufgeschwungen hatte. Die herrische Gebärde von Frau Winifred, auch ihre Vorzugsstellung in der Reichskanzlei, konnten nicht vergessen machen, daß ihr in allen künstlerischen Fragen die Leitung der Bayreuther Festspiele längst genommen war. Bayreuth im Dritten Reich: das war Heinz Tietjens Werk. Es ist nicht bekannt, daß sich Winifred seinen Wünschen und Anordnungen widersetzt hätte, die schließlich darin gipfelten, daß er auf dem Festspielhügel zugleich sein eigener Regisseur *und Dirigent* zu sein gedachte. Hier aber liegt der Grund für die mindestens seit 1940 nachweisbare scharfe Opposition der beiden Söhne Wieland und Wolfgang gegen den eigentlichen Herrn von Bayreuth.

Der Widerstand der Söhne gegen Heinz Tietjen scheint sich, wie die Dokumente erkennen lassen, durchaus nicht in erster Linie darauf gegründet zu haben, daß der Berliner Generalintendant die Enkel Richard Wagners von aller schöpferischen Mitarbeit weitgehend fernzuhalten suchte, obwohl auch das unzweifelhaft der Fall war. Es ging, in einem tieferen Verstande, um (oder gegen) Tietjens opportunistisches Operntheater. Bayreuth verfiel der Routine. Vergleicht man die solidarischen Bemühungen der Brüder Wieland und Wolfgang Wagner (seit 1951) um eine permanente und in dialektischer Spannung ge-

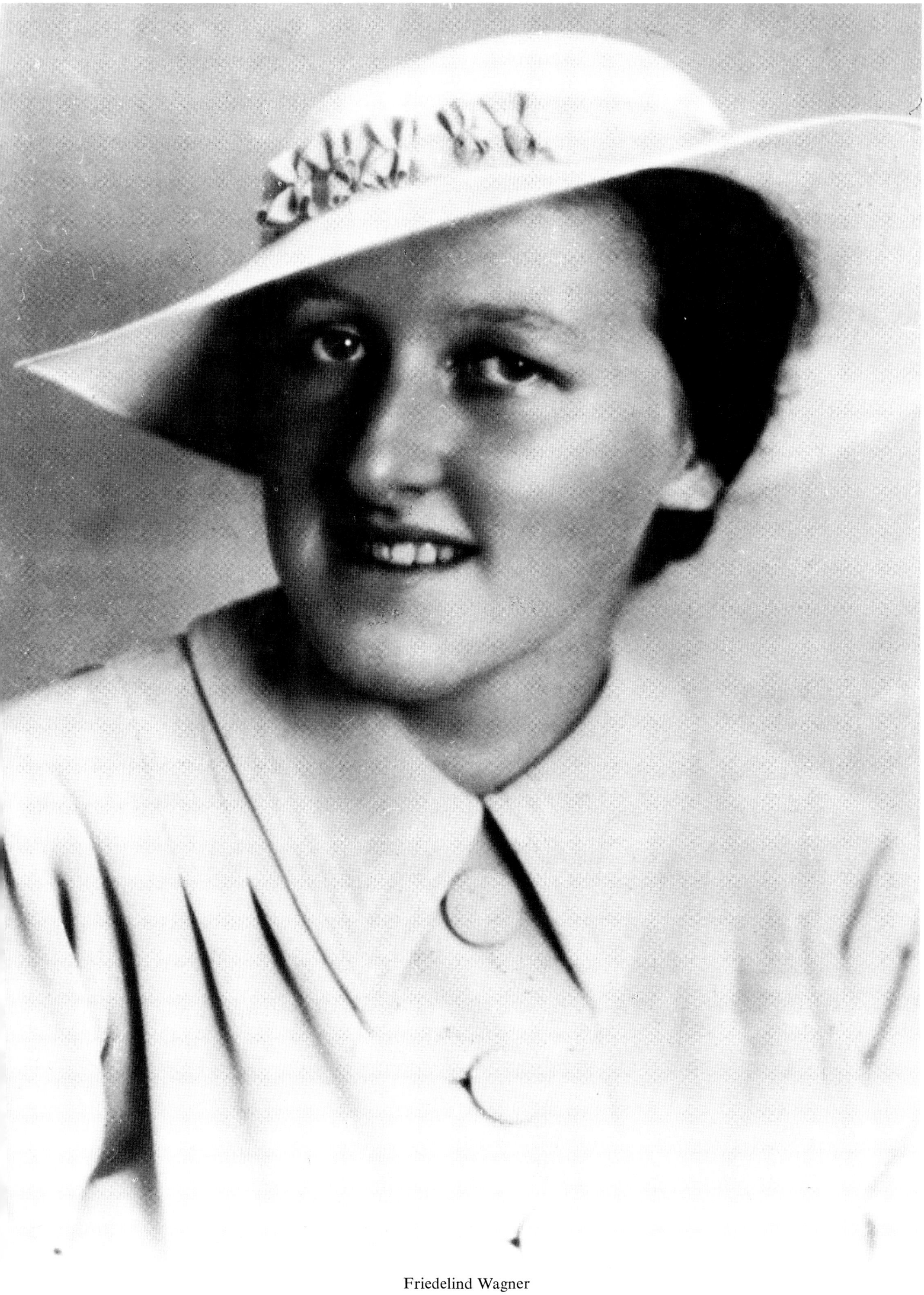

Friedelind Wagner

haltene Auseinandersetzung mit den scheinbar so bewährten Kunstwerken, so wird ersichtlich, daß die Enkel Richard Wagners dem Hausmeier ihrer Mutter vor allem vorwarfen, das Werk Richard Wagners nicht ernst zu nehmen, nämlich: nicht neu zu durchdenken.

Da sich der Krieg zunächst für die Großdeutschen gut anzulassen scheint, hat auch Heinz Tietjen seine weitschauenden Pläne. Im November 1941 schickt er Wolfgang Wagner mit einem genau umrissenen Auftrag nach Berlin. Er will von oberster Stelle mitgeteilt erhalten, daß an Neubauten in Bayreuth zur Zeit nicht gedacht werden dürfe. Er möchte erfahren, ob es beim Prinzip jener ersten Kriegsfestspiele bleiben werde: nämlich bei Vorstellungen der Organisation »Kraft durch Freude«. Oder ob Neuinszenierungen denkbar sein könnten. Seit den Aufführungen von Siegfried Wagner und Arturo Toscanini war der »Tannhäuser« in Bayreuth nicht mehr aufgeführt worden. Tietjen war genau bekannt, daß Wieland Wagner an einem Inszenierungsplan dieser Romantischen Oper seit langem arbeitete.

Der Herr der Reichskanzlei scheint geantwortet zu haben, es sei das KdF-Prinzip möglichst nicht weiterzuführen. Neuinszenierungen des »Parsifal« und des »Tannhäuser« sollten geplant werden.

Damals aber, im Herbst 1941, waren die Spannungen zwischen den Enkeln Richard Wagners und Heinz Tietjen so offenkundig geworden, daß Tietjen in Form von Memoranden an das »Haus Wahnfried« die Positionen abzustecken genötigt war. In einem solchen Text vom 21. August 1941 muß er konstatieren: »Es ist festzustellen, daß sich die Grundeinstellung der Wahnfriedjugend mir gegenüber im Verlauf der diesjährigen Kriegsfestspiele vollkommen geändert hat.« Man hätte sich früher dahin geeinigt, daß die beiden Wagnersöhne »mit dem gemeinsamen Ziel, daß sie dereinst auf dem Hügel gemeinsam führen sollten«, in getrennten Bereichen ausgebildet werden müßten: Wieland vor allem als Bildender Künstler, Wolfgang als Musiker. Andererseits war Heinz Tietjen genau bekannt, daß Wolfgang Wagner, wie sich später herausstellen sollte, durchaus befähigt war, Bühnenbilder selbst zu entwerfen, ganz so wie Wieland Wagner eine Ausbildung als Dirigent absolviert hatte.

Tietjen scheint aber, wie das Memorandum erkennen läßt, einen Zeitgewinn angestrebt zu haben. Er wollte die Machtübernahme durch die »Wahnfriedjugend« auf den Abschluß des Umbaus in Bayreuth vertagen, weshalb es heißt: »Nach meiner, Wolfgang gegenüber oft geäußerten Meinung, sollten dann Frau Wagner und ich von der Leitung des Werkes zurücktreten und die beiden Jungens die Leitung selbständig und endgültig übernehmen und mit dem neuen Hause selbst auch die neue Ära beginnen.«

Da Tietjen jedoch genau wußte, daß an jenen Umbau in Kriegszeiten nicht zu denken war, offenbarte er in jenem Memorandum indirekt in der Tat seine Entschlossenheit, die Wagnerenkel, die damals immerhin bereits 24 und 22 Jahre alt waren, auf unbestimmte Zeit fernzuhalten.

Wieland Wagner scheint sehr heftig gegen diesen Plan aufgetreten zu sein. Er teilt in der Öffentlichkeit mit, offensichtlich mit dem Wunsch, daß die Kunde weitergetragen werde: »er wolle die Sache hier genau so aufziehen, wie es sein Vater gehabt habe«. Und: »Tietjen lasse die Jungens in Bayreuth nichts lernen und nicht hochkommen ...«.

Gegen Jahresende 1941 – das Deutsche Reich steht bereits im Winterkrieg mit der Sowjetunion und hat sich den erhofften spektakulären Einzug in Moskau versagen müssen – schreibt Wieland am 3. Dezember 1941 in schroffer Form an seine Mutter: »Von dir erhielt ich ... im Einverständnis mit Heinz (Tietjen) den Auftrag, die Tannhäuserbühnenbilder zu übernehmen. Da der Tannhäuser mir wie kein anders Werk seit 12 Jahren am Herzen liegt und mir damit endlich die Gelegenheit gegeben worden wäre, in der Sparte in Bayreuth mitzuarbeiten, in der ich bayreuthreif zu sein glaube, sofern Herr Preetorius dies ist, war ich mit Freuden dazu bereit ... Entscheidend für meinen endgültigen Entschluß, den Auftrag nicht annehmen zu können, war für mich die Mitteilung ... am 21. Nov. 1941, daß bereits 60000.– RM für den Bau der Preetorius'schen Bühnenbilder von der Festspielleitung ausgegeben worden sind ... Weder du noch ich können die Verantwortung übernehmen, daß diese riesige Summe sinn- und zwecklos ausgegeben wird, nachdem jahrzehntelang jeder Pfennig gespart werden mußte ...«.

Die beiden Söhne Winifred Wagners hatten Tietjen, wie sie später oft mitteilten, unter sich und im Familienkreis mit dem Spitznamen »Der Schwarzalbe« bedacht. Heinz Tietjen folglich als Alberich und durchaus nicht als Jungsiegfried. In der Tat lassen Tietjens scheinbare Zugeständnisse an die Wahnfriedjugend bei gleichzeitiger Etablierung von vollendeten Tatsachen ungefähr ahnen, was mit jenem Spitznamen gemeint sein mochte.

Kurz vor Weihnachten (21.12. 1941) erläßt Tietjen ein weiteres Memorandum zur Klärung der Lage. Drei Wege scheinen sich anzubahnen: »... Weg I: Die Beziehung zwischen ... Wahnfried und mir werden sofort abgebrochen; ich lege mein Amt mit sofortiger Wirkung nieder ... Aus Gründen der Loyalität teile ich mit, daß ich in einer Rechtfertigungsschrift an den Führer alles vom Beobachtungsjahr 1931 bis einschließlich aller jüngsten Ereignisse in historischer Treue ... niedergelegt habe; da mir, bis das Haus Wahnfried seinerseits Meldung gemacht hat, oder kurz danach etwas zustoßen kann, befindet sich die Rechtfertigungsschrift im versiegelten Kouvert in Händen einer Persönlichkeit, die sichere Gewähr bietet, daß dem Führer dieses Kouvert persönlich überreicht wird. Weg II: Wieland W. kommt zu einer Aussprache nach Berlin ... Ich lege Wielands ausführliches Beweis- und Überführungsmaterial vor ... und es kommt zu einem friedlichen Auseinandergehen; damit meine ich, daß ich nicht offiziell mein Amt niederlege, sondern daß ich es auf mich nehme, wenn es soweit ist, daß nächste Festspiele vorbereitet werden müssen, unter dem aller Welt plausiblen Grund, Wahnfried zu bitten, mich »vorübergehend« (streng intern natürlich endgültig) zu beurlauben ... Weg III: Trotzdem mir durch die Ereignisse in diesem Sommer die wichtigste Eigenschaft genommen wurde, die der künstlerische Führer in Bayreuth haben muß, nämlich die Besessenheit und an ihre Stelle eine tiefe Verbitterung getreten ist, ... bin ich bereit, die letzten noch vorhandenen physischen Reserven dazu zu verwenden ... und ... hoffentlich die Basis zu neuer Besessenheit zu schaffen. Und damit erkläre ich mich bereit zur Versöhnung ... Es wird aber dann unter alles ... der endgültige dicke Strich gezogen und ... auch zu Dritten nichts anderes mehr geäußert, als daß das Haus Wahnfried und ich in vollster und letzter Übereinstimmung dem Werk gegenüber und in persönlichen Angelegenheiten zueinander stehen ...«

Von den beiden Brüdern scheint Wolfgang Wagner damals eher zu einer Versöhnung und einem zeitweiligen Kompromiß bereit gewesen zu sein als der ältere Bruder Wieland. Freilich war Wieland stärker betroffen, denn er hatte früher bereits Bühnenbildentwürfe geliefert und gedachte die szenische Erneuerung der Werke seines Großvaters in anderer Weise anzulegen als Emil Preetorius. Auch scheint er sich von der musikalischen Leitung der Werke andere Vorstellungen als Heinz Tietjen gemacht zu haben.

Daß der Krieg gewonnen wird, ist aber noch zu Beginn des Jahres 1942 offenbar keinem der beiden Brüder irgendwie zweifelhaft. Man berät die »Friedensfestspiele« und hofft sogar, wie ein Brief Wolfgangs an seine Mutter (29. 1. 1942) erkennen läßt, auf solche Festspiele des Friedens bereits für das laufende Jahr 1942.

Es gibt einen nicht abgeschickten Briefentwurf Wielands an Wolfgang vom April 1942, wo Pläne des Reichsführers mitgeteilt werden, zunächst einmal zwei Jahre Friedens-

Bühnenbild zum II. Akt »Die Meistersinger von Nürnberg« von Emil Preetorius 1933

festspiele mit »Meistersinger«, »Ring« und »Parsifal« anzusetzen. Dann könne das Festspielhaus vollkommen umgebaut und mit einem neuen »Tannhäuser« eröffnet werden.

Wieland Wagner weigert sich in diesem Briefentwurf, weiter als Gehilfe Tietjens tätig zu sein. Er formuliert sehr scharf, schickt das Schreiben dann aber nicht ab. »Im großen gesehen hielt ich es für verantwortunglos, nur aus dem Grunde, weil Mama und Heinz (Tietjen) der Ansicht sind, daß es außer ihm in ganz Europa keinen Ring-Dirigenten gibt und er selbstverständlich nach all den Zwischenfällen außerstande ist, in Bayreuth wieder den Ring zu dirigieren, diesen einfach stillschweigend bis nach dem Umbau, der damals noch in nebelhafter Ferne lag, wegfallen zu lassen. Wie ich in Bayreuth hörte, habe man ihn mir überlassen wollen – ich könne ihn ja dann neu machen! ...«

Inzwischen läuft der Zweite Weltkrieg in eine Richtung, die den Direktiven der Reichskanzlei und allen geplanten Friedensfestspielen stracks zuwiderläuft. Die Vereinigten Staaten stehen im Krieg. Stalingrad und El Alamein. Nacht für Nacht die Luftangriffe auf Deutschland. Am 20. Juli 1944 erfolgt das Attentat auf den obersten Kriegsherrn. Der Freund der Winifred Wagner und kunstsinnige Wagnerianer gibt den Befehl, die Attentäter an Fleischerhaken aufzuknüpfen und ihren Todeskampf zu filmen. Er schaut sich darauf den Film an.

Dies alles muß rekapituliert werden, um den Aberwitz eines Briefes von Heinz Tietjen an Winifred Wagner zu ermessen, der eine Woche vor Weihnachten (am 17.12. 1944) des letzten Kriegsjahres niedergeschrieben wird: »...Du wirst erstaunt sein, daß ich die Frage des Führers, ob im Sommer 1945 in Bayreuth gespielt werden kann, was die künstlerische und technische Durchführung anbelangt, ohne Bedenken mit »Ja« beantworten kann. Es wären dazu nicht mehr Führerbefehle nötig als bisher.«

Der praktische Manager verleugnet sich auch jetzt nicht: kaum fünf Monate vor dem Selbstmord besagten Führers und vor dem deutschen Zusammenbruch. Wieder hat er seine drei Möglichkeiten zur Hand und anzubieten. Er könne sogar Neuinszenierungen wagen, denn es sind »genügend Rohmateriale für Dekorationen und Kostüme vorhanden. Ich bin aber der Meinung, daß man das jetzt moralisch nicht verantworten kann.« Freilich ist Tietjen ein bißchen skeptisch und meint: »Ich erwähne die Möglichkeit nur für den Fall, daß die Lage sich so wesentlich verändert, daß dem Führer doch an irgendwelchen Neuinszenierungen gelegen ist.« Geschrieben im Dezember 1944. Der zweite Weg ist Wiederaufführung der »Meistersinger«. Das Personal stehe zur Verfügung, »ebenso würde ich die Kostüme aus unserem Salzbergwerk in Thüringen zu diesem Zweck herausholen lassen«.

Die dritte Möglichkeit ist, die Werke nur konzertant aufzuführen. Wenn das beschlossen wird, »so kann der Führer hierfür jedes Werk bestimmen, das er wünscht«. Er freilich, Heinz Tietjen, sei ein grundsätzlicher Gegner der Rundfunkübertragung. »Richard Wagner hat Musikdramen geschrieben, die den heißen Atem der lebendigen Gestaltung fordern, und der Rundfunk wird das niemals ersetzen können.«

Umständehalber konnte im Sommer des Jahres 1945 keine der drei Möglichkeiten ausprobiert werden. In Bayreuth befiehlt die amerikanische Militärregierung. Die Witwe Siegfried Wagners muß den Siegfried-Wagner-Bau von Haus Wahnfried, wo sie residiert hatte und wo ihr hoher Gast zu übernachten liebte, der Besatzungsmacht freigeben. Die Beziehungen zwischen der Schwiegertochter Richard Wagners und ihrem Führer und Reichskanzler waren weltbekannt. Winifred mochte zwar protestieren, wie sie später mitgeteilt hat, als die amerikanischen Offiziere das Siegfried-Wagner-Haus als Eigentum Adolf Hitlers betrachteten und beschlagnahmten, aber sie hatte recht dabei nur im formaljuristischen Sinne. Geistiges Eigentum jenes Toten war dies Haus ganz zweifellos.

Wahnfrie

erstörung

AUSTREIBUNG UND WEIHE DES HAUSES

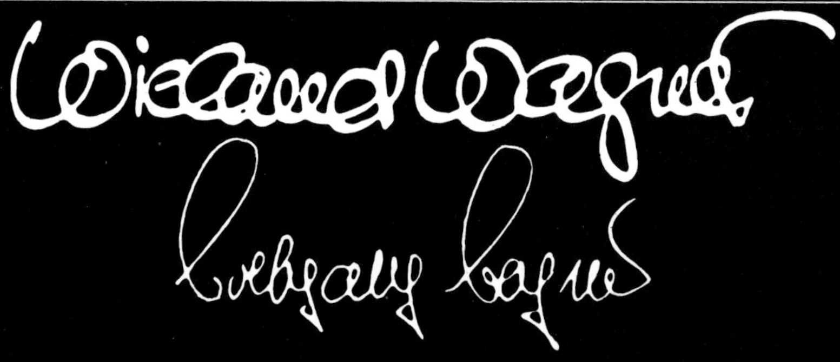

Wieland und Wolfgang Wagner

I

DER ÖDE TAG

Als die Zeit herangekommen war, für welche man noch wenig Jahre vorher pompöse Friedensfestspiele in Aussicht genommen hatte, lag die Frankenstadt Bayreuth in Trümmern. Auch auf die Stätte, wo Richard Wagners Wähnen den Frieden gefunden hatte, waren Bomben gefallen. Anlaß zur Trauer, gewiß, aber es war doch der Freund Winifred Wagners, welcher als erster die Vernichtung ganzer Städte, der polnischen Hauptstadt beispielsweise, angeordnet hatte, oder die Bombardierung der Kathedrale von Coventry in England. Die Ausdrücke »ausradieren« und »coventrysieren« gehörten zum Wörterbuch des Unmenschen.

Es war zugegangen wie am Schluß der »Götterdämmerung«. Brand von Walhall als Brand von Wahnfried. Wieland Wagner hat später, in seiner Inszenierung der Tetralogie im Jahre 1965, ein Jahr vor seinem frühen Tode, als letzten Aspekt eine leere Bühne präsentiert. Musik Richard Wagners hatte das letzte Wort, doch schien es sich nicht mehr an Menschenwesen zu wenden. Im Mai des Jahres 1945 hingegen konnte eine neue Zeitrechnung mit einem Jahre Null, wie mancher es sich gewünscht hätte, nicht begonnen werden. Es begann der öde Tag: verstanden nicht als Ekelvision des sterbenswilligen Tristan, sondern als Trümmeralltag all jener, die hatten überleben dürfen.

Was war untergegangen? Mancher schien zu meinen, und es wurde auch häufig niedergeschrieben: im Zusammenbruch des Dritten Reiches habe sich das deutsche Bürgertum, wenn nicht in der Realität, doch in der Ideologie, selbst zugrundegerichtet. Folgt man solchen Erwägungen, so bot sich die Kunsttheorie Richard Wagners und seiner Erben als ideales Modell, woran solcher Abstieg demonstriert werden konnte. Mischung aus Aufklärung und Gegenaufklärung im Werk des Meisters. Liebäugeln mit den Rassentheorien des Grafen Gobineau; der elitäre Salon von Cosima Wagner; ihr Briefwechsel mit Fürsten und Geistesfürsten. Siegfried Wagners entschieden rückgewandtes Künstlertum, das neue Strömungen der Kunst nicht einmal zur Kenntnis nehmen wollte. Bürgerlicher Nationalismus und bürgerliche Lebensangst vor den »Vielzuvielen«: den Nibelungen vor allem, die man niederhalten muß, damit sie materiale Werte schaffen. Friedrich Nietzsches Wort vom »Gefährlichen Leben« hatte man gierig aufgeschnappt im Palazzo Venezia und in der Berliner Reichskanzlei. Der Wagnerianer als Führer und Reichskanzler glaubte das Wunschbild des Jungsiegfried verstanden zu haben. Des kühnen Selbsthelfers, der Verträge bricht und mit dem Schwert auch den Speer aus dem Holz der Weltesche zerhaut: das Sinnbild von Vertrag, Recht, Schutz der Schwachen. Jenes andere Sinnbild also schien sich anzubieten: Wahnfried als Walhall, und die Geschichte der Familie Richard Wagners als Dekadenz des Bürgertums. Gleichsam als »Verfall einer Familie« wie in den »Buddenbrooks« des Wagnerianers Thomas Mann. Übrigens hatte der Untertitel in dem berühmten Roman einen ironischen Doppelsinn. Verfall einer Familie im Sinne einer Degeneration der Macht und Lebenskraft. Sie wurde jedoch kompensiert durch die Gegenbewegung einer höheren Vergeistigung. Hanno Buddenbrook war gleichzeitig ganz lebensuntüchtig und ganz vergeistigt.

Niemand wird behaupten: so habe es sich auch mit Winifred Wagner verhalten und ihren Kindern. Es geht nicht an, wenngleich solche symbolische Zuordnung nach Kriegsende immer wieder versucht wurde, das Verhalten der Hohen Frau im Haus Wahnfried als notwendige Folgerung zu verstehen aus den artistischen Konzepten und ästhetisch-politischen Theorien ihres Schwiegervaters Richard Wagner. Winifred Wagner hat nicht Deutschland repräsentiert in jenen Jahren. In sonderbarer Weise nimmt sich ihr Tun und Unterlassen aus wie das Treiben eines eifrigen *Außenseiters,* der sich gleichschalten möchte. Winifred Wagner war eine Fremde in Deutschland. Sie war Engländerin. Englisch war ihre Muttersprache. Als sie nach Deutschland kam, zu Klindworth, dann nach Bayreuth, dann als Hausherrin nach Wahnfried, hatte sie eine Fülle der Negationen vollziehen müssen. Sie negierte die Muttersprache, England, die eigene Familie, die britische Tradition. Auf Fragen von Journalisten nach Ende des Zweiten Weltkriegs hat sie stets geantwortet, der Krieg gegen England habe ihr nichts bedeutet, sie fühle sich als Deutsche.

Hier wurde ein Assimilationsprozeß vollzogen. Das eifrige Bemühen um Integration innerhalb einer ursprünglich fremden und unvertrauten Welt mag vieles erklären, doch nicht alles. Siegfried Wagner, der Weltmann und geheime Kosmopolit, sehnte sich im Fernen Osten zurück nach Bayreuth. Sein Lebens- und Künstlerschicksal hatte mit deutschen Zuständen zu tun.

Winifred Williams mußte dies alles lernen und in den Willen aufnehmen. Ihr Fall ist ein *Assimilationsfall.* Gar nicht unähnlich dem Problem jüdischer Assimilation an die deutsche Sprache, Geschichte und Zivilisation. Auch das Phänomen deutschnationaler und nationalistischer Juden war nicht unvertraut. Der bittere Spott der Zionisten war nicht unberechtigt, wenn sie den Vertretern einer deutsch-jüdischen Assimilation vorwarfen, es sei nur das brutal antisemitische Programm der braunen Regimenter, was manchen verhindere, den Arm zu heben zum Deutschen Gruß. Man kann noch weiter gehen in der Analyse. Auch der Oberösterreicher aus Braunau, der gescheiterte Künstler und Mann ohne eigentlichen Beruf, war als Außenseiter nach Deutschland gekommen. Deutsches Erwachen wurde verkündigt von einem, der um Einbürgerung nachzusuchen hatte. Wolf und Winifred in Wahnfried: dieser Stabreim bedeutete eine Gemeinschaft der Außenseiter. Dies alles mußte neu überdacht werden im Trümmeralltag des Jahres 1945. Zuordnungen wurden in aller Welt vorgenommen, für sie schien Evidenz zu sprechen: der Zusammenbruch des Dritten Reiches sei als Zusammenbruch des Wagnertums zu interpretieren. Was sich im »Lohengrin« und in den »Meistersingern von Nürnberg« an demonstrativem Deutschtum geäußert hatte, in Wort und Ton, mußte als Programm gedeutet werden, das in zwei Weltkriegen verwirklicht werden sollte, um zweimal zu scheitern. Nun war alles widerlegt. Kein Theaterdirektor, der auf behelfsmäßiger Spielstätte oder im notdürftig restaurierten Bühnenbau die Eröffnung einer Spielzeit plante, wäre auf den Gedanken verfallen, mit einem Werk des Bayreuther Meisters zu eröffnen. Er mußte mit allgemeinem Widerwillen rechnen. Es war nicht mehr an der Zeit, den Verheißungen Lohengrins ans deutsche Schwert oder dem Lob der deutschen Meister, vor allem Richard Wagners natürlich, durch Hans Sachs geduldig zu lauschen. *Beethovens »Fidelio« war die*

Oper der neuen Stunde. Ein Spiel von der Rechtlosigkeit und Tyrannei, allmächtigen Zwingherren und standhaftem Widerstand, von Treue, menschlicher Anständigkeit und dem Sieg des Prinzips Hoffnung, das als Trompetensignal verkündet wird. So hat man in jenen Jahren die Befreiungsoper Ludwig van Beethovens gespielt. Man mußte sie wiedererkennen als deutsche Gegenwart, die ausgemergelten Gestalten, die nun ans Sonnenlicht traten.

Aus dem Krieg war eine Generation von Wagnergegnern zurückgekehrt. Auch in Deutschland selbst vollzog man die Gleichung Wagner gleich Wahnfried gleich Staatskunst eines Dritten Reiches. Ein Bürgerlich-Liberaler wie der erste Präsident der Bundesrepublik Deutschland, Theodor Heuss, lehnte mit fast verletzender Ironie ab, die im Jahre 1951 wiedereröffneten Bayreuther Festspiele zu besuchen. Da war kaum einer, der es ihm vorwerfen mochte. Mit dieser Konstellation hatte jeder zu rechnen, der sich – als Politiker von Amts wegen oder als Freund der Werke Richard Wagners – Gedanken machte über das Schicksal des kaum beschädigten und notdürftig wieder bespielbaren Festspielhauses zu Bayreuth. Winifred Wagner als Fortführerin des Festspielunternehmens – das blieb undenkbar. Sie selbst war ein schwerer Fall für die durch Vereinbarung von vier Besatzungsmächten eingerichtete »Spruchkammer«. Formale Zugehörigkeit zu nationalsozialistischen Organisationen mußte auch der jungen Wahnfriedgeneration vorgehalten werden, nicht weniger den möglichen und fähigen Wagnerdirigenten in Deutschland, einem Herbert von Karajan etwa oder Franz Konwitschny. Dies war nicht die Stunde für neue Festspiele.

Man hat damals und auch später viel Wesens davon gemacht, auch Winifred Wagner hat sich spöttisch dazu geäußert, daß die amerikanische Besatzungsmacht nun die Festspielbühne bespielte: mit Werken einer beliebten Truppenunterhaltung. Auch von »Entweihung« ist gesprochen worden. Allein Entweihung setzt Weihe voraus. War es nicht Richard Wagners Konzept einer weihevollen Kunst, das später so gräßlich entarten sollte? Die Vergnügungen amerikanischer Soldaten auf dem Festspielhügel waren unschuldiger als die einstigen Weihestunden mit Träumen von deutscher Weltherrschaft.

Thomas Mann

ALTERNATIVE THOMAS MANN

Alle Überlegungen zur Fortführung der Bayreuther Festspiele sind in den ersten Jahren nach 1945 davon ausgegangen, daß eine Diskontinuität notwendig geworden sei. Fortführung des Festspielunternehmens durch die überlebenden Mitglieder der Familie Wagner schien sich von selbst zu verbieten. Es gibt einen Brief des jüngeren Bruders Wolfgang Wagner an den älteren Wieland (5. April 1947), wo es heißt: »Auf jeden Fall ist mir ... sehr klar geworden, daß unsere Familie von sich aus nicht mehr in der Lage ist, die Festspiele durchzuführen ... Mir persönlich ist das jetzt auch völlig gleichgültig, in welches Verhältnis unsere Familie dann zu dem Haus da oben dadurch etwa zu stehen kommt, da ich, wie ja schon oben erwähnt, unsere Familie für diese Aufgabe unfähig halte ...«.

Der Gedanke an eine *öffentlich-rechtliche Stiftung* drängte sich auf. Entweder mit Einbeziehung von Mitgliedern des Hauses Wagner, doch ohne souveräne Entscheidungsmacht, oder ganz ohne Rücksicht auf die Familieninteressen. Dem freilich stand ein juristisches Hindernis entgegen: das »Gemeinschaftliche Testament« von Siegfried und Winifred Wagner. Privatrechtlich blieb Frau Winifred nach wie vor Eigentümerin von Festspielhaus, Wahnfried, Archiv, Kunstwerken. Dieser Rechtszustand hatte früh schon im 20. Jahrhundert heftigen Widerspruch provoziert. Als Siegfried Wagner zu Beginn des Jahres 1914 von der Möglichkeit sprach, das gesamte Bayreuther Werk seiner Familie in eine Stiftung für das deutsche Volk einzubringen, antwortete ihm *Maximilian Harden* sehr scharf: »Aus dem Werk, zu dem Sie nicht im geringsten mitwirken konnten, hatten die Erben Einkünfte, wie niemals und nirgends sie eines Künstlers Lebensleistung erbrachte ... Tadelt nicht, richtet nicht; freut Euch des ansehnlichen Familienunternehmens und seiner sauberen Theaterkunstarbeit. Lasset endlich aber von dem Versuch, es in das Zion, die Hochburg, das himmelan ragende Heiligtum deutscher Volkheit umzufälschen, von dessen Zinne der Wille des Meisters spricht ... Tatet Ihr nicht, als sei Bayreuth eine öffentliche Institution und deren Wahrung Germaniens wichtigste Kunstpflicht. Krochet Ihr nicht vor Cosima und Cosimas Sohn, als hätten sie Ungeheures gewirkt, nicht nur im engsten den ererbten Hort emsig, durch säuberliche Mitarbeit zum Ganzen zu mehren getrachtet?«

Der Vorschlag Maximilian Hardens ging dahin, Siegfried Wagner möge durch Letztwillige Verfügung alle Bayreuther Werte, vielleicht nicht »dem deutschen Volk« überweisen, weil sich das allzu pompös ausnähme, aber »dem Bundesstaat Bayern, dem die Wagnerei, von Ludwigs Zeit her, in Geld- und Dankesschuld verpflichtet ist und der die Verwaltung der Gemeinde Bayreuth auftragen könnte«. (Die Zukunft, Berlin, 27.6. 1914).

Da die Stadt Bayreuth durch Entscheidung der Siegermächte der amerikanischen Besatzungszone zugeschlagen worden war, mußten sich der Militärgouverneur für Bayern und bald darauf, mit ihm zusammen, die neuinstallierten und schließlich neugewählten Mitglieder einer Regierung des Freistaates Bayern des Falles annehmen. Bei solchem Unterfangen tauchte, gefördert durch Vorschläge des Auslands, der Gedanke auf, der Tradition des Hauses Wagner insofern zu entsprechen, als ein Enkel von Cosima und Richard Wagner, ein schweizerischer Staatsbürger, mit der Reorganisation betraut würde. *Dr. Franz W. Beidler* war ein Sohn der Isolde von Bülow, einer Tochter Richard Wagners und Cosimas, und des einstigen Bayreuther Dirigenten Franz Beidler, der sich nach einem Konflikt mit seinem Schwager Siegfried zurückgezogen hatte. Beidler war im Jahre 1901 geboren und lebte nach dem Kriege in Zürich als Sekretär des Schweizerischen Schriftsteller-Vereins. Er hatte viel publiziert, auch Arbeiten über seine Großmutter Cosima.

Es gibt einen Entwurf Beidlers vom Jahresende 1946: »Richtlinien für eine Neugestaltung der Bayreuther Festspiele«. Darin schlägt er die Errichtung einer Festspielstiftung mit Sitz in Bayreuth vor. »Die bisherigen Besitzer sind zu enteignen ...«. Präsident des Stiftungsrates solle der Bayreuther Oberbürgermeister werden. Außer ihm erhalten Sitz und Stimme »je ein Vertreter der Amerikanischen Militärregierung, des Freistaates Bayern sowie der Schweizerischen Eidgenossenschaft ... Ein Sitz bleibt dem Vertreter eines künftigen deutschen Bundesstaates vorbehalten. Den Stiftungsrat bilden im übrigen sach- und kunstverständige Persönlichkeiten ... ohne Rücksicht auf ihre Nationalität, die mit den Grundgedanken der Werke von Richard Wagner und namentlich mit den kunstpädagogischen und sozialen Absichten des Schöpfers der Festspiele vertraut sind. Reproduktive Künstler können dem Stiftungsrat nicht angehören.«

Inwieweit schrulligerweise sogar dieses schweizerische Familienmitglied nach wie vor den Grundkonzepten Richard Wagners verhaftet ist, ersieht man aus dem Schlußabsatz dieser Richtlinien: »Der geistigen Vorbereitung und Sinngebung der Festspiele ist besondere Aufmerksamkeit zuzuwenden. Dabei ist insbesondere an eine Erneuerung der ›Bayreuther Blätter‹ im wahrhaften Geiste Wagners und an ihren Ausbau zu einem maßgebenden Organ für die internationale Volksbildung auf künstlerischem Gebiet zu denken.«

Einige Tage später, bereits im neuen Jahr 1947, am 3. Januar, macht Beidler auch Personalvorschläge. Er regt an, *Thomas Mann* zum Ehrenpräsidenten der »Richard-Wagner-Festspiel-Stiftung« zu berufen. Er selbst möchte als Erster Sekretär fungieren. Auch an einen Gehirntrust der Fachleute und Berater wird gedacht. Die Liste kann sich sehen lassen: mit dem berühmten Musikwissenschaftler und Wagnerforscher Ernest Newman, mit Leo Kestenberg, Hans Mersmann und Alfred Einstein.

Bemerkenswert ist außerdem, daß Beidler den Beirat des neuen Bayreuther Unternehmens durch bedeutende zeitgenössische Komponisten zu bilden gedenkt: Schönberg und Hindemith, Honegger und Frank Martin, Tiessen und Karl Amadeus Hartmann.

In seinem Begleitbrief an den Bayreuther Oberbürgermeister O. Meyer begründet Cosimas Enkel die Notwendigkeit, gerade Thomas Mann als Repräsentanten eines neuen Bayreuth zu berufen: »... Zum Vorschlag von Thomas Mann als Ehrenpräsident wäre zu sagen, daß ich ihn aus vielen Gründen für unerläßlich halte. Einmal ist er heute der in der ganzen Welt führende Repräsentant jenes ›anderen Deutschland‹ das wir alle trotz der schmerzlichen gegenteiligen Erfahrungen für das wahre halten ... Mit Thomas Mann nominell an der Spitze des Stiftungsrates wird der Welt kundgetan, daß Bayreuth mit seiner üblen Vergangenheit entschlossen und drastisch bricht und an die wirkliche Wagnertradition anzuknüpfen willens ist ... Er muß heute mit Fug und mit Recht als der erste und tiefste aller Wagnerianer im positiven Sinne dieses Begriffes bezeichnet werden.«

Wie Thomas Mann selbst das Ansinnen aufnahm, hat er in seinem Tagebuch über die Entstehung des Romans »Doktor Faustus« genau erläutert. In Bayreuth war er nur einmal gewesen, im Jahre 1909, aber von Wagner (und von Nietzsche) kam er ein Leben lang nicht los. Beidlers Werbebrief ließ alle Wunden von neuem aufbrechen. Der Tagebuchschreiber bekennt, daß der Brief »mich tagelang problematisch beschäftigte«. Zu vieles war geschehen. Schließlich hatte der Jubiläumsvortrag über »Leiden und Größe Richard Wagners« vom Jahre 1933 den unmittelbaren Anlaß abgegeben für eine aufgezwungene Emigration. Am Protest eines Richard Strauss, Hans Pfitzner und Hans Knappertsbusch gegen jene Wagner-Rede entzündete sich ein organisierter »Volkszorn« gegen den Autor der »Buddenbrooks«.

»Aus hundert Gründen, geistigen, politischen, materiellen, mußte die ganze Idee mir utopisch, lebensfremd und gefährlich, teils als verfrüht, teils als obsolet, von Zeit und Geschichte überholt erscheinen; ich war nicht imstande, sie ernst zu nehmen. Ernst nahm ich nur die Gedanken, Gefühle, Erinnerungen, die sie mir aufregte ...«

Immerhin wird Beidler nicht mit einer entschiedenen Absage abgespeist, sondern zaudernd hingehalten, wie Thomas Mann selbst zugibt. Einen Augenblick war er schwankend gewesen, ob man es wagen dürfe, von nun an ein neues Bayreuth zu repräsentieren. Ein Traum schien sich zu erfüllen: »In später Wirklichkeit war mir eine Stellung amtlicher Repräsentanz in dem Mythos meiner Jugend zugedacht.«

Der Traum zerrinnt. Da war auch noch ein anderes. Abermals ein Trauma: mit Namen Emil Preetorius. Ein alter Freund aus den Münchener Tagen. Nun hatte er gemeinsame Sache gemacht mit Führer und Großdeutschem Reich. In Thomas Manns Briefen aus der Kriegszeit wird über solche Aktivitäten gespottet. Die Figur des faschistoiden Ideologen Kridwiss in Thomas Manns »Doktor Faustus« ist, einschließlich des darmstädtischen Dialekts, nach der Natur porträtiert, was der Autor, als eine briefliche Verbindung mit Preetorius wieder hergestellt wird, von Kalifornien aus am 24. April 1948 dem »Betroffenen« schonungsvoll auseinandersetzt. Weniger schonungsvoll urteilt Thomas Mann noch am 7. September 1945 in seinem berühmten Antwortbrief an Walter von Molo, worin er die ultimative Forderung zurückweist, nach Deutschland zurückzukehren. Was er gegen die scheinbar so unpolitischen Mitläufer und Mitmacher unter den Künstlern des Hitlerstaates auf dem Herzen hat, wird hier formuliert: »Zuweilen empörte ich mich gegen die Vorteile, deren Ihr genosset. Ich sah darin eine Verleugnung der Solidarität. Wenn damals die deutsche Intelligenz, alles, was Namen und Weltnamen hatte, Ärzte, Musiker, Lehrer, Schriftsteller, Künstler, sich wie ein Mann gegen die Schande erhoben, den Generalstreik erklärt, manches hätte anders kommen können, als es kam. Der Einzelne, wenn er zufällig kein Jude war, fand sich immer der Frage ausgesetzt: ›Warum eigentlich? Die anderen tun doch mit. Es kann doch so gefährlich nicht sein.‹« Auch Emil Preetorius wird nicht ausgespart, wenngleich der Name nicht fällt. Doch ist er gemeint, wenn es heißt: »Daß eine ehrbarere Beschäftigung denkbar war, als für Hitler-Bayreuth Wagner-Dekorationen zu entwerfen – sonderbar, es scheint dafür an jedem Gefühl zu fehlen. Mit Goebbels'scher Permission nach Ungarn oder sonst einem deutsch-europäischen Land zu fahren und mit gescheiten Vorträgen Kulturpropaganda zu machen fürs Dritte Reich – ich sage nicht, daß es schimpflich war, ich sage nur, daß ich es nicht verstehe und daß ich Scheu trage vor manchem Wiedersehen.«

Man konnte also im Ernstfall nicht damit rechnen, daß Thomas Mann für das Projekt Beidler irgendeine Form des Interesses aufbringen werde. Sonderbarerweise jedoch taucht Thomas Manns Name noch in einem anderen Projekt auf, das wenige Monate nach Beidlers Entwurf formuliert ist und offensichtlich, wie die dort aufgeführten Namen andeuten, die ersichtlich von Beidlers Zusammenstellung inspiriert sind, eine Kenntnis der Züricher Entwürfe voraussetzt. Am sonderbarsten an diesem sonderbaren Dokument ist der Name des Verfassers. *Der Entwurf stammt von Heinz Tietjen.* Oft hatte er kategorisch und ultimativ erklärt, er werde sich ganz von Bayreuth zurückziehen. Nun macht er Entwürfe für einen Neubeginn. Allerdings im entscheidenden Gegensatz zu Beidler, der eine Enteignung der Wagners vorsah, konstatiert Tietjen: »Für den Wiederaufbau der Festspiele stehe ich auf dem Standpunkt des Begründers, daß die Festspiele für alle Zeiten ein Familienunternehmen der Familie Wagner darzustellen haben. Der Standpunkt ist der des Rechts, der in dem Testament Siegfried Wagners aufs neue manifestiert wurde.« Falls das nicht durchgehen könnte, denkt auch Tietjen an einen internationalen Stiftungsrat als Folge einer Enteignung der Familie mit dem »Recht des Siegers«. Auch er denkt an Thomas Mann, Newman, Alfred Einstein, Hindemith, Honegger, Ansermet. Aber er nennt auch den Namen Bruno Walter, der bei Beidler fehlt. Er nennt Victor de Sabata, den Bayreuther Dirigenten von 1939. Und er empfiehlt für den internationalen Bayreuther Beirat – Emil Preetorius.

Noch ein Schlußabsatz. »Die Familie Wagner müßte durch die jüngere Generation im Stiftungsrat vertreten sein, etwa durch Wolfgang Wagner und den Sohn Isoldes, Franz W. Beidler.« Nicht durch Wieland Wagner folglich. Das Dokument findet sich im Heinz-Tietjen-Archiv der Berliner Akademie der Künste.

In der jüngeren Wahnfriedgeneration sind die Ansichten widerspruchsvoll. Wolfgang Wagner war offenbar skeptisch in bezug auf eine Weiterführung des Familienunternehmens, trotz dem Wortlaut des Testaments seiner Eltern. Wieland Wagner entwirft – vermutlich schon im Jahre 1946 – den »Plan zur Gründung eines ausländischen Festspielunternehmens«. Ihm schwebt ein organisiertes Gastspielunternehmen im Ausland vor. »Für den Fall, daß die Familie oder Familienmitglieder den Betrieb des Festspielhauses in Bayreuth wieder übernehmen können, wird das neue Auslandsunternehmen im Einklang mit den Bayreuther Interessen durchgeführt ...«.

Wieland ist weder skeptisch noch unentschlossen. Er hat die Jahre nach Kriegsende fern von Bayreuth zugebracht, am Bodensee. Dort vollzog sich ein Prozeß geistiger Erneuerung und Neuinformation. Elemente der damaligen Lektüre sind leicht zu erraten, wenn man von den bald darauf entstehenden Bayreuth-Inszenierungen ausgeht. Es ist Beschäftigung sowohl mit der Tiefenpsychologie Sigmund Freuds wie mit der modernen Symbolforschung im Gefolge von C. G. Jung. Seine Mutter hat ihn kurzerhand und ziemlich offenherzig als späten Renegaten am gemeinsamen Führerglauben bezeichnet und dabei übersehen wollen, daß die schroffen Gegenpositionen der »Wahnfriedjugend«, wie Tietjen das spöttisch nannte, bereits um 1940 als Abkehr vom offiziellen Bayreuther Dogma verstanden werden mußte. Wieland war nicht resignativ, sondern entschlossen. Er brannte darauf, seine neuen geistigen Erfahrungen künstlerisch umzusetzen und fruchtbar zu machen. Natürlich vor allem für eine Neuinterpretation der Werke Richard Wagners, doch nicht weniger für ein grundsätzlich neues Konzept vom Musikalischen Theater: so universaler Natur, daß es gleichfalls angewandt werden konnte auf »Fidelio« und auf »Carmen«, auf »Aida« und den »Wozzeck«. Zu den musikalischen Erlebnissen gehörte für Wieland Wagner seit langem auch das Werk von *Carl Orff.* Damit war ein Ausgangspunkt gegeben, der die Begründer eines neuen Bayreuther Stils zu jener Urkonstellation zurückführen mußte, die auch Richard Wagners Überlegungen zu Oper und Theater inspiriert hatte: zur griechischen Tragödie.

Bayreuth

Nach der Spruchkammersitzung

DIE VERTREIBUNG

Vorerst aber mußte die Vergangenheit »bewältigt« werden, um einen Ausdruck zu gebrauchen, der damals aufkam. Die alliierten Besieger des Dritten Reiches hatten am 5. März 1946 ein »Gesetz zur Befreiung von Nationalsozialismus und Militarismus« erlassen, anwendbar auf alle deutschen Bewohner des einstigen Reichsgebiets, der nunmehr vier Besatzungszonen. Deutsche Gerichtsverfahren hatten in Vollzug des Gesetzes stattzufinden. Vor Spruchkammern mußten sich die einstigen Mitglieder der NSDAP und anderer nationalsozialistischer Organisationen über ihre Tätigkeit zwischen 1933 und 1945 verantworten. Die Spruchkammer entschied über die Einstufung des einzelnen Falles. Fünf Kategorien hatte das Gesetz vorgesehen: Hauptschuldiger, Belasteter (Aktivist), Minderbelasteter, Mitläufer, Nichtbetroffener. Je nach Einstufung wurden Sühnemaßnahmen angeordnet, die sehr hart sein konnten, also Beschlagnahme des Vermögens, Berufsverbot, Zwangsarbeit.

Am 2. Juli 1947 entschied die Spruchkammer II von Bayreuth-Stadt über den Fall von Frau Winifred Wagner, Leiterin der Festspiele Bayreuth, geboren am 23.6. 1897 in Hastings, wohnhaft zur Zeit Oberwarmensteinach Nr. 32. Die Betroffene wurde nach Art. 4/2 des Gesetzes in die Gruppe II der Belasteten (Aktivisten) eingereiht. Harte Sühnemaßnahmen waren gleichzeitig angeordnet worden: Sonderarbeit für die Allgemeinheit für die Dauer von 450 Tagen; Beschlagnahme von 60 Prozent des Vermögens, Aberkennung der Fähigkeit, das Wahlrecht auszuüben und öffentliche Ämter zu bekleiden, Aberkennung ihrer Rechtsansprüche aus Rente und Pension.

Es wurde Winifred Wagner übrigens auch für die Dauer von fünf Jahren untersagt, »als Lehrerin, Predigerin, Redakteurin, Schriftstellerin oder Rundfunkkommentarin (!) tätig zu sein«. Jahrzehnte später hat die damals »Betroffene« etwas spöttisch dagegen protestiert, daß man ihr nicht einmal erlaubte, als Predigerin zu amtieren.

Damals jedoch, am 2. Juli 1947, stand keinem der Sinn nach solchen Späßen. Eine Photographie zeigt die Mutter mit ihren beiden Söhnen und den beiden Schwiegertöchtern beim Verlassen des Gerichtsgebäudes. Die junge Generation trägt Pokergesichter, aber Winifred Wagner wirkt verstört. Sie scheint nicht recht begriffen zu haben, was ihr vorgeworfen wird. In der Tat ist der Fall widerspruchsvoll. So muß ihn auch die Spruchkammer empfunden habe, wie die Urteilsgründe erkennen lassen. Scheinbar ist alles ganz einfach. Winifred Wagner war bereits im Jahre 1926 der NSDAP beigetreten. Gleichzeitig unstreitig, daß sie für die Partei ihres Freundes und Führers innerhalb der politischen Organisation und auch sonst in der Öffentlichkeit niemals geworben hatte. Gewiß nicht seit 1930, als sie die Leitung der Festspiele übernehmen mußte.

Aber ihr wurde das Goldene Parteiabzeichen verliehen? Freilich, doch erfolgte das, wie glaubhaft nachgewiesen werden konnte, als bürokratischer Akt: wegen der niedrigen Mitgliedsnummer, also als Folge von Zeitvergang.

Blieb jedoch der Vorwurf, »die Nationalsozialistische Gewaltherrschaft gefördert zu haben«. Es blieb auch der Vorwurf, eine »Nutznießerin« des Dritten Reiches gewesen zu sein. Die Spruchkammer kam zur Entscheidung, es habe sich um Förderung der Hitlerpartei und ihres Systems im Falle von Winifred Wagner gehandelt: »Nach Auffassung der Kammer hat Frau Winifred Wagner durch ihre Freundschaft mit Hitler und ihre Mitgliedschaft bei der Partei ab 1926 den NS wesentlich unterstützt und gefördert. Durch ihr Beispiel, das sie als Freundin Hitlers und alte Parteigenossin gegeben hat, muß sie unbedingt als Förderin der NS angesehen werden. Vor allem wirkte ihr Beispiel auf einfache und kleine Leute propagandistisch, obgleich sie persönlich als Parteimitglied keine propagandistische Tätigkeit ausgeübt hat. Die Leute sagten sich, wenn diese Frau der Partei beigetreten und bis zuletzt treu geblieben ist, muß doch die NS-Ideologie richtig sein. Dies trifft insbesondere für Bayreuth zu, das vielleicht gerade durch ihr Beispiel eine Hochburg der NS geworden ist.«.

Das klingt einleuchtend, hält aber gleichfalls, wie später auch die Berufungskammer feststellen mußte, der genaueren Analyse nicht stand. Es handelte sich mithin im wesentlichen um ein Fördern durch Tolerieren. Die Schwiegertochter Richard Wagners und Leiterin der Bayreuther Festspiele, die sich öffentlich zu ihrem Freund und Führer bekannte, ohne im einzelnen in Rede und sonstiger Aktion für das Dritte Reich einzutreten, wäre demnach, nach dem Gedankengang der Bayreuther Spruchkammer, falls sie die Auswirkungen ihrer persönlichen Freundschaft zu verhindern gedachte, zum aktiven Widerstand verpflichtet gewesen. Allein das Gesetz zur Befreiung von Nationalsozialismus und Militarismus konnte und wollte eine Pflicht der Deutschen zur Résistance nicht etablieren.

Blieb die Nutznießerschaft: »Was die Frage der Nutznießung (Art. 9 des Gesetzes) seitens der Betroffenen anbetrifft, so verneint die Kammer diese Frage. Die Nutznießung könnte darin gesehen werden, daß die Betroffene aus nachfolgenden beiden Fällen persönliche oder wirtschaftliche Vorteile herausgeschlagen hat.
1. Für Neuinszenierung zweimal je 55 000.– RM, insgesamt 550 000.– RM bis zum Jahre 1939 und
2. Nach der Übernahme des Theaters durch KdF bekam die Betroffene von KdF, das den gesamten Kartenverkauf übernahm, ihre Effektiv-Unkosten von ca. 1–1,3 Millionen pro Festspieljahr ersetzt. Als Reinverdienst wurde ihr von KdF die Summe von 5 % der Unkosten vergütet.

Die Kammer ist der Auffassung, daß die Betroffene diese Vorteile nicht in eigensüchtiger Weise gemäß Art 9/I herausgeschlagen hat und daß der Verdienst von 5 % den bei anderen großen Unternehmungen üblichen Gewinn nicht überschritten hat. Der Nutzen belief sich auch von der Einschaltung der Arbeitsfront in ähnlicher Höhe.

Die Betroffene wird daher seitens der Kammer nicht als Nutznießerin betrachtet. Auch die von Hitler Frau Winifred Wagner gemachten Geschenke einschl. des Mercedes-Wagens werden von der Kammer nicht als Zuwendung im Sinne des Art. 9 des Gesetzes angesehen. Sie dürfen sich außerdem auch mit den von Frau Wagner an Hitler gemachten Geschenken ungefähr die Waage halten.«

Trotzdem die Einstufung als Aktivistin und die Anordnung von schweren Sühnemaßnahmen.

Gegen die Entscheidung legte Winifred Wagner sogleich Berufung ein, aber auch der »Öffentliche Kläger« wollte sich mit dem Spruch nicht zufriedengeben. Er drängte darauf, die Leiterin der Bayreuther Festspiele im Dritten Reich als Hauptschuldige zu verurteilen. Die Berufungskammer Ansbach ordnete an, daß die neue Verhandlung vor dem Berufungssenat Bayreuth stattzufinden habe. Dort kam man, am 8. Dezember 1948, also mehr als drei Jahre nach Kriegsende, zur Zurückweisung der Berufung des Öffentlichen Klägers und zur Aufhebung des Spruches der Ersten Instanz. Winifred Wagner wurde als Minderbelastete der dritten Kategorie eingestuft, die Dauer der Bewährungsfrist auf 2½ Jahre festgesetzt. Während dieser Zeit wurde ihr untersagt, als selbständige Unternehmerin oder in selbständiger Tätigkeit innerhalb eines Unternehmens tätig zu sein. Auch das Predigen wurde ihr abermals neben den anderen Tätigkeiten als Redakteur, Schriftsteller, Lehrer und so weiter untersagt.

Auch der Berufungssenat sieht sich genötigt, den logisch wie rechtlich einigermaßen fragwürdigen Gedankengängen der Ersten Instanz zu folgen: »Die Schuld – oder im Sinne des Befreiungsgesetzes ausgedrückt – die Sühnefälligkeit Winifred Wagners ist weiter darin zu sehen – und *diesen* Tatbestand erachtet der Senat als entscheidend für den Grad der Unterstützung –, daß sie das Gewicht eines der berühmtesten Namen der Kulturgeschichte für Hitler in die Wagschale warf.«

Aber die sehr interessante und sorgfältig gearbeitete Urteilsbegründung greift diesmal weit über den Sonderfall hinaus. Sie versucht, geistige Beziehungen herzustellen nicht allein zwischen der Ideologie Richard Wagners und jener von Frau Winifred, sondern auch zwischen Adolf Hitler und Richard Wagner. Sogar die berühmte Lohengrin-Parodie aus *Heinrich Manns* Roman »Der Untertan« wird zitiert: zum Beweis einer Kontinuität deutschen Obrigkeitsgehorsams zwischen Kaiserreich und Nationalsozialismus. »Hier, in einem mißverstandenem, weil unter einem zu engen Horizont verstandenen Wagner – ein moderner Musikschriftsteller sieht entgegen jeder tendenziösen Auslegung das Grundthema des Lohengrindramas beispielsweise in der Liebe der Elsa –, haben wir nicht nur eine der Nahtstellen des Hitlerreiches zum Wilhelminischen zu suchen, sondern auch den Ansatzpunkt für die Beziehungen Hitlers zu Bayreuth. Charakteristisch ist es nämlich, daß es gerade Lohengrin war, den Hitler 12- oder 14jährig in Linz sah und der ihn ganz in seinen Bann geschlagen hat.«

Die Berufungsinstanz geht so weit in ihrer Analyse von Motivationen jenes Wagnerianers aus Braunau am Inn, daß sie die frühe Freundschaft des gescheiterten Künstlers und Politikers mit der Schwiegertochter Richard Wagners als Element einer Selbstfindung und Selbstbestätigung interpretiert.

Auch der Berufungssenat verkennt andererseits nicht, daß Winifred Wagner in vielen Fällen geholfen hat, gefährdete Menschen zu retten, und in einzelnen Fällen, fast immer mit Erfolg, in der Reichskanzlei intervenierte. Es wird auch als unstreitig anerkannt, daß die Initiative für jene *Kriegsfestspiele* keineswegs von der Festspielleitung kam. Die Initiative sei zweifellos von Berlin ausgegangen. Nicht einmal als wesentliche Unterstützung des Dritten Reiches dürfe man jene Festspiele interpretieren.

Hingegen kommt der Senat in einer sehr bemerkenswerten Analyse, und im Gegensatz zu Auffassungen der Ersten Instanz, zu der Folgerung, bei der »Nutznießerschaft« dürfe nicht der private vom öffentlichen Vorteil getrennt werden. Weder bei der Frage nach Winifred Wagners Aktivistentum noch bei Prüfung eines Profitlertums ist der Senat bereit, »die Aufspaltung in eine rein private und in eine politische oder politisch orientierte Persönlichkeit vorzunehmen«. Er bezeichnet solchen Versuch sogar ausdrücklich als »ein Unterfangen, das an sich abzulehnen ist«.

Hiermit jedoch entscheidet er nicht bloß gegen Winifred Wagners Einlassung vor Gericht, sondern auch *gegen ihr reales inneres Lebenskonzept.* Sie hatte in der Tat geglaubt, die private und die öffentliche Existenz ganz voneinander trennen zu können. Hier die Freundschaft mit einem Mann, den sie verehrte und bewunderte; dort die Ignorierung der Tatsache, daß dieser Mann als allmächtiger Diktator, als Herr über Leben und Tod zu wirken gedachte. Hier eine private Sympathie für die Ideologie und Politik des Freundes; dort die Festspiele, die ihre eigene Tradition und Ideologie besitzen und nicht andern Göttern dienen sollen.

Ernst und Würde der Urteilsbegründungen in beiden Instanzen sollten nicht verkannt werden. Beide Spruchkammern müssen gespürt haben, daß sie einen Fall beurteilten, der weit weniger einen einzelnen Menschen betraf, als widerspruchsvolle Tendenzen der deutschen Geschichte und Kulturgeschichte.

Am 21. Januar 1949 geht Winifred Wagner folgende Verpflichtung ein: »Ich verpflichte mich hiermit feierlich, mich jedweder Mitwirkung an der Organisation, Verwaltung und Leitung der Bayreuther Bühnenfestspiele zu enthalten. Einer schon lange gehegten Absicht entsprechend, werde ich meine Söhne Wieland und Wolfgang Wagner mit den bezeichneten Aufgaben betrauen und ihnen die entsprechenden Vollmachten erteilen. Ich beauftrage meinen Verteidiger, Herrn Rechtsanwalt Dr. Fritz Meyer I in Bayreuth, diese Erklärung dem Sonderministerium und im Abdruck allen mit dieser Angelegenheit betrauten Ministerien und Dienststellen zu übergeben.«

Damit war sowohl der Auffassung des Bayerischen Sonderministeriums für alle Fälle der sogenannten »Entnazifizierung« im Grunde Genüge getan, wie auch, was genauso wichtig war, nunmehr dem Wortlaut des Gemeinsamen Testaments von Siegfried und Winifred Wagner entsprochen wurde.

Durch diese Entscheidung wurde eine Weiterführung der Bayreuther Festspiele durch die beiden Söhne ermöglicht. In München schien man nunmehr, zu Beginn dieses vierten Nachkriegsjahres und wenige Monate vor Gründung der Bundesrepublik Deutschland, entschlossen zu sein, alle Versuche einer Internationalisierung der Festspiele, mit oder ohne Thomas Mann, abzuwehren. Die Bayerische Staatsregierung teilte die einstigen Gedanken Maximilian Hardens über die unlösbare Verbindung zwischen dem Bayerischen Staat und der Bayreuther Institution. Durch eine Entschließung vom 28. Februar 1949 hob der Bayerische »Staatsminister für Sonderaufgaben«, Dr. Hagenauer, die Vermögenssperre, insbesondere die Sperre »des dem Unternehmen der Bayreuther Festspiele gewidmeten Vermögens«, auf. Damit konnten die Erben Wieland und Wolfgang eine erste Planung versuchen. Schwierigkeiten mußten noch überwunden werden, aber es war anders als noch im August 1946, wo Wolfgang in einem Brief dem älteren Bruder mitteilen mußte, was in Bayreuth beim Konzert zur 70jährigen Eröffnung der Festspiele verkündet worden war. Der Bayreuther Oberbürgermeister, so schreibt Wolfgang, »behauptete, die letzten 20 Jahre der Bayreuther Geschichte gehörten ausgestrichen und ausgelöscht, und die Familie hätte ihre Aufgabe dahin mißbraucht und das Haus entweiht, da sie ausschließlich auf materielle Vorteile die Sache betrieben hätte... Butterfly und Tiefland usw. werden damit gerechtfertigt, daß das Geld für die Unterhaltung des Hauses gebraucht würde und lauter so schöne leicht widerlegbare Ammenmärchen...«

Der Oberbürgermeister Dr. Meyer verfolgt seinen Kurs jedoch weiter. Wolfgang Wagner muß noch zwei Jahre später, am 23. Mai 1948, dem Bruder mitteilen, bei einer Veranstaltung »Jugend bekennt sich zur Neuen Musik«, die im Festspielhaus stattfand, habe der Oberbürgermeister gefordert, das Festspielhaus auch der modernen Musik zugänglich zu machen. Das war an sich ein vernünftiger und denkbarer Plan. Er stand jedoch ausdrücklich mit dem Letzten Willen Siegfried Wagners im Widerspruch, und damit gleichzeitig im Gegensatz zu Richard Wagners eigener Konzeption in und für Bayreuth.

Es scheint in München starken Widerstand gegeben zu haben gegen eine Wiedereröffnung der Festspiele durch Mitglieder der Familie Wagner. Dr. Dieter Sattler, später Botschafter der Bundesrepublik, hegte noch zu Beginn des Jahres 1949 die Hoffnung, das Werk Richard Wagners von der Familie Wagner trennen zu können. Der Bayerische Kulturminister Dr. Hundhammer jedoch vertrat am 9. April 1949 in einem Gespräch mit Wieland und Wolfgang Wagner die Meinung, »das Festspielhaus dürfe ausschließlich dem Werk Richard Wagners dienen« und »es verbleibe selbstverständlich im Besitz der Familie«. Allerdings stellte Dr. Hundhammer die Bedingung, daß ein Gremium »aus Vertretern des Staates, des Rundfunks, der Industrie, der Stadt Bayreuth und eines Internationalen Freundeskreises« gegründet werde, um den Intendanten der Festspiele zu wählen.

Andernfalls werde der Bayerische Staat keinen Zuschuß zum Festspielunternehmen bewilligen. Wieland und Wolfgang halten als Aktennotiz fest: »Diese Bedingung wird von uns auf Grund der Rechtslage und der Verhältnisse in Bayreuth, die sich mit einem gewöhnlichen Theaterbetrieb nicht vergleichen lassen, abgelehnt.« Man geht auseinander an jenem Apriltag 1949, um einen Kompromiß zu suchen. Dr. Hundhammer wünscht unbedingt eine Beteiligung der exilierten Schwester *Friedelind Wagner* bei der Reorganisation der Festspiele.

Als dies Gespräch zwischen dem Bayerischen Kultusminister und den Enkeln Richard Wagners stattfand, hatte sich aber der Bayerische Ministerpräsident Dr. Ehard schon im Sinne der Familie Wagner entschieden. Dr. Hundhammer war deshalb irritiert, wie die Aktennotiz mitteilt, weil er sich übergangen fühlte. Der Ministerpräsident nämlich hatte in Übereinstimmung mit dem neuen Bayreuther Oberbürgermeister H. Rollwagen schon am 24. Februar 1949 dahin entschieden, »der Familie Wagner in der Person der Söhne Wieland und Wolfgang die Handlungsfreiheit wiederzugeben«.

Nun konnte die neue Weihe des Hauses vorbereitet werden. Heinz Tietjen kam nicht in Betracht. Das war unmöglich angesichts seiner Beziehungen zur »Wahnfriedjugend«. Auch hatte er in einem Brief vom 3. Mai 1947 ausdrücklich erklärt, »daß ich nicht mehr den Wunsch habe, bei Bayreuther Festspielen aktiv mitzuwirken«. Übrigens hielt er sich auch nicht an *diese* dezidierte Erklärung. Als Wieland Wagner unter Tietjens Hamburger Intendanz eine Inszenierung des »Lohengrin« ausprobiert hatte, die dann in Bayreuth zur Festspieleröffnung 1958 vorgestellt wurde, beschloß er, die scharfen politischen und persönlichen Spannungen der Jugendzeit in einer freundlichen Geste abklingen zu lassen. Heinz Tietjen hat am 15., 19. und 25. August 1959 in Bayreuth den »Lohengrin« in der Inszenierung Wieland Wagners dirigiert.

Besiegt und ausgeschaltet war *Franz W. Beidler*. Als die Festspiele unter Wielands und Wolfgangs Leitung im Sommer 1951 stattgefunden hatten, schrieb der Sohn der Isolde Beidler-von Bülow und Enkel Richard Wagners einen Aufsatz mit dem Titel »Bedenken gegen Bayreuth«. Veröffentlicht wurde er in der von der Deutschen Akademie für Sprache und Dichtung damals in Heidelberg herausgegebenen Zeitschrift »Das literarische Deutschland«. Franz Beidler bestreitet nicht, daß die beiden Enkel, seine Vettern, im politischen Sinne unbelastet seien. Aber: »Belastet ist, was sich in 75 Jahren zu dem Begriff Bayreuth verfestigt hat, mit dem Schwergewicht einer bedenklichen Tradition...« Es sei grundfalsch, die Politisierung Bayreuths erst mit dem Jahre 1933 anzusetzen: »Ausgestattet mit der suggestiven Ausdruckskraft Wagners waren die Festspiele in Bayreuth mit ihrem obligaten Zubehör an Weltanschauung immer ein Politikum hohen Grades. 1933 ist lediglich die Drachensaat aufgegangen, die vorher während Jahrzehnten vornehmlich von dort ausgesät worden war. Wenn im Nationalsozialismus überhaupt eine Ideologie, eine Gesinnung enthalten ist, so ist es zu einem erschreckend großen Teil Bayreuther Gesinnung.«

Wolfgang und Wieland mit Hans Knappertsbusch

IV

DIE SÖHNE

Die Abtretungserklärung vom 21. Januar 1949 machte den Weg frei für neue Bayreuther Festspiele unter Leitung der Söhne Wieland und Wolfgang Wagner. Am 23. April wurde die bisherige Treuhänderschaft über das Festspielhaus aufgehoben. Zwei Tage später begann man mit der Arbeit an einem provisorischen Ausbau der unzerstörten Teile von Haus Wahnfried. Im Herbst 1949 ziehen Wieland und Gertrud Wagner dort ein. Man plant für 1950 die Wiedereröffnung des Festspielhauses. Zwischen den Brüdern wird eine Vereinbarung über Arbeitsteilung vorgenommen; am 25. April 1950 kommt es zu einer vertraglichen Abmachung zwischen der Mutter und ihren beiden Söhnen. Wolfgang Wagner übernimmt für die erste Zeit die Sorge um Verwaltung, Finanzen, Verträge mit den Künstlern etc. Wieland Wagner ist seit der Rückkehr vom Bodensee fast ausschließlich mit den Vorstudien für seine Neudarstellung des »Parsifal« beschäftigt. Er arbeitet in Bayreuth mit Kurt Overhoff, seinem früheren Musiklehrer und langjährigen geistigen Berater.

Bald stellt es sich heraus, daß die Schwierigkeiten nur langsam behoben werden können. An Festspiele im Jahre 1950 ist nicht zu denken. Übrigens gibt es seit August 1949 ein staatlich-politisches Gebilde mit Namen »Bundesrepublik Deutschland«. Ihm war im Oktober eine »Deutsche Demokratische Republik« auf dem Gebiet der sowjetischen Besatzungszone entgegengestellt worden.

Wolfgang Wagner hatte darauf verzichtet, für die ersten Nachkriegsfestspiele selbst eine Inszenierung beizusteuern. Dafür war ihm am 21./22. September 1949 eine wichtige Organisationsleistung geglückt: als Gründung einer »Gesellschaft der Freunde von Bayreuth«. Das war ein Kreis von reichen Leuten, der sich bereit erklärte, für das jeweilige Defizit eines Festspieljahres einzustehen. Mitglieder der Gesellschaft beginnen mit Spenden und setzen dadurch die seit Richard Wagner praktizierte Überlieferung eines Appells an die jeweiligen – fürstlichen, staatlichen, nunmehr vor allem kapitalistischen – Mäzene fort. Trotzdem kann erst mit einer Wiedereröffnung im Sommer 1951 gerechnet werden.

Daß der »Ring des Nibelungen« in einer völligen Neuinszenierung auf dem Programm fungieren muß, ist für die Enkel Richard Wagners selbstverständlich. Der vom »Parsifal« faszinierte Wieland sieht in der gleichfalls unumgänglichen Neuinszenierung des Bühnenweihfestspiels seine wichtigste Arbeit: als Gelegenheit zur Präsentierung der neuen ästhetischen Konzepte.

Daneben sollen die »Meistersinger von Nürnberg« aufgeführt werden. Für diese Entscheidung spricht nicht allein die Attraktionskraft des Werkes, sondern auch die Überlegung, die Festwiese, die man während jener »Kriegsfestspiele« so oft und nahezu schematisch, übrigens im Widerspruch zu Wagners Text, gleichsam als Fortsetzung der kriegerischen Tiraden aus dem »Lohengrin« inszeniert hatte, wieder in der von Wagner vorgeschriebenen Kunstgesinnung darzustellen: als skeptische Mahnung an die deutschen Zeitgenossen, über allen Träumen von deutscher Staatlichkeit und Staatsmacht nicht zu vergessen, daß Werke der Kunst dauerhafter und gültiger seien als alle Eroberungen und Expansionen. Da Wolfgang Wagner als möglicher Regisseur der »Meistersinger« ausfällt, bitten die neuen Leiter der Festspiele den Münchener Intendanten Rudolf Otto Hartmann, das Werk zu inszenieren. Der Architekt Hans Reissinger in Bayreuth, ein Onkel von Gertrud Wagner, erhält den Auftrag, Bühnenbilder für das Nürnberger Lustspiel zu entwerfen. Die Kostüme wurden vom Stadttheater Nürnberg ausgeliehen.

Die Schwierigkeiten Wieland Wagners bei Verpflichtung seiner Dirigenten hat Geoffrey Skelton in seinem Buch über »Wieland Wagner. The Positive Sceptic« (London

1971) sehr ausführlich und oft erheiternd dargestellt. Daß eine Erneuerung »an Haupt und Gliedern« beabsichtigt und weitgehend auch realisiert wurde, zeigt ein rascher Vergleich zwischen den Namen der Mitwirkenden bei den neuen Festspielen von 1951 und in der Vorkriegszeit 1933–1944. Beide Brüder legten größten Wert darauf, den Dirigenten *Hans Knappertsbusch* endlich für Bayreuth zu gewinnen, von wo man ihn, aus den sonderbarsten Gründen, immer wieder ferngehalten hatte, obwohl Knappertsbusch als blutjunger Musiker schon kurz nach der Jahrhundertwende in Bayreuth assistiert und noch, was kaum ein anderer Dirigent unter seinen Zeitgenossen von sich sagen durfte, mit Hans Richter gearbeitet hatte.

Knappertsbusch wurde im Jahre 1936 von der Münchener Oper weggeekelt. Dem Braunen Haus war er unerwünscht gewesen. Dann ging er an die Wiener Staatsoper, wo ihn zwei Jahre später der »Anschluß« erreichte. Nach München hatte man den in Wien aus politischen Gründen suspekt gewordenen Clemens Krauss geholt. Dadurch aber war für Wieland und Wolfgang Wagner sogleich eine Krisensituation entstanden. Von Clemens Krauss durfte man jenen leichten und beschwingten Orchesterklang erwarten, der, im Gegensatz zur oft massiven Pathetik der üblichen Wagner-Interpreten, den beiden als Musiker vollkommen ausgebildeten Brüdern Wieland und Wolfgang vorschweben mochte. Aber man mußte sich entscheiden. Knappertsbusch war nicht bereit, gemeinsam mit seinem damaligen Münchener »Nachfolger« in Bayreuth zu dirigieren. So mußte auf Krauss zunächst verzichtet werden.

Die berühmte Neuinszenierung des »Parsifal« durch Hans Knappertsbusch und Wieland Wagner, die man sogleich als eigentlichen Beginn einer neuen Bayreuther Ära verstand – entweder entrüstet oder fasziniert –, fand am 30. Juli 1951 statt. Es wird berichtet, daß der 63jährige Hans Knappertsbusch, als er an jenem Nachmittag zum erstenmal in Richard Wagners »mystischem Abgrund« ans Dirigentenpult trat, tief bewegt war und eine Weile brauchte, bis er den Stab heben konnte.

Als Leiter der »Meistersinger von Nürnberg« war Herbert von Karajan berufen worden. An ihn hatte Wieland Wagner schon während der Kriegszeit als einen möglichen Dirigenten für Bayreuth gedacht. Damals jedoch war er noch der Meinung gewesen, gerade die »Meistersinger von Nürnberg« seien für den Musiker von Karajan kein besonders geeignetes Debüt. Karajan teilte sich auch mit Knappertsbusch in die Leitung des neuinszenierten Nibelungenrings.

Wer Festspiele in Bayreuth veranstalten will, hat weder ein eigenes Orchester zur Verfügung noch ein eigenes Opernensemble, noch einen bühnentechnischen Apparat. Der Gedanke Richard Wagners war es gewesen, das außerordentliche Ereignis des festlichen Spiels als eine Summierung der Besten und Vortrefflichsten zu begehen. Er hatte die besten Sänger ausgezeichnet, indem er sie nach Bayreuth einlud. Die besten Musiker in allen deutschen Orchestern, von allen Hof- und Stadttheatern sollten nichts inniger für sich begehren, als in Bayreuth mitzuwirken und dabei auf ihre eigenen sommerlichen Urlaubswochen zu verzichten. Der Konzertmeister vielleicht als Gast von der Wiener Hofoper, der Hornist für Siegfrieds Hornruf möglicherweise vom damals berühmten Meininger Orchester.

Das Genie Richard Wagners und später dann, unter Frau Cosima, der Bayreuther Mythos im Deutschen Kaiserreich, ließen immer wieder das Wunder programmäßig eintreffen. In jenen fränkischen Sommerwochen formierten sich die künstlerischen Individualitäten zum wahrhaft festlichen Orchester. Freilich hatte man bis zum Jahre 1936 immer nur an zwei Jahren hintereinander gespielt, so daß ein drittes und spielfreies Jahr den Engagements, Vorbereitungen und Proben dienen konnte.

Clemens Krauss

Unter der Ägide von Winifred Wagner und Heinz Tietjen hatte sich Bayreuth weitgehend auf Ensemble und Apparat der Preußischen Staatsoper in Berlin stützen können. Allein der Staat Preußen gehörte im Jahre 1951 zur abgelebten Vergangenheit.

Die neuen Leiter von Bayreuth waren von nun an auf Mitwirkung derjenigen Fachleute angewiesen, die alles besaßen, was man in Bayreuth entbehren mußte: Orchester, Sängerensemble und technischen Apparat. Dadurch wurde die Verbindung zu den neuen Intendanten der großen deutschen Opernhäuser lebenswichtig. Ein ungnädiger Intendant in Berlin oder München und Wien konnte sich unter billiger Berufung auf dringende Proben im eigenen Hause einfach weigern, den für Bayreuth so erwünschten Alberich oder Mime oder Gurnemanz für den Sommer freizustellen. Zusammenarbeit mit den Intendanten und Ensembles war notwendig geworden. Im besonderen Falle der Westberliner Oper bedeutete das für Wieland und Wolfgang Wagner die unabdingbare Kollaboration mit einem alten Bekannten: mit Heinz Tietjen.

Das haben beide Seiten rasch begriffen. Es kam zu einer sachlichen Zusammenarbeit, die fortgesetzt wurde, als Tietjen in der Nachfolge von Günther Rennert, noch in vorgeschrittenem Alter, für einige Zeit die Leitung der Hamburgischen Staatsoper übernahm.

Die Ära von Emil Preetorius war in Bayreuth beendet. Wieland Wagners Regiekonzeptionen hätten sich dem von Grund auf widersetzt. Die Verbindung hingegen zu *Wilhelm Furtwängler* wurde gesucht, doch kam es zu keinem Erfolg. Furtwängler hatte sich bereits für die Salzburger Festspiele entschieden, nahm aber die Einladung an, am 29. Juli 1951 die neue Ära mit einer Aufführung der Neunten Symphonie von Beethoven einzuleiten. Damit sollte ein Bogen zurückgeschlagen werden zum 22. Mai 1872, dem Tag der Grundsteinlegung, zur festlichen Aufführung der Neunten unter Richard Wagners Leitung im Markgräflichen Opernhaus. Furtwängler hat dann noch einmal am 9. August 1954 eine Aufführung der Beethoven-Symphonie geleitet. Ein Jahr vorher, am 11. August 1953, stand das Festkonzert unter Paul Hindemiths Leitung, womit die neuen Leiter der Festspiele zum erstenmal – und demonstrativ – einen im Dritten Reich verfemten Komponisten des 20. Jahrhunderts nach Bayreuth einluden.

Debütanten in Bayreuth, gleich den Dirigenten Knappertsbusch und Karajan, waren auch die wichtigsten Sänger, die an den Festspielen des Jahres 1951 mitwirkten. Man hatte, nach dem Verzicht auf eine verfrühte Eröffnung im Jahre 1950, in Ruhe vorbereiten und auswählen können. Bei diesen ersten Festspielen sind fast alle bedeutenden Interpreten zur Stelle, die im nächsten Jahrzehnt den Stil des Neuen Bayreuth prägen sollten: Martha Mödl, Astrid Varnay, Wolfgang Windgassen, Josef Greindl und der Amerikaner George London. Mit den international nahezu unbekannten Interpreten der Rollen von Kundry und Parsifal (Mödl und Windgassen) ließ sich Wieland Wagner eingestandenermaßen auf einen Versuch ein. Er hatte sich mit diesen beiden jedoch, wie nach der Premiere des »Parsifal« sogleich und allgemein erkannt wurde, eine wesentliche Voraussetzung für die weiteren Neuinterpretationen der Werke Richard Wagners in kommenden Festspieljahren gesichert.

Die »Meistersinger von Nürnberg« präsentierten sich als gut gemachtes, doch herkömmliches Wagner-Theater, das gefiel. Von seiner ersten Inszenierung des Nibelungenrings sprach Wieland Wagner später – im ganzen durchaus mit Unrecht – nur noch voller Entsetzen und wandte viel Mühe und detektivische Sorgfalt darauf, die Verbreitung jener Szenenausschnitte zu verhindern. Dennoch wurden die Grundzüge seiner musikdramatischen Arbeit auch hier bereits in wichtigen Episoden erkennbar. Es fehlte noch, wie ein Vergleich mit Wieland Wagners Ring-Interpretation von 1965 erweist, die genaue dramaturgische Neudeutung der Tetralogie und ihrer strukturellen Grundlagen.

Martha Mödl als Isolde

Uneingeschränkt bekennen konnte sich Wieland Wagner hingegen zum neuen »Parsifal«. Hier legte er das Arbeitsergebnis vieler Lehr- und Wanderjahre vor. In skurriler Weise wiederholte sich bei dieser ersten künstlerischen Produktion aus der Neubayreuther Werkstatt der Eindruck einer offenbar erzielten Endgültigkeit. Der unter Richard Wagners Leitung entstandene »Parsifal« von 1882 mit den berühmten Wandeldekorationen des Malers Paul von Joukowsky war in ähnlicher Weise und jahrzehntelang als definitive Lösung empfunden worden. Darum die wunderliche Parsifal-Eingabe vom Jahre 1934. Wieland Wagner hatte das Bühnenweihfestspiel in einer Weise interpretiert, die als Zurücknahme aller früheren Szenen-Konzeptionen verstanden werden sollte, sowohl der Bilder Joukowskys wie Alfred Rollers, wie auch seiner eigenen frühen Entwürfe zum »Parsifal«. Als Wieland Wagner am 17. Oktober 1966 starb, war es die »Gesellschaft der Freunde von Bayreuth«, die anregte, jene Parsifal-Inszenierung von 1951, die bis dahin niemals in ihrer Grundstruktur verändert worden war, als endgültig anzusehen und gleichsam unter Denkmalschutz zu stellen. Dem widersprach man im Festspielhaus mit guten und praktischen Gründen. Ein neuer »Parsifal« in der Inszenierung von Wolfgang Wagner wurde jedoch erst neun Jahre später, also 1975, aufgeführt.

Wie man bei der Wiedereröffnung von 1951 mit einer festlichen Aufführung der Neunten Symphonie an die Tradition Richard Wagners anknüpfte, so auch durch eine gleichsam ideologische und sogar ideologiekritische Vorbereitung der neuen Ära. Richard Wagner war unablässig bemüht gewesen, seiner Mitwelt durch Manifeste, Reden, dramaturgische und philosophische Traktate eine geistige Hilfe zum Verständnis seiner Innovationen zu liefern.

Diese Tradition wird bei Wieland Wagner sehr bewußt fortgesetzt. Zur Eröffnung der Festspiele erscheint ein »Bayreuther Festspielbuch 1951«, herausgegeben von der Festspielleitung. Darin findet sich ein Beitrag, gezeichnet »Wieland Wagner, Bayreuth«. Er behandelt das Thema »*Überlieferung und Neugestaltung*«. Mit Recht hat man darin eine erste Programmschrift erblicken wollen. Wieland Wagner selbst verstand es gleichfalls so. Im Jahre 1952 ließ er in englischer Sprache eine Broschüre »Life, Work, Festspielhaus« publizieren, worin der grundsätzliche Artikel von 1951 als »Tradition and Innovation« abermals im Mittelpunkt stand.

Das Konzept des Enkels unterscheidet grundsätzlich zwischen den von Richard Wagner geschaffenen Werken und ihrer Wiedergabe. Die Musikdramen selbst betrachtet er als konstant, alle Wiedergabe jedoch als variabel und geschichtlich determiniert. Die Werke stehen fest, doch verlangen sie eine permanente Neudeutung und eine Wiedergabe, die dem Wandel der Sehweise und auch Hörweise bewußt Rechnung trägt:

»Diese Neugestaltung – und nur sie – unterliegt dem Wandel. Ihm ausweichen zu wollen, hieße die Tugend der Treue zum Laster der Erstarrung machen. Eine solche Erstarrung aber würde es töten. Wer ihr das Wort redet, wird zum Totengräber am Werk.

Der Übergang von Treue zum Wechsel ist unvermeidlich. Es gibt nichts ›Ewiges‹. Was wir unter diesem großen Wort verstehen, ist nur ein Langandauerndes, für uns Menschen nicht mehr zu Übersehendes. So betrachtet erscheint der Wandel – modern gesprochen – gleichsam nur als Frage des Taktgefühls, nur der Vorschnelle ist im moralischen Sinne des Wortes ›untreu‹.«

Charakteristischerweise dominiert in dieser Programmschrift Wieland Wagners noch die Phantasie eines bildenden Künstlers. Die Dramaturgie des Nibelungenrings und des »Parsifal« wird weitgehend durch Vorstellungen des Bühnenbildners beherrscht, weit weniger durch ein Nachdenken über den philosophischen und sozialgeschichtlichen Wandel, der sich in jenen 75 Jahren seit Begründung der Bayreuther Festspiele vollzog. Der Ver-

Gralstempel in Wieland Wagners »Parsifal« – Inszenierung 1956

fasser dieses Traktats ist fasziniert vom technischen Wandel, und damit von einer neuen Sehweise. Hier die Welt des Gaslichts, dort der moderne Scheinwerfer. Der Enkel ist davon überzeugt, daß der rastlose Neuerer und Erneuerer Richard Wagner als erster in unserer Zeit solche technischen Wandlungen für sich übernommen hätte: »Was ihm – selbst noch bei der Aufführung seines ›Parsifal‹ im Jahre 1882 – zur Verfügung stand, war ausschließlich die Gasbeleuchtung. In ihrem mühseligen, wenig wandelbaren aber warmen Schein konnten Eindrücke entstehen, die in der Erinnerung all jener lebendig sind, welche noch von diesem ›Wunder‹ zu erzählen wissen: das geheimnisvolle Halbdunkel, in dem die Farben der herrlich gemalten Hängedekorationen jene magische Illusion erzielen konnten, der Wagners Werk nicht zu entraten vermag. Hier war aus der Not eine Tugend geworden. Die um so viel größere Strahlkraft des elektrischen Lichtes würde die berühmte Wandeldekoration Joukowskys aus dem Mysterium ihres Dämmerlichtes unbarmherzig herausreißen, wir stünden vor nichts als einem Streifen bemalter Leinwand, der uns höchstens mit historischem Interesse erfüllte. Wirklich glaubhaft erschiene uns diese Art der Bühnenbildkunst nicht mehr.«

Scheinbar ist das eine bloß technische Antithese, allein Wieland Wagner versteht sie als prinzipiellen Gegensatz zwischen einst und jetzt. Wogegen er sich abzugrenzen sucht, das ist weit weniger die Bühnenverwirklichung bei Wagner und Joukowsky, als bei Tietjen und Preetorius. Ihnen wirft er, ohne daß Namen genannt werden, insgeheim vor, im Zeitalter des elektrischen Scheins unverdrossen und jahrelang einen Inszenierungsstil gepflegt zu haben aus dem Zeitalter der Gasbeleuchtung. Ein präziser Satz unterstreicht den Widerspruch: »*Der ausgeleuchtete Raum ist an Stelle des beleuchteten Bildes getreten.*« Mit dieser These wird die neue Bayreuther Dramaturgie und Bühnengestaltung begründet. *Der ausgeleuchtete Raum nämlich wird verstanden als leerer Raum.*

In Zeitungsartikeln und Interviews nach dem Erfolg der ersten Festspiele hat Wieland Wagner gern von einer notwendigen »Entrümpelung« gesprochen. Dabei mochte man in oberflächlicher Konstatierung an den Wegfall der pseudogermanischen Requisiten denken, natürlich auch an die Widder der Fricka und das Bühnenroß Grane. Sogar an den einäugigen Wotan, denn von nun an schaute der Heldenbariton, der Allvater darzustellen hat, mit beiden Augen auf das jeweilige Bühnengeschehen. Auch dies steht, wie Wieland Wagner genau weiß, im Widerspruch zu den Regieanweisungen seines Großvaters, allein er unterscheidet offensichtlich zwischen essentiellen und akzidentiellen Bestandteilen der Werke. Womit er freilich – ungewollt – zu der Folgerung gelangen muß, daß auch diese Werke selbst, entgegen seiner vorangestellten Behauptung, weniger konstant sind, als vermutet. Die Analyse einer Wechselwirkung von Innovation und Tradition bemüht sich um doppelte Abgrenzung: sowohl gegen die konservativen und bei jedem ungewohnten Anblick erschreckenden Wagnerianer, wie gegen modisches Experimentieren und scheinbares Aktualisieren der Musikdramen.

Es ist Wieland Wagner überaus ernst mit dem Konzept des ausgeleuchteten, im übrigen aber leeren Raums. Indem er nachdrücklich den Vorrang der Musik vor jedem szenischen Requisit betont, entwirft er im Grunde eine Dramaturgie des »unsichtbaren Theaters«; er stellt sich auch dieser Konsequenz, kokettiert sogar ein bißchen mit ihr, denn unmittelbar auf seinen Text läßt er ein Zitat aus einer Tagebuchaufzeichnung von Cosima Wagner vom 23. September 1878 folgen, wonach Richard Wagner erklärt habe: »Ach, es graut mir vor allem Kostüm- und Schminkewesen; wenn ich daran denke, daß diese Gestalten, wie Kundry, nun sollen gemummt werden, fallen mir gleich die ekelhaften Künstlerfeste ein, und nachdem ich das unsichtbare Orchester geschaffen, möchte ich auch das unsichtbare Theater erfinden!«

In allen Inszenierungen Wieland Wagners, die er in der Folge und als Wirkung seiner Bayreuther Inszenierung in Hamburg und Stuttgart zeigen konnte, in Brüssel und Rom, Paris und Wien, und zwar nicht bloß mit Richard Wagners Musikdramen, sondern auch bei Beethoven und Gluck, bei »Salome« und »Wozzeck«, gibt es den leeren, ausgeleuchteten Raum und den Vorrang des Musikalischen, was heißen muß: des Orchestralen. Nirgends baut sich ein historisch situierter Werkraum um die Gestalten. Im Gegensatz zum Psychologisieren Tietjens und wohl auch bereits Siegfried Wagners stellt Wieland Wagner, darin durchaus ein Schüler von Carl Orff, das tragische Geschehen zwischen den singenden Kunstfiguren auf Isolation und Getrenntsein. Die Figuren werden gemäß der dramaturgischen Struktur einander zugeordnet, nicht aber mit Hilfe scheinbar menschlicher Kontakte. Das gilt auch für Wieland Wagners berühmte und bei der ersten Aufführung am 24. Juli 1956 so heftig umstrittene Neudeutung der »Meistersinger von Nürnberg«. In dem programmatischen Essay von 1951 war noch behauptet worden, man könne bei den Meistersingern arbeiten mit »einem gewissen Naturalismus, wie er sich schon aus der geographischen und historischen Fixierung des Schauspiels von selbst ergibt«. Beim »Parsifal« hingegen handle es sich um einen »mystischen Ausdruck von kaum zu umgrenzenden Seelenzuständen, die im Irrealen wurzeln und nur von der Intuition erfaßt werden können«.

Fünf Jahre später scheint Wieland Wagner erkannt zu haben, daß auch der angeblich so notwendige Naturalismus der »Meistersinger« als Opfer der Entrümpelung fallen müsse. Nach dem »Parsifal« von 1951 werden diese »Meistersinger von Nürnberg« des Jahres 1956 zur Folgerung aus den früh erarbeiteten Prämissen und den inzwischen gewonnenen Erfahrungen. Mit einem neuen Ensemble, einem neuen Musizierstil, nicht zuletzt mit einer neuen ästhetischen Besinnung auf die geistigen Grundlagen sowohl der Epoche Richard Wagners wie derjenigen seiner Enkel. Daraus erwächst das Projekt, auch die »Meistersinger von Nürnberg« von der traditionellen Bindung an das 19. Jahrhundert und die bürgerliche Sehnsucht nach »ungebrochener« deutscher Renaissance zu befreien.

Der II. Akt der »Die Meistersinger von Nür

r Inszenierung von Wieland Wagner 1956

Josef Greindl als Sachs und Wolfgang Windgassen als Walther von Stolzing

»MEISTERSINGER« OHNE 19. JAHRHUNDERT

Am 24. Juli 1956 geschah im Bayreuther Festspielhaus etwas Unerhörtes, für Bayreuthpilger geradezu Erschreckendes: es wurde kräftig gebuht. Gegenstand einer solchen Kundgebung des Mißfallens – wohin sind wir gekommen! – war Wieland Wagner, der Enkel Richard und Cosimas. Schlimmer noch: er wirkte nicht einmal schuldbewußt, als er vor den Vorhang trat und sich den Protesten stellte, sondern eher vergnügt, gleichsam innerlich bestätigt. Man hat jene Neudeutung der »Meistersinger von Nürnberg«, die im nachhinein sehr gelobt und häufig interpretiert wurde, gegen Wielands Interpretation desselben Werkes vom Jahre 1963 ausgespielt, worin ein Anschluß an die einstige Bühnentradition des musikalischen Lustspiels vollzogen zu sein schien. Zu Unrecht übrigens, denn beide Interpretationen der »Meistersinger von Nürnberg« durch den Regisseur und Bühnenbildner Wieland Wagner hatten eines miteinander gemein: daß sie das Werk vom Entstehungsbereich des 19. Jahrhunderts abzuheben und in einer neuen geistigen Totalität zu integrieren suchten. Bei der Aufführung von 1956 war diese Totalität eine überwirkliche Traumwelt, bei der Aufführung von 1963 ein Versuch, das Lustspiel Richard Wagners nicht mit Vorstellungen des 19. Jahrhunderts von deutscher Renaissance zu verbinden, sondern als deutsches 16. Jahrhundert unmittelbar zu evozieren.

Abermals hatte Wieland Wagner, wie schon beim »Parsifal« von 1951, eine sorgfältige historische Vorbereitung absolviert, woran er sein Publikum teilnehmen ließ. Im Programmheft 1956 zu den Meistersingern stellte er knappe, aber konzentrierte Thesen vor unter der Überschrift »Ein Kind ward hier geboren«: als Zitat aus dem Taufspruch von Hans Sachs in der Schusterstube des dritten Aktes der »Meistersinger von Nürnberg«. Daß Wieland Wagner seine Interpretation durchaus polemisch auffaßt gegenüber seinem Publikum wie seinen Kritikern, ist evident. Darin reproduziert er die Position Richard Wagners, geht aber noch weiter als der Großvater. Während Richard Wagner als Gegenstände der Abneigung vor allem den Merker und jene Meister hatte treffen wollen, deren Reaktion auf die neue Musik eines Stolzing vom Vereinsvorsitzenden Fritz Kothner dahin zusammengefaßt worden war: »Ja, ich verstand gar nichts davon«, spart Wieland Wagner im Grunde nur Sachs und das Liebespaar aus bei seiner abschätzigen Analyse. Nicht einmal den Nachtwächter läßt er ungeschoren: »Und wann wäre jemals eine ›neue Weise‹ geschaffen worden ohne ›viel Lärm auf der Gassen‹, ohne heillose Verwirrung kluger Köpfe, ohne nächtliche Prügelei der aktiven und passiven ›Geburtshelfer‹ – kurz ohne jenen ›Wahn‹, dem der fünfzigjährige gereifte und wissende Kunstphilosoph Wagner einen sehr wesentlichen Anteil an der Entstehung des Kunstwerks beimißt? ›Nachtwächter‹ – Zeitgenossen, die von nichts etwas bemerken – unbegabte, aber desto ehrgeizigere Kunstaspiranten wie der stets hungrige David und allzu verständnisvolle mütterliche Freundinnen à la Magdalena vervollständigen, fast parodistisch, Richard Wagners ›kleines Kunsttheater‹.«

Bei solcher Interpretation muß die individuelle Figur der Gestalten reduziert werden auf ihren angeblichen Symbolwert. Die bezaubernde, humoristische Situation des Nachtwächters, der stets erscheint, wenn sich nichts ereignet, und der nicht ahnt, daß es ein Vorher gegeben hat und ein Nachher, wird in der Interpretation Wieland Wagners als stellvertretend gedeutet für das Verhalten vieler Menschen im Angesicht einer Wandlung des Denkens und des Fühlens.

Man sah im Festspielhaus gleichsam *Meistersinger ohne Nürnberg*, ganz gewiß ohne den vertrauten historischen Kontext. Im Programmheft hatte der Regisseur die sorgfältig ausgesuchten Dokumente abgedruckt, die Richard Wagners Lebensleid bei der Schöpfung der »Meistersinger« belegen konnten. Es war offensichtlich, daß hier Tragik hinter der Komik hervortreten sollte. Während der Arbeit am Text und vor allem an der Musik seines Lustspiels hatte sich Wagner, wie bekannt, mit der spanischen Dramatik eines Calderón beschäftigt, also eines trotz zahlreicher Lustspiele nicht eigentlich »heiteren« Dramatikers.

Die Kritik hat vor dieser Aufführung das Wort von den »bösen Meistersingern« geprägt. Ein Johannisnachtstraum: unheimliche Züge, die bis dahin überspielt und verdrängt worden waren, kamen plötzlich zum Vorschein. Das Treiben der Lehrbuben erinnerte nicht mehr an spaßhafte Choristen, sondern gemahnte bisweilen an die skurrilen Wasserspeier der gotischen Kathedralen. Wer diesem Werk begegnete, ahnte nicht bloß den tragischen Unterton des Ganzen, sondern erlebte mit Staunen, daß das Calderón-Erlebnis Richard Wagners nicht nur den Tristan geprägt hatte, sondern auch die Meistersinger. Allein: viel von der Werksubstanz ging diesmal verloren. Szene und Orchester fielen auseinander: zugunsten des Musikalischen, wenn man so will. Auch der vom Komponisten sorgfältig in der Musik pointierte Dialog fand nicht mehr statt. Zwischen Sachs – Stolzing – Beckmesser ging es statuarisch zu. Die musikdramatischen Beziehungen werden geopfert.

Der herkömmlicherweise so milde, scheinbar überlegene, fast gottvatermäßige Hans Sachs erhielt durchaus böse und tückische Züge. Es war durchaus nicht ausgemacht, daß er nicht mit dem Gedanken spielte, Klein Evchen für sich zu gewinnen. Das Rüpelspiel in der Johannisnacht wird von ihm gleichsam inszeniert. Über dem Leiberknäuel der Prügelnden, einem rechten Pogrombild, erscheint Sachs als Drahtzieher, der dann freilich in der Schusterstube auch mit sich selbst ins Gericht geht. Unvergeßlich das Bild dieses zweiten Aktes, ganz ohne altdeutsche Veduten und historische Reminiszenzen. Eine riesige Fliedervision im abermals ausgeleuchteten leeren Raum: schillernd in allen Farben der Nacht, der Geilheit und auch der Mordlust. Böse Meistersinger. Auch die Inszenierung der »Meistersinger von Nürnberg« vom 25. Juli 1963 wurde von Kundgebungen des Mißfallens begleitet, allein unter den Protestierenden gab es nunmehr zwei Richtungen, die bloß in der Negation übereinstimmten. Die einen sehnten sich zurück nach dem fast 90 Jahre lang, seit der Münchener Uraufführung, praktizierten Regieschema; die anderen waren leidenschaftliche Anhänger des Konzepts von 1956 und schienen Wieland Wagner vorzuwerfen, sich nunmehr selbst verleugnet zu haben. Kein Johannisnachtstraum, frei nach Shakespeare, wie noch im Jahre 1956, sondern der Versuch mit einer *erweiterten Shakespearebühne*. Diese neuen »Meistersinger« wurden nicht mehr aus der romantischen Nürnberger-Vorstellung des vergangenen Jahrhunderts inszeniert, erst recht nicht mehr als anachronistischer Überhang der Makartzeit. Wieland Wagner ging nicht auf das Nürnberg Richard Wagners zurück, sondern auf das reale Nürnberg des Hans Sachs. Man lebt in einer Übergangszeit zwischen Mittelalter und Neuzeit, zwischen ausgehendem Feudalismus und bürgerlicher Emanzipation. Der Junker von Stolzing hat seine Burg im Frankenland verlassen, die vermutlich baufällig wurde. Daß sich seine unmittelbaren Vorfahren als Raubritter bei Überfällen auf Geleitzüge der Nürnberger Pfeffersäcke betätigten, ist nicht ausgeschlossen. Zuzutrauen wäre es ihnen, und der etwas rüde Junker, der sich bei Meister Pogner als Gast einstellt, läßt ein bißchen davon ahnen. Er ist zunächst auch als Künstler ein Anachronismus. Die inzwischen verbürgerlichte Literatur nahm er nicht zur Kenntnis und ist bei Herrn Walther von der Vogelweide stehengeblieben. Damit kommt er bei den Meistern schlecht an. Sie lieben die Raubritter nicht besonders, haben sich eine bürgerliche, humanistisch formale Literatur erarbeitet und empfinden den Junker in jeder Weise als »fehl am Ort«. Übrigens sind bloß ein paar Jahre vergangen, seit der

Versuch des Ritteraufstandes von Hutten und Sickingen durch die Territorial-Fürsten mit Hilfe der reichsstädtischen Kaufleute niedergeschlagen wurde.

Auch in der Reichsstadt Nürnberg lebt man in einer Übergangszeit. Wieland Wagner zeigt das genau und eindrucksvoll. Beim Gottesdienst zu Beginn gibt es Kniende der alten katholischen Tradition, aber auch schon die aufrecht Stehenden des neuen und reformierten Glaubens. Die Meister kommen aus der Werkstatt, auch Meister Pogner. Dies sieht aus wie bei Peter Vischer oder Adam Krafft. Die Lehrbuben mit David sind reales Nürnberg: gleichzeitig einstig und heutig. Leute, die man aus den Bildern der deutschen Renaissance-Meister kennt, aber sie sitzen immer noch in den Kneipen im Schatten von Sankt Lorenz und Sankt Sebald. Dies ist Nürnberg als Substanz, nicht als Kulisse.

Beckmesser wird als hochangesehener Intellektueller dargestellt, den die anderen Meister gleichzeitig respektieren und fürchten. Er imponiert in seinem unerschütterlichen Selbstbewußtsein, sie glauben ihn zu brauchen, weil er vermutlich als einziger die humanistische Tradition mit Apollo und Musen kennt, die sie, die Meistersinger, in ihrer Kunstbemühung sowohl mit ihrem reformierten Glauben wie mit ihrem Stadtbürgertum verschmelzen möchten. Sachs hat sich gegenüber diesem arroganten Humanisten als Schwankdichter und Volksdichter seiner Haut zu wehren. Schon die erste Begrüßung zwischen beiden in der Singschule zeigt bei Sachs die distanzierte Feindlichkeit, auch ein bißchen Angstgefühl, während Beckmesser, nach außen hin wenigstens, den Schuster recht gönnerhaft behandelt.

Sachs ist kein gütig polternder Schicksalslenker, sondern ein leidenschaftlicher, schwer entsagender Mensch, der seine Kraft und Männlichkeit braucht, um Stolzing als Dichter und Nebenbuhler ertragen zu können. Ein Mann, der auf der Hut ist, gefährdet und gelegentlich auch gefährlich. Sein Gegenspieler Beckmesser entbehrt der Tragik. Diesem hier können alle Niederlagen innerlich nichts anhaben, denn er glaubt es nun einmal besser zu wissen. Vielleicht hält er in geheimen Augenblicken den Sachs für den besseren Dichter, sich selbst aber für den besseren Meister für Ton und Weise, wodurch wieder alles ausgeglichen wird. Kein Grund zum Gelächter, auch kein Grund zur Tragik. Der Stolzing läßt die Raubritter-Aura erkennen, die diesen Junker aus Frankenland umgibt. Dadurch erst wird die Schärfe des Konflikts zwischen Stolzing und den Meistern, aber auch zwischen Stolzing und Sachs spürbar. Eva verfällt diesem Raufbold vom ersten Augenblick an. Sie kennt weder Vater noch väterlichen Freund. Bürgerrecht und Herkunft – nichts zählt vor diesem neuen Gefühl. Auch hier gibt es, was die Gestalt betrifft, erschreckende Züge. Als der Geliebte die Meisterwürde ablehnt, erlebt sie als einzige keinen Konflikt. Sie zöge mit ihm davon, wohin immer es gehen mag.

Hatte Wieland Wagner zu Beginn der Ära, also seit 1951, einer gewissen Vorliebe für tiefenpsychologische Deutung und archetypische Konstellationen gefrönt, so findet er auch in seinen Lektüren immer mehr den Anschluß an das dialektische Denken der Hegel- und Marx-Traditionen. Verbindungen werden hergestellt zu *Theodor W. Adorno* und vor allem zu *Ernst Bloch*.

Ein Gedanke des dialektischen Philosophen und Musiktheoretikers Adorno über Wagner wird auch in den neuen Bayreuther Inszenierungen erprobt. Adornos These lautete: »Ist das Werk Wagners in sich wahrhaft ambivalent und brüchig, so tut ihm Gerechtigkeit an nur eine Aufführungspraxis, die davon Rechenschaft gibt und die Brüche realisiert, statt sie zuzuschminken.« Wieland Wagner hatte auch Wert darauf gelegt, einen schon in den 20er Jahren von Ernst Bloch entworfenen Essay über »Paradoxa und Pastorale bei Wagner«, den Bloch überarbeitet hatte, den Bayreuther Theaterbesuchern und Lesern der Programmhefte zur Kenntnis zu bringen. Die Wirkung und »Widerspiegelung«

solcher Reflexionen zeigte sich in Wieland Wagners letzten Bayreuther Arbeiten: im neuen »Tristan« von 1962, und in seiner letzten großen Bayreuther Arbeit, dem »Ring des Nibelungen« von 1965.

Die erste Interpretation von »Tristan und Isolde« vom 23. Juli 1952 war ein Versuch gewesen. Es fehlte an der Übereinstimmung zwischen Wieland Wagner und Herbert von Karajan. Der Dirigent des »Tristan« reiste nach Abschluß seiner vorgesehenen Tätigkeit grußlos davon. Wer Karajans spätere Wagnerinszenierungen kennt, wird verstehen, daß hier nicht persönliche Animositäten aufgetreten waren, sondern prinzipielle ästhetische Gegensätze.

Mit der Inszenierung des »Tannhäuser« von 1954, deren geistige Ansätze zurückreichten bis in die frühen 40er Jahre, war Wieland Wagner, nach eigenem Eingeständnis, nicht zurechtgekommen. Er war auch mit seiner späteren Inszenierung von 1961 nicht einverstanden. Da waren die unlösbaren Konflikte zwischen der Dresdener und der späteren Pariser musikalischen Fassung des Werkes. Unüberwindlich schwierig auch eine ästhetisch erträgliche Darstellung des Schlusses. Immer wieder zitierte der Enkel bei seinen Bemühungen das von Cosima überlieferte Wort Richard Wagners aus der letzten Lebenszeit: »Ich bin der Welt noch den ›Tannhäuser‹ schuldig.«

Ähnlich wie zu Beginn der Festspiele 1951, mit dem Referat über Erneuerung und Gestaltung, nahm Wieland Wagner, nunmehr in aller Welt anerkannt als Mitbegründer eines neuen Stils, also als Mitschöpfer von »Neubayreuth«, im Jahre 1958 mit einer programmatischen Rede abermals Stellung zur inzwischen praktizierten künstlerischen Doktrin. Das Referat wurde vor jener »Gesellschaft der Freunde von Bayreuth« gehalten, deren großbürgerliches Kunstverständnis hinter den meisten Neubayreuther Inszenierungen einen geheimen neuen Kulturbolschewismus witterte. Bedenklicherweise praktiziert von den Enkeln des Bayreuther Meisters.

In diesem Vortrag unterscheidet Wieland Wagner schroff zwischen den von Richard Wagner geschaffenen Kunstwerken und seiner unermüdlichen Vielschreiberei über alle Themen des gesellschaftlichen Lebens. Hatte sich Altbayreuth innig einverstanden erklärt mit jedem Einfall, auch jeder Allergie eines großen Künstlers, so heißt es beim Enkel in ziemlich schnöder Formulierung: »Für das Theater von heute hat die viel strapazierte Spekulation Wagners nicht mehr Bedeutung, als etwa seine Gedanken über den Vegetarismus oder ›Kunst und Klima‹. Es ist eines jener heillosen Mißverständnisse, denen Wagner immer ausgesetzt war, aus der Theorie des Gesamtkunstwerkes ein stilistisches Dogma für ein Theater abzuleiten, um dieses dann als schweres Prinzipiengeschütz gegen alle Inszenierungen aufzufahren, die den übergreifenden Begriff der Romantik nicht mit dem Naturalismus des neunzehnten Jahrhunderts zu verwechseln bereit waren. Wagner spricht später selber von dem ›unglücklichen Gesamtkunstwerk‹. Es bedeutet also kein Sakrileg, wenn man heute diesen wahrscheinlich notwendigen Irrtum des Theoretikers auf sich beruhen ließe.«

Die Schlußfolgerung lautete so: »Die Ideen des Wagnerschen Werkes sind zeitlos gültig, da sie ewig menschlich sind. Wagners Bild- und Regievorschriften gelten ausschließlich dem zeitgenössischen Theater des neunzehnten Jahrhunderts. Da ›Werktreue‹ keine Erfüllung ist, kann bei dem Versuch, Wagners archetypischem Musiktheater auf der Bühne unserer Zeit Gestalt zu geben, nur die nachschöpferische geistige Leitung treten, die den Gang zu den Müttern – also zum Ursprung des Werkes – wagt. Von diesem Kern aus wird das Werk durch die Entzifferung der Hieroglyphen und Chiffren, die Wagner zukünftigen Generationen in seinen Partituren als Aufgabe hinterließ, immer neu gestaltet werden müssen ...«

André Cluytens

Grace Bumbry als Venus

Winifred Wagner

Im Laufe der 50er Jahre hatten die Brüder Wagner große Schwierigkeiten mit ihren Kapellmeistern. Knappertsbusch war 1953 ausgeschieden, als Clemens Krauss in Bayreuth am Pult erschien. Allein Krauss starb plötzlich auf einer Konzertreise in der Neuen Welt. Von nun an hat Knappertsbusch bis zu seinem Tode den musikalischen Stil des Bayreuther »Parsifal« von 1951, mit dessen Inszenierung er sich innerlich niemals einverstanden erklären mochte, bestimmt. Mit dem Flamen und Franzosen André Cluytens war ein eleganter und »lockerer« Dirigent gewonnen worden, der den Bayreuther »Tannhäuser« dirigierte, den »Lohengrin« in Wieland Wagners statisch-oratorischer Inszenierung von 1958, vor allem die berühmt-berüchtigten »Meistersinger« von 1956. Auch Wolfgang Sawallisch und Lorin Maazel bestimmten während einiger Jahre die musikalische Interpretation. Mit dem neuen »Tristan« von 1962 begann jene Verbindung von musikalischer und darstellerischer Einheit als Zusammenarbeit von Wieland Wagner und *Karl Böhm*. Mit *Pierre Boulez* war nach dem Tode von Knappertsbusch ein neuer Dirigent als Repräsentant einer Neuen Musik in Bayreuth erschienen. Die Zusammenarbeit von Bayreuth und Karl Böhm erbrachte eine musikalische Erneuerung der »Meistersinger«; nach dem frühen Tode Wieland Wagners übernahm Böhm auch noch für eine Spielzeit die Leitung des »Fliegenden Holländer«. Der Erfolg des Musikers Boulez als Bayreuther Interpret des »Parsifal« war so überzeugend, daß Wolfgang Wagner dem französischen Komponisten und Interpreten, nach Ablauf seiner Tätigkeit bei den New Yorker Philharmonikern, die Leitung des Nibelungenrings für die Jubiläumsfestspiele des Jahres 1976 anbieten konnte. Die musikalische Theaterarbeit von Karl Böhm gipfelte in Bayreuth mit seiner Neueinstudierung des Nibelungenrings in Wieland Wagners Inszenierung vom Jahre 1965.

Pierre Boulez

Wieland Wagner und Karl Böhm

ABSTIEG DER GÖTTER NACH WALHALL

Erlebt man Richard Wagners Tetralogie im zeitlichen und geistigen Zusammenhang, so fällt auf, daß der gewaltige Bau zwar vieler Darsteller von Helden, Göttern, Kobolden oder Riesen bedarf, aber mit drei – allerdings höchst bedeutsamen – Requisiten auskommt. Gewiß gibt es Siegfrieds Horn und das Horn für Hagens Anruf an die Mannen, Tränke werden gereicht, Mimes Schmiedewerkstatt im Walde, unweit von Fafners Neidhöhle, ist wohlausgerüstet. Wichtig für das Gesamtgeschehen sind allein drei Objekte: der Ring, Wotans Speer – und das Schwert Nothung.

Ihr Verhältnis zueinander bestimmt den Zusammenhang des Geschehens und damit die eigentliche »Ring«-Konzeption Richard Wagners. Soll man in diesem Fall von Symbolträgern sprechen? Man zögert, denn freilich bedeutet jeder dieser drei Gegenstände nicht bloß sich allein: mit ihm sind höchst komplexe Sinnzusammenhänge ausgesprochen. Die Technik der musikalischen Leitmotive sorgt dafür, daß sie in ihrer Sinnbildlichkeit verstanden werden. Wotans Speer »steht« für Vertragstreue und gesetzliche Ordnung in der Menschen- wie Götterwelt. Das markante, gleichsam abwärtsschreitende Motiv, auch im Partiturbild gleichsam ein Schreiten mit gesenktem Speer illustrierend, tritt überall dort auf, wo von Bindung, Vertragstreue und rechtlicher Einordnung die Rede ist: gleichgültig, ob Wotan mit dem Speer selbst auf der Szene sichtbar ist oder nicht.

Dennoch ist der Speer auch in seiner sachlich-gegenständlichen Form wichtig. Er *ist* vor allem, dann erst *bedeutet* er. Mit seiner Erschaffung beginnt der Urfrevel: lange bevor Alberich das Rheingold raubte. Im Vorspiel zur »Götterdämmerung« berichten die Nornen darüber:

»Von der Weltesche
brach da Wotan einen Ast;
eines Speeres Schaft
entschnitt der Starke dem Stamm.
In langer Zeiten Lauf
zehrte die Wunde den Wald;
halb fielen die Blätter,
dürr darbte der Baum,
traurig versiegte
des Quelles Trank:«

Als Siegfried den Speer zerschlägt und dadurch selbst wissend wird, kehrt Wotan mit den Splittern nach Walhall zurück. Hatte der Speer aus dem Holz der Weltesche einst dazu gedient, Loge zu bändigen, das Feuer, so soll der befreite Loge nun die Götterburg niederbrennen und mit ihr den zertrümmerten Speer. Brandholz liefert die abgestorbene Weltesche. Der Ring hat sich geschlossen. Der Speer half ihn schließen.

Daß jenes andere Erzeugnis des Frevels, der Ring des Nibelungen Alberich, gleichfalls »ist« und »bedeutet«, bedarf kaum der Erwähnung.

Das Schwert aber, das Wotan in Hundings Esche stieß, um durch Siegmund die Freiheit zu erlangen von den widerwillig geschlossenen Verträgen, die sein eigener Speer hüten muß, steht in sonderbar kontrapunktischem Verhältnis zu Wotans Speer. Vom Speer wird es in der Hand Siegmunds zerschlagen, aber von Siegfried geführt, zerschlägt es den Speer. Im Brand, der den toten Siegfried und Brünnhilde und die Götterwelt vernichtet, zerschmilzt auch Nothung, das neidliche Schwert.

Der Ring kehrt zurück zu den Rheintöchtern, das Schwert schmilzt im Weltbrand dahin – zusammen mit seinem Gegenspieler, dem Speer, der sich, als Brandscheit, wieder mit dem Holz des Baumes zusammenfand, von dem er stammt.

Drei Requisiten. Drei Handlungs- und Sinnträger. Drei Symbole. Die Weltmacht, verstanden als Goldmacht. Vertragstreue, die der ursprünglichen Untreue entstammt. Das Schwert, das Freiheit von den Verträgen schaffen soll und damit Freiheit schlechthin, aber bloß Gewalt bewirkt, rechtlose Tat, oder auch Untat. Goldmacht, Selbsthelfertum durch Gewalt, Vertragstreue aus Untreue.

Wie eng und genau das Riesenwerk in dramaturgischer und musikalischer Verknüpfung gearbeitet ist, spürt man beim Anhören der Gesamtschöpfung. Dadurch entsteht für den Regisseur stets neue Schwierigkeit. Er wird die Widder der Fricka und auch das Roß Grana weglassen, wenngleich sie mitkomponiert wurden. Das ist kein Nachteil. Schwieriger ist es, will er versuchen, die Konstellationen der Gestalten zueinander zu ändern oder den Handlungsablauf unabhängig zu machen von den illusionistischen Anweisungen, die der große Theatermann des 19. Jahrhunderts gab. Sogleich zeigt sich eine Brüchigkeit im Aufbau; es werden Risse spürbar, an manchen Stellen ist, gesehen vom Standpunkt des heutigen Dramaturgen und Spielleiters, das Gesamtwerk einfach zu gut gearbeitet.

Die zweite Schwierigkeit entspringt gleichfalls einer Divergenz des historischen Standpunkts; aber sie hängt mit Wagners Lebensgeschichte zusammen. Der Nibelungenring ist in seiner Grundkonzeption ein Erzeugnis des Revolutionärs Richard Wagner, der mit dem Anarchisten Bakunin befreundet war, aus dem Jahre 1848.

Bakunins Satz, die »Lust der Zerstörung sei eine schaffende Lust«, verbindet sich im Konzept der Ring-Tetralogie in sonderbarer Weise mit Gedanken des Rousseauismus und der »Rückkehr zur Natur«. Wotan frevelt an der zweck- und funktionslosen Natur, als er die Weltesche mißbraucht, um eine Vertragswelt für Menschen zu schaffen. Alberich mißbraucht die Natur, als er das Rheingold »zweckentfremdet«. Alles entartet unter den Händen der Götter und Menschen, die danach streben, Natursubstanzen in Funktionen zu verwandeln. Am Schluß steht die rousseauistische Rückkehr zur Natur. Das Gold liegt wieder – funktionslos – in der Tiefe des Rheins: ein Gegenstand ästhetischer Anschauung für Rheintöchter. Die alte Welt, samt Weltesche und Vertragsbindung, versinkt im Brande Walhalls.

Zerstörung im Dienst eines neuen Naturzustandes. Das war Rousseau plus Bakunin plus Ludwig Feuerbachs Vision vom neuen – nachrevolutionären – Menschen. Utopischer Sozialismus aus der Zeit von 1840 bis 1848 in reinster Form. Die neue Welt ersteht aus dem Brund der alten: als neue Gemeinschaft, die befreit ist von der Goldherrschaft, darum auch der Selbsthelfer Siegmund und Siegfried nicht mehr bedarf. Noch an der Schlußanmerkung zur »Götterdämmerung« kann man diese Grundkonzeption ablesen: »Aus den Trümmern der Halle sehen die Männer und Frauen in höchster Ergriffenheit dem wachsenden Feuerschein am Himmel zu.« Die neuen Menschen als Zeugen des Untergangs alter Herrschafts- und Unheilsverhältnisse.

In diesem Geist entstand das Werk noch in den ersten Jahren des Exils. Vollendet aber wurde es erst im Hause Wahnfried zu Bayreuth. Viel hatte sich in und um Richard Wagner verändert. Das spürt man nicht nur im musikalischen Bereich mit den ersten Takten des Vorspiels zum 3. Siegfried-Akt: Wagner hatte bekanntlich die Komposition entmutigt nach dem 2. Siegfried-Akt abgebrochen. Erst nach Gründung des Kaiserreichs und Komposition des »Kaisermarsches« wird die Komposition zu Ende geführt. Ein Künstler beendet ihn, der inzwischen Schopenhauer las und den Bakunin oder Feuerbach von einst in sich zurückgenommen hatte. Komponiert ist im wesentlichen der Text aus dem Geiste des Revolutionsjahres: aber von einem tief verwandelten Künstler. Das spürt man nicht bloß daran, daß musikalisch im 3. Siegfried-Akt plötzlich die »Meistersinger« umgehen; stärker wird die Diskrepanz spürbar zwischen ursprünglichem Textentwurf und musikalischer Ausdeutung in der »Götterdämmerung«. Der Siegfried des Schlußtages ist weder Held noch tragisch. Das Werk, das als Tragödie angelegt war, nimmt Züge eines Mysterienspiels an.

Darum auch besitzt der »Ring des Nibelungen« einen dreifachen Schluß, also keinen. Komponiert wurde die ursprüngliche Fassung aus Bakunin und Rousseau. Aber Wagner entwarf auch in einer zweiten, nichtkomponierten Versgruppe einen Schluß im Sinne utopischen Menschentums. Bei Veröffentlichung des Textes zur »Götterdämmerung« machte er mit einer später entstandenen Versgruppe bekannt, die reinen Schopenhauer darstellt:

»der Welt-Wanderung Ziel,
von Wiedergeburt erlöst.«

Allein komponiert hat Wagner diese Sinngebung nach Schopenhauer gleichfalls nicht.

Dies also muß heute dargestellt werden: mit allen Brüchigkeiten und dem historischen Perspektivenwechsel. Das hat Wieland Wagner getan. Keine »Ring«-Darstellung als Germanentheater. Mit den Bärten und blonden Perücken fielen die mittelalterlichen Ritterrequisiten, die man jahrzehntelang unsinnigerweise in dieser mythisch-geschichtslosen Welt für unentbehrlich hielt. Dadurch wird die Tragödie Siegmunds und Sieglindes »entrümpelt«. Man erlebt das Schicksal von zwangshaft und schuldhaft liebenden Menschen, Siegmund nicht als reisigen Wikinger, sondern als einen unruhigen Stifter gesellschaftlicher Unordnung, der überall Unrecht beseitigen will und dadurch Unordnung schafft, und der den Mut hat, um seiner Liebe und Menschlichkeit willen, auf Wotan und Walhall zu verzichten.

Möglich ist von nun an ebensowenig die Darstellung der Tetralogie als eines Mythos, der vom heiteren Beginn unaufhaltsam in den Untergang führen müsse: ohne daß einzusehen wäre, warum diese prächtigen Götter, die unter prächtigem Fanfarenklang auf prächtigem Regenbogen ins prächtige Walhall ziehen, schließlich zugrunde gehen müssen.

Wieland Wagners Gesamtkonzept zeigt, warum diese Interpretation nicht schlüssig ist. Weil es bei Richard Wagner in Text und Musik anders gelesen werden muß. Der Regisseur hat vom Vorspiel zur »Götterdämmerung« her den Gesamtaufbau angelegt: von der Nornenszene, die den Urfrevel enthüllt, dem Wotans Vertragswelt entstammte. Die Erda-Szene des »Siegfried« hat diese Deutung vorbereitet, die Wagner als geschickter Dramatiker erst gegen Ende der Handlung enthüllt, um dadurch den Rückblick und die rückdeutende Bewertung des dramatischen Geschehens möglich zu machen. Daher muß man den Beginn des Werkes im »Rheingold« von dieser dramatischen Ursituation her, die so spät erst vom Dichter enthüllt wird, inszenieren.

Nahezu alle bisherigen Gesamtdarstellungen des »Ring« begannen mit einer »Rheingold«-Inszenierung, als ob das tiefe Es des musikalischen Werkbeginns zugleich den Anfang der dramatischen Geschichte bedeuten könnte. Man tat so, als gäbe es keine Vorgeschichte, als sei einzig Alberich der Sünder, und als sei es »bestens« um die Herrlichkeit Wotans und seiner Götter bestellt, während wir bereits die erste Götterszene als Inbegriff ohnmächtig gebundener, gleichzeitig arroganter und schuldverstrickter Potenzen verstehen müssen.

Die Unschuld der Natur war lange vor Alberich zerstört. Mit Frevel begann Wotans Weg, mit Betrug will er ihn – als Hüter der Verträge – weiterführen. Wie kann unter solchen Auspizien der Einzug in Walhall als strahlendes Fest gezeigt werden? Das Jubeln der Musik ist, hört man genau hin, nicht durchaus ehrlich. Wagner hat sich gehütet, die von ihm bevorzugte Tonart der Reinheit C-Dur, die er Siegfried und Brünnhilde gewährt, den einziehenden Göttern zuzubilligen.

Das Spiel vom Rheingold ist ein böses Spiel. So hat es Wieland Wagner auch inszeniert. Das Publikum war durch den Schluß bedrückt, nicht erhoben, wie es gehofft hatte. *Die Götter steigen hinab in eine Zwingburg mit Namen Walhall:* Loge bleibt zurück und konstatiert ihren unausweichlichen Untergang; der erschlagene Fasolt liegt sichtbar als erstes Opfer des Fluchs auf der Szene. Diese Dreiheit des Schlusses wurde rücksichtslos und klar in Szene gesetzt. Damit ergab sich die organische Verbindung zur »Götterdämmerung« schon vom Beginn her. Zwischen Vorspiel und Schlußtag wurde geistige Einheit hergestellt, die nicht erbaulich wirkt. Die Welt des Goldes ist gehaßte Bankierswelt. Der Nibelungenhort als Lösegeld für Freia wird durch Wieland Wagner als götzenhafte, aus Goldblöcken aufgebaute Frauenfigur demonstriert. Die Liebe wurde in einer Waren-Gesellschaft gleichfalls zur Ware.

In diesem Rahmen entfaltet sich – in der »Walküre« – die Geschwisterliebe der Wälsungen Siegmund und Sieglinde mit der Wucht einer antiken Tragödie. Sie ist gedoppelt durch die tragische Beziehung, die gleichfalls der erotischen Bindung nicht entbehrt (die Musik plaudert es aus), zwischen Wotan und Brünnhilde. Hier entfaltet sich – fern aller Germanenspielerei – ein bürgerliches Trauerspiel, wie es Wagner nur allzuoft selbst erleben mußte.

Seltsam beziehungslos steht daneben der »Siegfried«. Da gab es weder das bürgerliche Parabelspiel noch die bürgerliche Tragödie. »Siegfried« vermittelte Märchenwelt, von einem, der auszog, das Fürchten zu lernen. Das ergibt im 1. Akt einen reizvollen geistigen Kontrapunkt aus Märchenhandlung und musikalischem Scherzo. Der 2. Akt hat die Reize der Naturlyrik, die bösartige Börsianer-Satire zwischen Mime und Alberich, aber die Gestalt des tumben Toren, das kann keine Musik und Regie verhindern, geht auf die Nerven. Der ausgepichte Künstler Wagner hatte die Naivität und Brutalität nur allzu kunstvoll serviert.

Wenn Siegfried mit Waldvöglein-Motiven auf Brünnhilde einsingt, die ihm mit Walkürenrufen antwortet, bevor die Umarmung beginnen kann, muß man ein leidenschaftlicher Wagnerianer sein, um dergleichen ertragen zu können. Dies ist kein Problem Wieland Wagner, sondern hat mit Richard Wagner zu tun.

Die Welt der Gibichungen ist neurasthenische moderne Welt, ohne daß eine einzige Geste oder Kostümierung in äußerlichem Sinne modernisiert hätte. Siegfried im Gespräch mit den Rheintöchtern wurde zur tragischen und wissenden Gestalt. Die Märchenwelt hat ihn verlassen. Der Trauermarsch ist, wie Wagner gewollt hat, ein Abgesang auf ein gescheitertes Menschentum, das zur Freiheit strebte. Unvergeßlich das Schlußbild des von den Rheintöchtern hinabgezogenen Hagen. Der Schluß bleibt – wie könnte es anders sein? – vieldeutig und frag-würdig. Bedeutet das Festland im Morgenschein, das einen Augenblick sichtbar wird, wenn der Rhein zurückgeflutet ist, das neue Utopia, wie die Musik andeuten möchte, oder hat man einem Endspiel beigewohnt?

Theo Adam als Wotan

Gustav Neidlinger als Alberich

Erwin Wohlfahrt als Mime

Birgit Nilsson als Brünnhilde

Wolfgang Windgassen als Loge

Dietrich Fischer-Dieskau als Amfortas

BILDNIS WIELAND WAGNERS

Er war, wie sein Vater, das Kind eines alternden Mannes und einer jungen Frau. Als Wieland Wagner am 5. Januar 1917 in Bayreuth zur Welt kam, stand sein Vater im 48. Lebensjahr, die Mutter in ihrem zwanzigsten. Er ist 13jährig beim Tode Siegfried Wagners und erlebt, wenige Wochen nach seinem 16. Geburtstag, den 30. Januar 1933, und damit den Aufstieg eines Mannes, von dem man im Haus Wahnfried seit Jahren geschwärmt hatte. In einem Weihnachtsbrief Siegfried Wagners an Rosa Eidam vom 25. Dezember 1923, sechs Wochen also nach dem Bürgerbräu-Putsch in München, schäumte es auf: »Am 8. und 9. Nov. erlebten wir in München in nächster Nähe die ganzen Ereignisse. Himmelhoch jauchzend, zu Tode betrübt. So ein schändlicher Verrat ist noch nie geschehn! Gegen solche Gemeinheit ist allerdings ein so reiner Mensch wie Hitler u. Ludendorff nicht gefeit. Der Deutsche *kann* so etwas nicht fassen! Und diese Zwietracht in den Reihen der Nationalen! Es ist zum Verzweifeln! Eitelkeit, Bockbeinigkeit, nur nie Eintracht. Da hat's der Jud u. Pfaff leicht.«

So ist der älteste Enkel von Richard und Cosima aufgewachsen: unter Nationalisten und Antisemiten, Ideologen der Deutschtümelei und Hassern der Demokratie. Die Konstellation seines Elternhauses machte ihn überdies zum Mitglied einer Herrenschicht in Deutschland, die ihren Status als gleichsam naturgegeben empfand und mit Hilfe von Thesen Richard Wagners, übrigens auch von Friedrich Nietzsche, weltanschaulich zu unterbauen liebte.

Wieland Wagner und Heinrich Böll sind Jahrgangsgenossen. An ihrem Antagonismus läßt sich die Besonderheit der Jugendgeschichte Wieland Wagners demonstrieren. Wieland Wagner mußte den 30. Januar 1933 als offizielle Bestätigung alles dessen empfinden, was man in seinem Elternhaus ersehnt oder auch verflucht hatte. Heinrich Böll hat erzählt, wie er jenen 30. Januar erlebte: als Kind eines durch Wirtschaftskrise und Arbeitslosigkeit verarmten Mittelstandes. Man hat Schulden, der Rundfunkapparat ist abgeschaltet worden. Der 16jährige Heinrich liegt mit einer Grippe zu Bett, die Mutter erfährt beim Nachbarn die Radionachrichten und teilt sie mit. Heinrich Böll hat die klaren und plebejischen Frauengestalten seiner Bücher wahrscheinlich stets nach dem Bild seiner Mutter entworfen. Damals sei die arme und fromme Frau mit der Kunde vom neuen Reichskanzler nach Hause gekommen und habe hinzugesetzt: das bedeute den neuen Krieg.

Wieland Wagner war 1927 ins Humanistische Gymnasium aufgenommen worden, machte 1936 sein Abitur und leistete sechs Monate lang den obligaten Arbeitsdienst. Damals war er 19 Jahre alt und konnte zum erstenmal, in Lübeck, die Bühnenbilder zu einer Oper entwerfen: zur ersten Oper seines Vaters, dem »Bärenhäuter«. Für die Festspiele entwarf er, noch innerhalb des Bühnenbildes von Alfred Roller zum »Parsifal« aus dem Jahre 1934, das Bild der »Blumenaue«. Am 16. Oktober wurde er für ein Jahr zur Wehrmacht eingezogen. 1936 kann er für Bayreuth alle Bilder zum »Parsifal« entwerfen. Regie führt Heinz Tietjen. Im selben Jahr gastiert er zum erstenmal im Ausland, in Antwerpen, abermals für eine Oper seines Vaters, diesmal für »Schwarzschwanenreich«. Im Frühjahr 1938 wird ihm und seinem Bruder Wolfgang eine Studienreise nach Italien bewilligt. Nach der Rückkehr beginnt er ein Malstudium bei Professor Ferdinand Staeger in München; er übersiedelt Anfang 1939 nach München. Vom Kriegsdienst ist er auf ausdrückliche Anordnung des Führers freigestellt, während der Bruder Wolfgang den Feldzug von 1939 mitmachen muß und schwer verwundet, als Musiker mit einer verkrüppelten Hand, aus Polen zurückkehrt. Wieland Wagner beginnt im August 1940 ein intensives Musikstudium bei Kurt Overhoff. Er heiratet (12. September 1941) Gertrud Reissinger aus Bayreuth. Während des Krieges entwirft Wieland zum erstenmal die Bühnenbilder zu Werken Richard Wagners: im November 1942 für Nürnberg und für den »Fliegenden Holländer«, am 1. Juni 1943, gleichfalls in Nürnberg, für die »Walküre«. Diesmal zeichnet er zugleich verantwortlich für die Regie. Seitdem hielt er an dem Grundsatz fest, bei allen Aufführungen zugleich die Verantwortung für Inszenierung und Ausstattung tragen zu wollen. In Bayreuth freilich muß er sich in diesem Jahr 1943 noch auf die Bühnenausstattung der »Meistersinger« beschränken, die dort, zugunsten der Vereinigung »Kraft durch Freude« und zum großen Unbehagen Wieland Wagners, hintereinander gespielt werden: unter Leitung von Wilhelm Furtwängler und Hermann Abendroth.

Die entscheidende Lehrzeit als Bühnenbildner und Regisseur absolviert der Enkel Richard Wagners am ehemaligen Hoftheater des sächsischen Städtchens Altenburg. Hier wirkt er seit Beginn der Spielzeit 1943 als Oberspielleiter und inszeniert bis Juni 1944 zum erstenmal den gesamten »Ring des Nibelungen«, dazu den »Freischütz« von Weber. Die Altenburger Aufführungen der Tetralogie werden ein Erfolg, so daß Karl Böhm im Juni 1944 bei Wieland Wagner die Entwürfe für eine Neuinszenierung der »Walküre« an der Wiener Staatsoper bestellt. Die ersten Modelle werden in Bayreuth angefertigt. Dann beginnt, auch dem Buchstaben nach, der »totale Krieg«. Alle Theater des Großdeutschen Reiches bleiben geschlossen. Wieland Wagner zieht mit seiner Frau und den beiden Kindern Iris und Wolf-Siegfried nach Bayreuth und arbeitet »kriegsdienstverpflichtet« an einem nach Franken verlagerten Forschungsinstitut.

Im Februar 1945 kommt es zu einer letzten Begegnung mit dem Reichskanzler. Dem schenkte man zum 50. Geburtstag jene Originalpartituren Richard Wagners, die der Komponist seinem Mäzen Ludwig von Bayern dediziert hatte. Die Handschriften hatten zum »Wittelsbacher Ausgleichsfonds« gehört, nun waren sie vorübergehend Eigentum des Reichskanzlers. Wieland verlangte bei dieser Unterredung, man solle die Originalpartituren aus der Reichskanzlei entfernen und an sicherem Ort deponieren, was ihm abgeschlagen wurde. Albert Speer erinnert sich (Eintragung vom 2. Januar 1962), daß Wieland damals, zum Unmut seines Protektors, von der »entarteten« Kunst schwärmte, worauf für den Führer nun auch der »Niedergang dieser Familie« feststand.

Wielands Familie war, ebenso wie seine jüngste Schwester Verena an den Bodensee gezogen: ins Sommerhaus seiner Mutter in Nußdorf. Am 5. April wird Wahnfried bei einem Luftangriff teilweise zerstört. Nun zieht auch Wieland an den Bodensee. Bei Kriegsende ist die Familie getrennt. Friedelind lebt im Exil, die Mutter zusammen mit Wolfgang und dessen Frau Ellen in der Nähe von Bayreuth in Oberwarmensteinach, Wieland und Verena wohnen am Bodensee. Am 22. April 1945 versuchen die beiden Familien, vom Bodenseegebiet aus in die Schweiz zu gelangen, was mißlingt. Erst am 13. November 1947 kommt Wieland zum erstenmal wieder nach Bayreuth. Damals wird die gerichtliche Auseinandersetzung über das Verhalten der Familie, von Winifred Wagner vor allem, vor der Bayreuther Spruchkammer vorbereitet.

Zu Friedelind waren gleich nach Kriegsende die Beziehungen hergestellt worden. Wieland entwirft für sie die Bühnenbilder zu einer amerikanischen Tourneeaufführung von »Tristan und Isolde«. Daß er seinen Weg als Bühnenbildner weiterzugehen gedenkt, ist ihm keinen Augenblick zweifelhaft, mag man nun das Festspielhaus enteignen und dem Einfluß der Familie Wagner entziehen oder nicht. Wolfgang Wagner lebt zur gleichen Zeit als ein durch den Krieg und die Kriegsfolgen schwer geschädigter Musiker in Bayreuth. Der Briefwechsel zwischen den beiden Brüdern in jenen ersten Nachkriegsjahren ist kühl, pragmatisch, nicht ohne Bitterkeit auf beiden Seiten. Nicht weniger ausgeprägt ist der

Gegensatz der Söhne gegenüber der Mutter und ihrer (und Tietjens) Hinterlassenschaft.

Den praktischen Lehrjahren am Theater zu Altenburg folgten am Bodensee nicht minder konzentrierte Jahre der Reflexion und der Identitätsfindung. Daß Wieland Wagner, wie viele junge Menschen seiner Generation, dem Führer und Reichskanzler, der zugleich ein Duzfreund der Familie war, eng vertraute, wird man nicht leugnen können. Noch in den scharf kritischen Briefen an die Mutter während der Kriegszeit wird der Mann der Reichskanzlei ausgespart. Lange Zeit scheint auch Wieland Wagner noch, gleich seinem Führer, an ein bestimmt berechenbares Gralswunder geglaubt zu haben. So werden die Jahre am Bodensee mit Notwendigkeit zugleich zu einer Selbstabrechnung und damit zum Versuch, um ein Wort des später von Wieland Wagner bewunderten Ernst Bloch zu gebrauchen, sich selbst von nun an »zur Kenntlichkeit zu verändern«.

Das setzte nach Kriegsende, wie bei den meisten Deutschen seiner Generation, den Entschluß voraus, all jene politischen, sozialen und geistig-künstlerischen Phänomene kennenzulernen, die ein Verbot seit 1933 tabuisiert hatte. Vergleicht man Wieland Wagners Entwürfe aus der Zeit des Dritten Reiches mit seinen späteren Arbeiten für das Neue Bayreuth, so wird man nicht von schroffer Diskontinuität sprechen können. Der offizielle Monumentalstil des Dritten Reiches wirkt nach. Verbunden ist er freilich schon früh mit einer Farbgebung und architektonischen Strukturierung, die auf den lange Zeit verfemten und als entartet verschrienen Expressionismus zurückgriff. Wielands Lehrzeit am Bodensee, das hat er selbst immer wieder betont, galt dem Bestreben, im Nachholverfahren die ungekannten und damit unbekannten Strömungen und Hauptwerke der Bildenden Kunst im 20. Jahrhundert kennenzulernen. Die Folge dieses individuell und gesellschaftlich notwendigen Wiederholungszwanges aber war, daß in den ersten Jahren nach 1951 eine neue Kunst in Bayreuth gezeigt wurde, die in der Tat ein Neubayreuth zu begründen vermochte, jedoch in der internationalen Kunstentwicklung bereits einigermaßen »gestrig« anmutete.

Wenn ein entscheidendes Verdienst der Brüder Wieland und Wolfgang Wagner darin bestand, seit 1951 mit immer größerem Nachdruck die Bayreuther Festspiele zur Gleichzeitigkeit mit der zeitgenössischen Kunst- und Theaterentwicklung gebracht zu haben, so mußte trotzdem von einer leicht »verspäteten« Gleichzeitigkeit gesprochen werden. Als Wieland Wagner starb, hatte er die Verbindung wiederhergestellt zwischen dem Werk Richard Wagners und dem modernen Denken. Richard Wagner war abermals unser Zeitgenosse geworden. Oder vielmehr: er wurde wiederum, wie zu seinen Lebzeiten, das produktive Ärgernis eines immer noch Ungleichzeitigen. In den Programmheften der Festspiele las man Beiträge von Ernst Bloch, Theodor W. Adorno, Wolfgang Schadewaldt. Mit dem Geist der einstigen »Bayreuther Blätter« hatte das nicht eben viel zu tun. Dieser moderne Mensch und unersättlich neugierige Künstler, dem man nachzureden pflegte, er sei autoritär und selbstherrlich, verstand sich im Gegenteil in bezaubernder Weise auf die Kunst des Zuhörens. Er merkte auf, wenn er etwas hörte oder las, was ihn faszinierte. Dann packte er zu oder ging auf Entdeckungsreisen aus.

Vollkommene Eintracht mit anderen freilich war nicht möglich. Sie konnte nicht gelingen, denn Eintracht auch mit sich selbst war keine Stärke Wieland Wagners. Zu seiner unersättlichen Neugier gehörte es, daß er die Werke jeweils neu zu sehen vermochte, ganz anders, als er sie vorher selbst verstanden und interpretiert hatte.

Hier lebte ein Mensch im permanenten und produktiven Widerspruch mit sich selbst. Er war ebenso höflich wie listig, hörte genau zu, gab einem auch recht, alles aber war ohne Garantie. Dieser Musiker und Bühnenbildner, Theatermann und Geisteswissenschaftler hatte sich diejenigen Werke, die er auf die Bühne zu bringen gedachte, so radikal angeeignet, nämlich von der Wurzel her, daß sie ihm, statt rascher Gewißheiten, immer neue Rätsel aufgaben.

Wieland Wagner war, wenn es ihm darum zu tun war, ein Meister im Schreiben von Werbebriefen. Ihm genügte nicht, wie noch seinem Vater, kaum zu reden vom Regisseur Heinz Tietjen, die Herausarbeitung sogenannter »Lebenswahrheit« innerhalb des musikalischen Dramas. Wieland Wagner war ein extremer Denker, kein bürgerlicher Rationalist. Das Wort »bürgerlich« hörte man aus seinem Munde stets im abschätzigen Tonfall. In einem Brief vom 20. Februar 1960 (an Karl Mühlberg in Berlin) setzte er sich geduldig mit den Einwänden seines Partners gegen die Inszenierung von »Tristan und Isolde« auseinander. Wieland Wagner replizierte! »Ich kann mich leider Ihrer Meinung, daß Isolde bis zu einem gewissen Motiv ihre Rache erhofft, nicht anschließen. Dagegen würde schon der berühmte Brief Richard Wagners an Devrient über die Auffassung der Isolde im I. Akt Tristan sprechen. Ich kann mich nicht dazu entschließen, die berühmten Takte sozusagen ›medizinisch‹ zu interpretieren. Auch am Schluß kann die Wagnersche Isolde nicht den konventionellen medizinischen Tod sterben, wenn man den ganzen Tristan – wie ich es versucht habe – als Mysterienspiel in der Nachfolge der spanischen Mysterienspiele, die Wagner gerade zur Zeit des Tristan täglich studiert hat, betrachtet. Text und Musik schildern eindeutig Isoldes Erlebnis der unio mystica mit der Tristan-Seele. Der sogenannte Tod ist bei Wagner immer der Durchbruch in die Transzendenz, das Erlebnis des kosmischen Eros. Tristan ›stirbt‹ in einem dionysischen Rauschzustand ($^5/_4$Takt), der Fliegende Holländer, Tannhäuser und Siegfried sterben als ›Verklärte‹. Ich habe den körperlichen Tod der Isolde stets als sehr unbefriedigend empfunden und deshalb versucht – ich darf ausdrücklich sagen versucht –, eine vom Bisherigen abweichende darstellerische Lösung des Problems zu geben.«

In einem Vortrag vor amerikanischen Studenten über die »Kunst des Romans« hat Thomas Mann im Jahre 1942 behauptet, es gebe zwar unter den deutschen Romanen und Romanciers des 19. Jahrhunderts kaum etwas, das mit der großen Romankunst der Franzosen, Russen, Engländer, auch Amerikaner im gleichen Zeitraum zu vergleichen sei; hingegen habe Richard Wagner seit dem »Tristan« und insbesondere mit dem »Ring« ein deutsches Gegenstück zum bürgerlichen, realistischen und psychologisierenden Roman geliefert. Die Tetralogie wird hier als gleichsam episches Theater verstanden, wobei die Funktion der psychologischen Analysen in der eigentlichen Epik diesmal dem Orchester übertragen wird, das nicht bloß sprechen oder Singen der Gestalten unterstützt, sondern bisweilen auch, mit höchster Artistik, eben das ausplaudert, was die Gestalt selbst nicht sagen will und verschweigen möchte. Tristans Schweigen und Mimes Lügen werden erst durch die Verbindung von Wortaussage und Musikaussage als Ganzheit verständlich.

Wieland Wagner lernte vermutlich diesen Text Thomas Manns erst spät kennen: als sich sein eigener Interpretationsstil bereits entwickelt hatte. Allein bereits in seiner Programmschrift von 1951 war der Musik des Wagnerorchesters ein beherrschender Vorrang eingeräumt worden.

Das aber bedeutete immer wieder, auf mimisch-gestische Ausdeutung der Musik durch die Bühne zu verzichten. Darum eben wurde in Wieland Wagners Inszenierungen so wenig »gespielt«, daß manche Kritiker vom Oratorienstil sprachen. Es war aber alles andere als ein Konzert in Kostümen, was hier geboten wurde. Nur galt auch hier, wie bei allen modernen Bemühungen um Kunst, das Wort Franz Kafkas: »Zum letzten Mal Psychologie.« Gerade weil Wieland Wagner ein Kenner moderner Seelenforschung war, mußte es ihm unerträglich sein, die Werke seines Großvaters aus den psychologischen Motivationen des 19. Jahrhunderts zu inszenieren.

Damit war die Problematik des heutigen reproduktiven Künstlers vor dem Wagnerwerk sichtbar geworden. Romanciers in der Mitte des 20. Jahrhunderts entsagen dem psychologischen Roman und allwissenden Erzähler; ihr Realismus mißtraut früheren Gewißheiten und tastet sich meist nur zu »Mutmaßungen« vor über das zu Erzählende. Die schöne Abrundung der großen Romane von einst wird nicht mehr erreicht, auch nicht mehr angestrebt. Noch Thomas Mann schuf im Josephsroman eine Tetralogie in bewußter Anlehnung an den Aufbau des Nibelungenrings. Die heutigen Romane bleiben fragmentarisch, der offenen Form verpflichtet. Das Theater hat längst auf Einfühlung und rauschhafte Einstimmung zwischen Theaterbesucher und Bühnengestalt verzichtet. Auch ohne Brecht wäre es zu einer Theaterkunst der distanzierenden Verfremdung gekommen.

Dem Verzicht Wieland Wagners auf die psychologisierende Schauspielregie entsprach daher zugleich der Verzicht auf eine rauschhafte, über Einzelheiten kühn hinwegdirigierende musikalische Interpretation. Es war also folgerichtig, daß Wieland Wagner gerade auf Karl Böhm und Pierre Boulez verfiel.

Analysiert man das Auftreten des ältesten Sohnes von Siegfried und Winifred, so fällt die *Diskrepanz auf zwischen Wieland und seinem Vater.* Siegfried Wagner wird, in allen Berichten über Begegnungen, sogar von solchen, die seine politischen Ideen und Kompositionen ablehnten, als überaus liebenswerter, umgänglicher und duldsamer Mann geschildert. Seine Regiearbeit war einfühlsam und helfend, vor allem auch »dienend« in jenem von Cosima tradierten Sinne. Wieland Wagner war besessen von seinen Visionen und geplanten Realisationen; dabei ging es nicht immer ohne Schroffheit ab. Wenn er in einem Brief aus der letzten Lebenszeit, der insgeheim ein Werbebrief ist, der Sängerin Christa Ludwig, die er fest für Bayreuth gewinnen möchte, zunächst einmal auseinandersetzt, er habe sie lange Zeit bloß für eine typische »Kammersängerin« gehalten und sei erst während der Arbeit mit ihr anderen Sinnes geworden, so äußert sich darin eine ziemlich ungewöhnliche Art der Huldigung. Treue zu den von ihm erwählten Künstlern war selbstverständlich: sie wurde durch leidenschaftliche Treue der Sänger und Musiker erwidert. Aber Wieland Wagner war kein Mann des freundlich-belanglosen Gesprächs. Wenn ihn Partner und Thema nicht interessierten, mochte er unverhohlen seine Langeweile und sogar Ungeduld zeigen. Andererseits war er fast unersättlich neugierig. Nicht allein in allem, was den Bayreuther Spielplan und Kunstcharakter betraf, sondern in Fragen moderner Kunst und Literatur.

Gegen Ende seines Lebens konnte Wieland Wagner, verglich er den nunmehr erreichten Status mit den Anfängen im Jahre 1951, damit rechnen, eine neue Generation von Musikern und Sängern herangezogen zu haben, mit denen die Umsetzung seiner Visionen leichter sein würde als mit den einstigen Kammersängern und Staatskapellmeistern. Eine Sängerin wie *Anja Silja,* Heldendarsteller eines neuen Typs wie Thomas Stewart oder Theo Adam, ein moderner Komponist und Dirigent wie Pierre Boulez: mit ihnen und vielen anderen gedachten die Brüder die Theaterarbeit fortzusetzen. Freilich machte man sich nichts vor. Daß das Inszenierungskonzept von Neu-Bayreuth mitsamt dieser besonderen Personalunion von Bühnenbildner und Spielleiter, nicht unbegrenzt fortzusetzen sei, wußten beide genau. Wieland Wagner hatte sich viel vorgenommen. Im Gespräch tauchten immer wieder Pläne auf, die um *Schauspielregie* kreisten. Auch hatte er in all seinen Inszenierungen für das Musiktheater die Werke von *Mozart* nahezu ängstlich ausgespart. Pläne der Arbeit am »Don Giovanni« beschäftigten ihn seit langem.

Zu alledem ist es nicht mehr gekommen. Im Frühjahr 1965 tauchten erste Symptome einer schweren Krankheit auf. An den Festspielen des Jahres 1966 hat Wieland Wagner nicht mehr teilnehmen können. Er mußte die Proben unterbrechen und das Krankenhaus

Anja Silja als Senta

George London als Holländer

aufsuchen. Der Gedanke, daß er vielleicht nicht alt werden könnte, schien ihm vertraut zu sein. Am 30. April 1962 schlossen die Brüder Wieland und Wolfgang Wagner einen Gesellschaftsvertrag, worin festgelegt wurde, wie die Festspiele weiterzuführen seien nach dem Tode eines Gesellschafters. Am 17. Oktober 1966 ist Wieland Wagner in der Universitätsklinik München gestorben: kaum drei Monate vor seinem 50. Geburtstag. Von nun an hatte, dem Gesellschaftervertrag zufolge, der jüngere Bruder Wolfgang die Festspiele zu leiten.

Astrid Varnay als Ortrud

WIELAND
WAGNER
SIEGFRIED
WAGNER

FESTSPIEL ALS BERUF

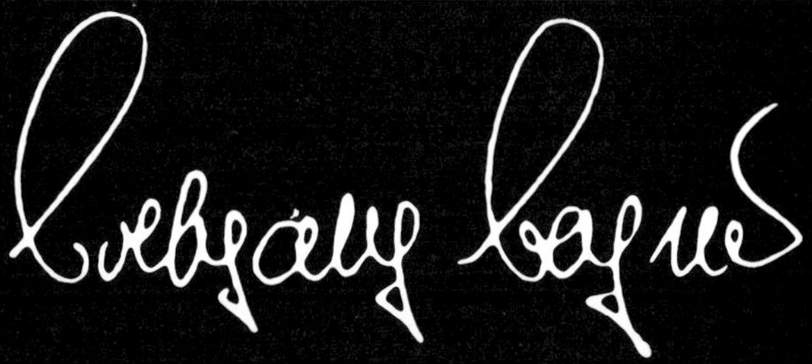

Wolfgang Wagner

I

DIE BRÜDER

Das Gesamtwerk Richard Wagners seit dem »Fliegenden Holländer« hat Wieland Wagner von 1951 bis 1965 im Festspielhaus inszenieren können. In Stuttgart versuchte er sich außerdem an einer Neuaufführung des »Rienzi«, kam aber zum Ergebnis, auch weiterhin die Anweisung seines Großvaters zu respektieren und den »Rienzi« vom Bayreuther Repertoire fernzuhalten. Gelungen waren die Verwirklichungen des Parsifal und des Tristan. Auch die beiden antagonistischen Deutungen der »Meistersinger von Nürnberg« vermochten, just in ihrer extremen Profilierung, die Möglichkeiten zu erproben, die sich für eine Regie des ausgeleuchteten und leeren Raums ergeben mußten. Die Inszenierung des Nibelungenrings vom Jahre 1965 stimmte im Konzept, war aber in vielen Einzelheiten nicht fertiggeworden. Das wußte der Spielleiter, machte auch im Gespräch daraus kein Geheimnis. Hier sollte weitergearbeitet werden. Mit dem »Tannhäuser« ist Wieland Wagner, wie er sich und anderen eingestand, trotz vieler Anläufe nicht zurechtgekommen, obwohl er schon als junger Mensch und mitten im Krieg nichts sehnlicher angestrebt hatte als einen erfolgreichen Gegenentwurf zur Tannhäuser-Inszenierung seines Vaters im Jahre 1930. Der »Fliegende Holländer« in Wieland Wagners Regie erhielt ein heikles, aber erstaunliches Gleichgewicht durch die Zusammenarbeit der Regie mit einer ungewöhnlichen und in der Tat blutjungen Senta: der Sängerin Anja Silja. Wieland Wagners Inszenierung des »Lohengrin« war statisch gehalten; hier hatte ein Bildender Künstler inszeniert, dem es auf Farben und Konturen vor allem ankam.

Viel Arbeit war in kurzer Zeit geleistet worden, gar nicht zu reden von den Inszenierungen Glucks, Mozarts, Verdis oder Alban Bergs und von den Übertragungen des Bayreuther Modells auf deutsche und außerdeutsche Opernhäuser. Noch ein Jahrzehnt nach Wieland Wagners Tode sind die Wagner-Inszenierungen der großen Opernhäuser durch ihn und die neue Bayreuther Ästhetik geprägt.

Es war aber nicht fortzusetzen. Das haben die Brüder nach dem ersten Jahrzehnt gemeinsamer Arbeit geahnt. Mit jeder neuen Einstudierung wurde ein solches Wähnen zur Gewißheit. Auch Wolfgang Wagner hatte bis zum Tode des Bruders den größten Teil seiner Versionen im Festspielhaus vorstellen können: einen »Lohengrin« (1953), den »Fliegenden Holländer« (1955), die Tetralogie im Jahre 1960. Ein Jahr nach Wielands Tode, und damit im ersten Jahr seines Amtierens als alleiniger Festspielleiter, hatte er abermals den »Lohengrin« neu einstudiert, unter Rudolf Kempes musikalischer Leitung. Die Jubiläumsinszenierung der »Meistersinger von Nürnberg«, hundert Jahre nach der Uraufführung in München im Jahre 1868, schloß sich an. Im Jahre 1970 inszenierte Wolfgang Wagner zum zweitenmal die Tetralogie; fünf Jahre später (1975) kam eine Neuinszenierung des »Parsifal« hinzu. Den Tristan hatte Wolfgang Wagner zwar nicht für Bayreuth entworfen, aber mehrfach bei Gastinszenierungen in Italien gezeigt: in Venedig (1958) und in Palermo (1960). Eine Bayreuther Aufführung des »Tannhäuser« unternahm er nicht.

Dies war auf die Dauer kaum mehr fortzusetzen. Wie sehr alle Inszenierungen der beiden Brüder einem gemeinsamen ästhetischen Konzept folgten, wurde evident, als der Kreis der Werke ausgeschritten worden war. Natürlich gab es Divergenzen im Grundkonzept einer Deutung und Darbietung des Nibelungenrings zwischen Wieland und Wolfgang Wagner; andererseits war die Gemeinsamkeit des Ansatzes ebensowenig zu verkennen. Auch Wieland Wagner hatte sich für seine Inszenierung der Tetralogie im Jahre 1965 jener »Weltscheibe« erinnert, die als Totalität und durch die Auflösung in Segmente charakteristisch gewesen war für Wolfgang Wagners Regieplan vom Jahre 1960.

Der neue Bayreuther Stil hatte sich von Anfang an aus der Negation entwickelt, und aus der Destruktion. Wieland Wagners Terminus der »Entrümpelung« meinte weit mehr als das Forträumen von Requisiten und den Verzicht auf Vorspiegelungen irgendeiner historischen oder gar mythischen »Wirklichkeit« im Bühnenbild. Die Inszenierungen der beiden Brüder waren expressiv, nicht realistisch. Das war nicht mehr Expressionismus wie im »Fliegenden Holländer« von Otto Klemperer und Jürgen Fehling, aber hinter den entschlossenen Stilisierungen spürte man das Mißtrauen der Enkel Richard Wagners gegenüber aller Bühnenkunst der Illusionen. Allein die Konstruktion, welche nach der Destruktion hier gewagt wurde, also nach einer Götterdämmerung im Leben und nicht im Opernhaus, präsentierte sich als ein neuer Illusionismus: als Illusion einer neuen Ausdruckskunst. Man hatte den Opernstil der Stadttheater ebenso in Bayreuth überwunden wie das psychologisierende und pseudorealistische Theater von Tietjen und Preetorius; allein man hatte es nicht gewagt, auch das Werk Richard Wagners mit Hilfe von *Verfremdungen* zu inszenieren. Im Jahre 1951 war versucht worden, zuerst mit ungewöhnlichem Erfolg, die Erneuerung zu bewirken mit Hilfe einer Theaterkunst und erst recht einer Bildenden Kunst, die ihrerseits hinfällig geworden war: Expressionismus nach dem Expressionismus. Mit weiterem Zeitvergang bestand für das Bayreuth sowohl Wieland wie Wolfgang Wagners die Gefahr, selbst zum neuen Anachronismus zu werden. Darüber haben die Brüder in Wieland Wagners letzter Lebenszeit immer wieder beraten müssen.

Natürlich gab es Gegensätze des Temperaments, des Verhältnisses zur ästhetischen Theorie und zur Bühnenpraxis. Andererseits ergänzten sich Wieland und Wolfgang Wagner in überaus glücklicher Weise. Keineswegs bloß dahin, daß Wieland von früh auf einem ästhetischen Absolutismus zu fröhnen suchte und nur unwillig auf praktisch-pragmatische Schwierigkeiten reagierte. Wolfgang Wagner wurde dadurch vom ersten Augenblick an zum Mann der Verwaltung, der Finanzen, der Rechtsverhältnisse. Wichtiger war vielleicht, wenngleich weniger sichtbar für die Außenwelt, daß Wieland Wagner, seiner ganzen Entwicklung und Neigung nach, den Primat des Visuellen, und damit der Bildenden Kunst, niemals negierte.

Wolfgang Wagner war vor allem ein Musiker, dem man beim Polenfeldzug im September 1939 das Handgelenk durchschossen hatte, so daß er kein Musikinstrument mehr zu spielen vermochte. Nach seiner Entlassung aus der Wehrmacht im Jahre 1940 wurde er Assistent bei Heinz Tietjen an der Preußischen Staatsoper Berlin und lernte dort als Musiker den Alltag eines großen Operntheaters kennen. Er inszenierte 1944 zum erstenmal an der Berliner Staatsoper. Auch er debütierte, wie sein Bruder Wieland, mit einem Werk seines Vaters. Am 7. Juni 1944 wurde Siegfried Wagners Oper »Bruder Lustig« un-

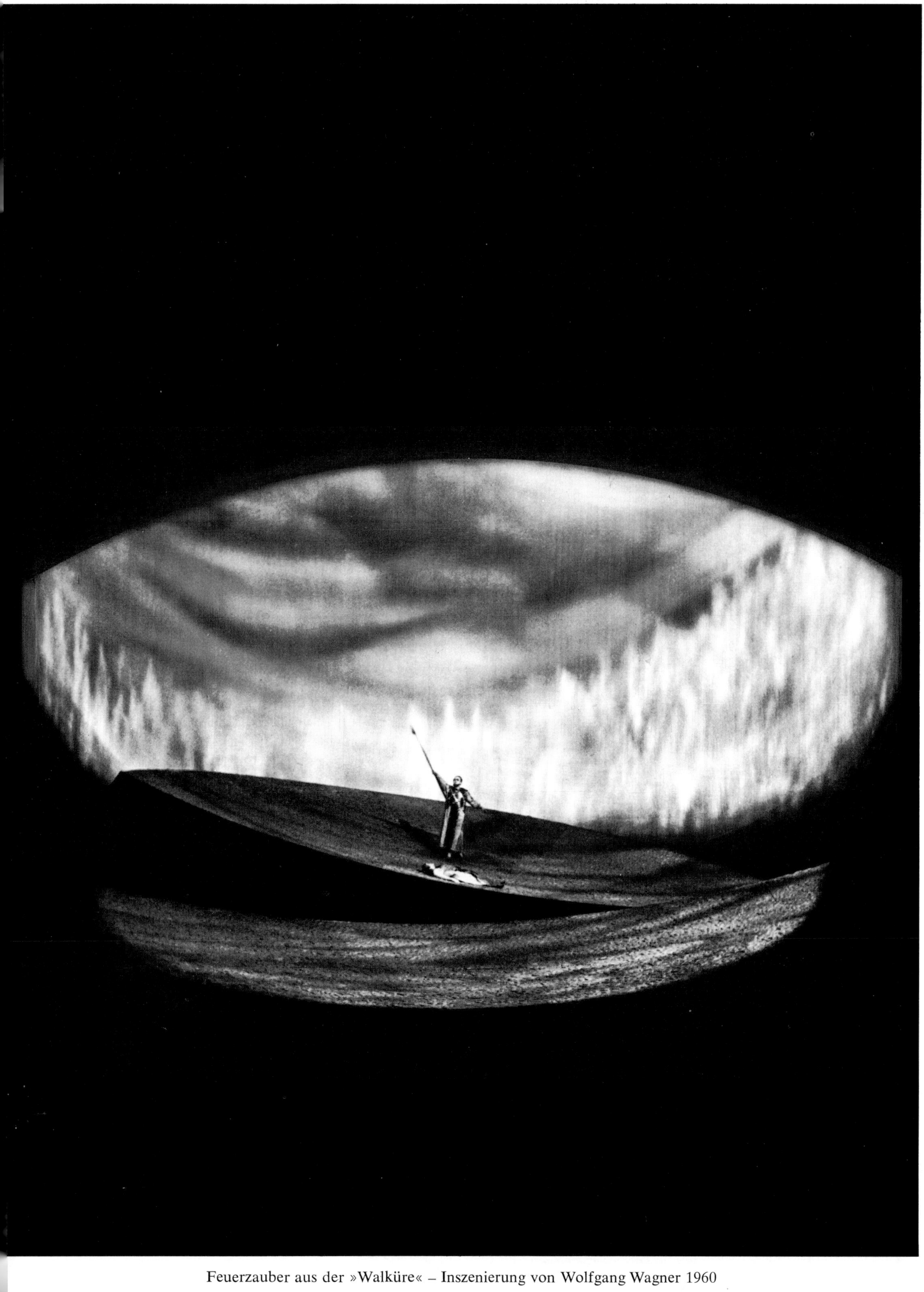

Feuerzauber aus der »Walküre« – Inszenierung von Wolfgang Wagner 1960

ter dem neuen Titel »Andreasnacht« zum 75. Geburtstag Siegfried Wagners in der Regie seines Sohnes aufgeführt. Im August dieses letzten Kriegsjahres wurden alle Theater geschlossen. Wolfgang Wagner kehrte nach Bayreuth zurück: kriegsdienstverpflichtet und dem Städtischen Bauamt zugeteilt. Das Kriegsende erlebte er in Bayreuth. Seine erste Tätigkeit bestand in Aufräumungsarbeiten in den Trümmern von Haus Wahnfried. Da der jüngere Bruder niemals Mitglied einer nationalsozialistischen Organisation gewesen war, kamen in seinem Falle keinerlei Berufsbeschränkungen in Frage. Vier Jahre nach Kriegsende wurde beiden Brüdern die Leitung der Festspiele übertragen. Die interne Abmachung zwischen Wieland und Wolfgang legte fest, daß Wolfgang eine bereits für 1952 geplante Inszenierung zurückstellte, um sich ganz den organisatorischen Aufgaben widmen zu können. Er leitete aber zusammen mit Wieland ein Gastspiel der Bayreuther Festspiele in Neapel mit »Rheingold« und »Walküre«. Drei Jahre später (1955) inszenierte er zum erstenmal in Braunschweig den »Don Giovanni«. Es blieb die einzige Inszenierung Wolfgang Wagners auf fremdem Gelände, nämlich außerhalb des Gralsbereichs der Werke von Richard Wagner – von jenem Berliner-Debüt abgesehen.

Nach dem Tode Wieland Wagners war es für den Überlebenden klar, daß neue Spielleiter und Ausstattungsleiter für Bayreuth gewonnen werden mußten. Fünfzehn Jahre lang hatten die Brüder alle Arbeit geleistet, einen Stil entwickelt, mit bis in seine extremen Möglichkeiten erprobt. Wenn Bayreuth aber, nach einem Lieblingswort Wieland Wagners, eine »Werkstatt« bleiben sollte, so mußten neue Leute von nun an mit neuen Mitteln proben und sich erproben. Ein Gespräch Wolfgang Wagners mit Martin Gregor-Dellin zu Beginn der Festspiele von 1967 macht das deutlich. Noch liegen für 1968 die Pläne vor, die gemeinsam mit Wieland erarbeitet worden waren. Die Jubiläumsinszenierung der »Meistersinger« gedenkt Wolfgang Wagner selbst vorzubereiten. Allein bereits für den »Fliegenden Holländer« des Jahres 1969 muß ein Spielleiter gewonnen werden, der von außerhalb kommt und nicht mehr zur Familie Wagner gehört. (Die Inszenierung übernahm dann August Everding.) Die Hauptaufgabe sieht Wolfgang Wagner in jenem Gespräch darin, im Sinne auch seines Bruders »Bayreuth ... als Stätte einer sich ständig erneuernden, besonderen Form des Musiktheaters weiterzuführen«. Ein Jahr später (1968) entwickelt er im Gespräch mit dem Bayreuther Musikschriftsteller Erich Rappl seine in entscheidenden Fragen divergierenden Ansichten zum Ring-Konzept Wieland Wagners. Zu Wielands Inszenierung vom Jahre 1965 meint er jetzt: »Ich bin sicher, daß sie, würde mein Bruder noch leben, jetzt nach vier Jahren schon ganz anders aussehen würde. Mein Bruder hat das Werk damals ganz aus der Perspektive des Schwarz-Alben inszeniert – daher auch die vorwaltende Dunkelheit und Schwärze der Bilder. Diese Bilder aber sind für mein Empfinden zu präpotent, sie schieben sich zu sehr in den Vordergrund allen Erlebens. Richard Wagners Bildersprache ist zu vielschichtig, als daß man sie auf die Dauer auf eine einzige – sei es auch noch so interessante – extreme visuelle Ausdeutung festlegen könnte. Für die Zukunft glaube ich voraussagen zu können, daß das *Musikalische* wieder sehr viel stärker in den Vordergrund treten wird und daß die rein bildnerische Idee dahinter zurückzutreten hat. Im übrigen hat mein Bruder seiner Ring-Inszenierung selber nicht mehr als fünf Jahre Laufzeit gegeben...«

Veränderungen gab es auch bei den Mitwirkenden der Festspiele. Karl Böhm konnte sich mit zunehmendem Alter immer weniger entschließen, alle vier Abende der Tetralogie selbst zu leiten. Man einigte sich vorübergehend dahin, daß Otmar Suitner das Vorspiel und den »Siegfried« dirigieren sollte, während sich Böhm auf »Walküre« und »Götterdämmerung« konzentrierte. Auch den »Fliegenden Holländer« von 1969 hat Böhm noch geleitet. Wolfgang Windgassens plötzlicher Tod ließ die Konstellation Birgit Nilsson/

Wolfgang Windgassen (Tristan und Isolde, Siegfried und Brünnhilde) vergehen. Wolfgang Wagner baute planmäßig ein neues Ensemble auf, nach dem Grundsatz, den er oft und etwas provokatorisch gegenüber der Presse dahin zu formulieren liebte, daß es in Bayreuth nicht darauf ankomme, berühmte Namen zu gewinnen. Man suche vielmehr begabte junge Künstler zu entwickeln, die in Bayreuth und durch die Festspiele berühmt werden könnten. Wolfgang Wagner hat bei seiner Lehrzeit an der Berliner Staatsoper die Fähigkeit entwickelt, künstlerische und stimmliche Möglichkeiten an jungen Sängern wahrzunehmen. Mit Wieland hatte er die weithin unbekannten Künstler der ersten Festspiele von 1951 zum Weltruhm geführt. Im Jahrzehnt nach dem Tode Wieland Wagners mußte eine neue Isolde und Brünnhilde erprobt werden (Catarina Ligendza), ein neuer Lohengrin und Stolzing (René Kollo), die Elsa und Eva der Hannelore Bode. In der Engländerin Yvonne Minton holte sich Wolfgang Wagner eine neue Brangäne nach Bayreuth. Als Karl Böhm, der von Anfang an fest an Salzburg gebunden war, immer weniger bereit sein wollte, die Anstrengungen des Sommers zwischen Bayreuth und Salzburg zu teilen, mußten neue Dirigenten erprobt werden. Horst Stein wurde ein neuer Bayreuther Hausdirigent: zunächst für den »Parsifal«, dann für den »Ring des Nibelungen«. Silvio Varviso übernahm den Lohengrin und die Meistersinger. Im Jahre 1974 erschien zum erstenmal Carlos Kleiber am Dirigentenpult: der Sohn jenes Erich Kleiber, den Bayreuth niemals hatte berufen wollen. Nun leitete der Sohn vom »mystischen Abgrund« aus das alte Spiel von Tristan und Isolde.

Götz Friedrich

II

EIN FREISCHWEBENDER KÜNSTLER NAMENS TANNHÄUSER

Die Inszenierungen des Lohengrin, Holländer, der Meistersinger und des Nibelungenrings wurden im allgemeinen vom Bayreuther Publikum am Premierenabend mit gewaltigem Applaus aufgenommen. Es gab einzelne Rufe des Mißbehagens, gerichtet gegen Dirigenten, Spielleitung, einzelne Sänger, manchmal wohl auch gegen das Ganze; aber diese Dissonanz gehörte dazu, wirkte bisweilen wie mitkomponiert. Die stürmischen Proteste, die man an Wieland Wagners Anschrift seit jenen denkwürdigen »Meistersingern« zu richten pflegte, wurden unter der Festspielleitung Wolfgang Wagners nicht mehr fortgesetzt. Auch gegen Everdings Neuinszenierung des »Fliegenden Holländer« hatte das Premierenpublikum offensichtlich nichts einzuwenden.

Die Festspiele des Jahres 1972 wurden eröffnet mit einer neuen Aufführung des »Tannhäuser«. Mit Richard Wagners »Großer Romantischer Oper« hatte Siegfried Wagner im Jahre 1930 seine Bayreuther Theaterarbeit gleichzeitig gekrönt und beendet. Der Sohn Wieland unternahm zwei Versuche, die ihn selbst nicht befriedigten. Wolfgang Wagner kam zur Entscheidung, dies in der Realisierung vielleicht schwierigste Werk des Bayreuther Meisters einem Spielleiter anzuvertrauen, dem die Bayreuther Tradition so fernzustehen schien wie nur denkbar. Der Regisseur *Götz Friedrich* wirkte im Augenblick, da er die Einladung erhielt, den neuen Tannhäuser in Bayreuth zu inszenieren, an Walter Felsensteins »Komischer Oper« in Ostberlin. Das repräsentierte ein Programm. Übereinstimmend mit Richard Wagner und der Bayreuther Überlieferung insofern, als auch Felsenstein mit seinen Schülern, aus ähnlichen Erwägungen wie Richard Wagner in seinen theoretischen Schriften, den Begriff der höfisch-bürgerlichen Oper ablehnte und ersetzen wollte durch den Terminus »Musiktheater«. Andererseits unterschied sich Felsensteins Konzept von jenem Richard Wagners durch einen entschiedenen Rationalismus. Den Kreislauf von Mythos und Aufklärung lehnte man ab in der »Komischen Oper«. Auch der Mythos sei Gegenstand der realen Interpretation: der Aufklärung. Hier öffnete sich ein Konflikt zwischen den ästhetischen Maximen der Bayreuther Tradition und jenen des realistischen Musiktheaters. Felsenstein selbst war redlich genug, in seiner eigenen Theaterarbeit das Werk Richard Wagners auszuklammern. Man spielte Verdi, Offenbach, Mozart und den »Freischütz«, vieles andere noch, durchaus nicht immer Lustspielhaftes, doch nicht Richard Wagner. Eine Ausnahme wurde mit dem »Fliegenden Holländer« gemacht, allein auch dieses Werk übergab der Begründer der »Komischen Oper« einem Mitarbeiter. Er selbst versagte sich sogar noch diesem Frühwerk. Götz Friedrich war durch Felsenstein früh geprägt worden, was Spannungen zwischen Meister und Schüler beileibe nicht ausschloß. Auch er repräsentierte ein Theater der Aufklärung, des Ernstnehmens großer Operntexte, ihrer jeweils wechselnden Spannungen zwischen Text und Musik, der gleichfalls ernstgenommenen Spannung zwischen einem konkreten Kunstwerk der Vergangenheit und einem ebenso konkret vorgestellten Publikum von heute.

Daraus ergaben sich Divergenzen zur Ästhetik Richard Wagners. Vom »Tannhäuser« nämlich bis zum »Parsifal« hatte der Musikdramatiker Richard Wagner für seine Zeit geschrieben, dabei die besondere Wirkungsweise auf ein zeitgenössisches Publikum einberechnet, wozu auch die Besonderheiten des Bayreuther Festspielhauses gehörten; allein seit jener Bayreuther Theaterarbeit war bald ein Jahrhundert vergangen. Die Erfahrungen dieses Jahrhunderts aber, schmerzlich in ihrer Mehrzahl, mußten von nun an mitinszeniert werden. Das war ein Grundprinzip Walter Felsensteins und seiner Mitarbeiter. Aufklärung hatte in kritischer Theaterarbeit auch das mythische Kunstwerk von einst zu interpretieren. Der auf Identifikation mit dem Bühnengeschehen beruhenden Bayreuther Ästhetik wurde eine Ästhetik der Verfremdung entgegengesetzt. Nicht zufällig hatte Bertolt Brecht seit der Arbeit an seiner Oper »Aufstieg und Fall der Stadt Mahagonny« (mit der Musik von Kurt Weill) ein Theater der Verfremdung immer wieder als Antagonismus zur Bühnenkunst gerade Richard Wagners verstanden.

Die Premiere dieses neuen »Tannhäuser« am 23. Juli 1972 provozierte einen Theaterskandal, der die einstigen Proteste gegen Wieland Wagners »Meistersinger ohne Nürnberg« bei weitem übertraf. Mißbehagen schon im ersten Akt über die Jagdgesellschaft des Landgräfen; der Einzug der Gäste ins Festspielhaus auf der Wartburg parodierte unverkennbar den Einzug der Gäste ins Festspielhaus von Bayreuth. Gebet und Sterben der Elisabeth wurden nicht mit bewährtem Geschmack zur Metapher stilisiert. Die Sängerin Gwyneth Jones, die in Götz Friedrichs Inszenierung auch die Venus gespielt hatte: als Projektion erotischer Phantasien des Künstlers Tannhäuser, demonstrierte wirklich das Sterben einer tief leidenden und todeswilligen Frau.

Entrüstung wirkte nach, war nicht auf jenen Premierenabend beschränkt. Landesgewaltige der Politik schrieben Leserbriefe und beklagten die Störung des »Weihespiels« durch den Mann, den man sich aus Ostberlin geholt hatte. Auch von einer Sperrung staatlicher Zuschüsse für diese Art von Theater war die Rede. Andere Leserbriefe äußerten sich begeistert über diesen neuen Bayreuther »Tannhäuser«. In der Pressekonferenz erklärten sich die Sänger und Wolfgang Wagner solidarisch mit ihrem Regisseur. Spätere Aufführungen liefen ohne Störung ab. Als ein Jahr später (1973) die Inszenierung von neuem im Spielplan erschien, wurde Götz Friedrich begeistert vom Publikum gefeiert.

Was war geschehen? Die realistische und verfremdende Deutung der Tannhäuser-Geschichte hatte *Gleichzeitigkeit* hergestellt zwischen diesem Werk und diesem Publikum vom Jahre 1972. Das war geplant worden. Einer der »lieben Sänger« aus dem Gefolge eines bösartigen Autokraten und Landgrafen präsentierte sich in stilisierter SA-Uniform; der alte Biterolf (»Wenn mich begeistert hohe Liebe,/stählt sie die Waffen mir mit Mut...« singt er folglich auch bei Wagner) im schwarzen Leder einer gleichfalls unverkennbaren Tracht. Entsprechende Kostümierung, vom Ausstatter Jürgen Rose sehr ambivalent entworfen, beim Festspielpublikum im Palas der Wartburg: die thüringischen »Helden, tapfer, deutsch und weise, ein stolzer Eichwald, herrlich, frisch und grün...« in der schwarzen Einheitstracht: gleichzeitig gerüstet als Schwarzes Korps und als gehberockte Festspielgenießer. Die Frauen, »hold und tugendsam«, nach Wolframs Schmeichelwort eines Dichterprimus, halb gewandet als Uta von Naumburg, halb als Wagnerianerin von 1876 in Makarts Zeichen.

Es kam hinzu, daß bei Wagner auch im »Tannhäuser«, wie nicht minder später im Lohengrin, ein wohlbekannter »froher Ruf erschallet«: »Heil! Heil! Thüringens Fürsten Heil! / Der holden Kunst Beschützer Heil! Heil! Heil!« Was Wunder, wenn bei solchem Klang und in diesem – Bayreuther – Saal des Festspielhauses einige der Chorsänger und Wartburgedlen die Hand zum deutschen Gruß erhoben: bedauerlicherweise nicht gehindert vom Regisseur. Den militanten Antifaschisten des Premierenabends ein Greuel. Das Weihespiel jedenfalls war einem gründlich verdorben. Beweis: viele Kritiken, Leserbriefe, entrüstete Kommentare in allen stilistischen Preislagen.

Der »Tannhäuser« mußte lange warten, bis auf der Bühne, und ausgerechnet in Bayreuth, freigesetzt werden konnte, was Wagner im Vormärz, in einer vorrevolutionären Lage (1845), konzipiert hatte. Götz Friedrich hatte sehr genau gelesen und inszeniert, so daß man bei diesem »Tannhäuser« im Festspielhaus nichts hörte, was Wagner nicht komponiert hat, nichts sah, was man nicht, beim Lesen des Textes, als authentisch ansehen muß. Es bedurfte keiner Manipulation durch den Spielleiter. Manipuliert war jahrzehntelang jener Stadttheater-»Tannhäuser«. Im Weihespielschema, von der Maas bis an die Memel, lief der Wartburgakt als ein Arienwettbewerb ab, wobei der Chor bisweilen malerisch die Schwerter zückte, sich bald aber beruhigte. Immerhin ist die heilige Elisabeth da. Was Wagner, vorahnend, davon hielt, steht in einem Brief aus dem Revolutionsjahr 1849, den das Bayreuther Programmheft mit Recht reproduziert: »Die Sänger durch Gesangskünste, Verzierungen, Cadenzen sich überbieten zu lassen, hätte die Aufgabe eines Concertstreites, nicht aber eines dramatischen Gedanken- und Empfindungskampfes sein können; ... Ich hatte somit den Triumph, unser hierfür sehr entwöhntes Publikum in der Oper durch den Gedanken zu fassen, nicht bloß durch die Empfindung.«

Antithese also der Gedankensysteme und Empfindungsweisen in dieser »Großen Romantischen Oper«, die bereits mit ihrem sonderbaren Untertitel die gesellschaftliche Ambivalenz offenbart, denn der »Tannhäuser« ist weder Große Oper der Meyerbeer-Nachfolge, wie wenige Jahre vorher der »Rienzi«, noch gemüthafte Weiterführung der deutsch-romantischen Tradition des von Wagner bewunderten Freischütz-Komponisten. Alle bewährten Rezepte und Zutaten werden beachtet. Tieck und Heine beim Venusberg, E. T. A. Hoffmanns serapiontische Erzählung vom »Kampf der Sänger«, die Wagner sehr genau las, Götz Friedrich auch; kaum taten es die meisten Kritiker, sonst hätten sie entdeckt, daß der Auftritt der Jagdgesellschaft im ersten, die Attitüde der landgräflichen Leibgarde im zweiten Akt von Hoffmann präzis beschrieben, von Wagner im Libretto nachvollzogen wurde. Bei Hoffmann spricht der Landgraf so zu Ofterdingen: »Ihr habt mit Euren wahnsinnigen Liedern mich, Ihr habt die holden Frauen an meinem Hofe schwer beleidigt. Euer Kampf betrifft also nicht mehr die Meisterschaft allein, sondern auch meine Ehre, die Ehre der Damen... Einer von meinen Meistern, das Los soll ihn nennen, stellt sich Euch gegenüber, und die Materie, worüber sie singen, mögt Ihr dann beide selbst wählen. – Aber der Henker soll mit entblößtem Schwerte hinter Euch stehen und wer verliert, werde augenblicklich hingerichtet.«

Das spürte man diesmal im Wartburgakt in Friedrichs Inszenierung. Erst dadurch wird evident, was Wagner unter dem Gegensatz der Gedanken und Empfindungsweisen verstand: die Antithetik von affirmativer und negierender Kunstauffassung.

Wagner begann die Arbeit an dieser romantisch-aufklärerischen Oper nach einer der schrecklichsten Erfahrungen seines Lebens: den Hungerjahren im Paris des Bürgerkönigtums, des Barons Rothschild, der Komponisten als Warenlieferanten. Seine Reaktion war auch hier, wie stets, gesellschaftlich zweideutig: der Venusberg ist die Hölle, und die liegt in Paris. Einige Jahre später konzipiert er den Brand von Walhall, nach der Anleitung des neuen Freundes Bakunin, als Einäscherung von Paris. Gleichzeitig jedoch wagt er im »Tannhäuser« die Antithese: Romantische deutsche Landschaft mit Hirten, Schalmei, Pilgerglauben und holdem Abendstern gegen die Orgien im »künstlichen Paradies« der Frau Venus. Er kann sich nicht entscheiden. Der »Tannhäuser« ist gleichzeitig rückwärts- und folgerichtig vorwärtsgewandt. Sehnsucht nach dem verlorenen Mittelalter, dem durch Ludwig Feuerbach weggebannten Kinderglauben, nach deutschen Helden und holden Frauen, wie in der Manessischen Handschrift, wo die Wolfram und Walther vorkommen. Dem entspricht in der Musik die liedhafte Struktur der erschreckend beliebten Stücke, wie Pilgerchor, Lied an den Abendstern, Einzug der Gäste, und auch die Militärmarschmusik, womit der deutsche Tonsetzer Tannhäuser die Frau Venus ansingt.

Allein da ist die andere Seite des Gedankens und der Empfindung: die mutige. Insgeheim mißtraute Richard Wagner, nach der Pariser Erfahrung, der romantischen Regression. Die Einsicht E. T. A. Hoffmanns kam schließlich auch ihm: daß in der bürgerlichen

Gesellschaft die Kunst nicht als Schmuckwelt möglich sei, sondern nur als Gegenwelt. Nicht als bürgerliches Weihespiel, vielmehr als artifizielle Schöpfung einer Gegenwelt. In der Oper stehen so Wolfram und Tannhäuser gegeneinander. Der Librettist entscheidet sich nicht zwischen Wolframs romantischem Traditionalismus und Tannhäusers aggressiver Gegenkunst. Wohl entscheidet sich der Musiker Wagner: musikalisch siegt der Venusberg über den Pilgerchor.

Wie kann dies dargestellt werden, gerade wenn man das Werk und seine Konflikte ernst nimmt? Es gibt, in Text und Musik, die harmonische Symbiose aus Tod und Verklärung. Wagner hat sie, auch hier zweiköpfig, gleichzeitig konzipiert und durch die Gesamtlage widerlegt. Befriedigt kann nur der fromme Katholik den Abschluß der Tragödien Tannhäusers, Wolframs, der Elisabeth entgegennehmen, allein Wagner war weder Katholik noch Christ, als er den »Tannhäuser« schrieb. Sein Abschluß ist religiöses Kunstgewerbe aus gesellschaftlicher Verlegenheit. Diese Unsicherheit des Werks übertrug sich auf Götz Friedrich. Zuerst wagte er den großen Sprung in die Vorwegnahme. Tannhäuser umgeben von Menschen einer künftigen Gesellschaft, worin seine Künstlertragödie »aufgehoben« wurde. Entsetzen der Wartburg – Pardon: der Bayreuther Festspielgesellschaft, als »Werktätige« am Schluß angeblich auf der Bühne erschienen. Es waren Choristen in stilisierter, halbwegs zeitloser Arbeitskleidung. Das war bedenklich. Nicht wegen der Arbeitsleute, sondern wegen einer falschen Konkretisierung der Utopie. Schließlich sind in irgendeinem heute bestehenden Staat der Arbeiter und Bauern, wie man weiß, die Konflikte zwischen der nonkonformistischen Kunst und der Gesellschaft mitnichten gelöst. Immer noch Wartburgwelt.

Dieser Abschluß wurde dann vom Regisseur zurückgenommen. Sachlich mit Recht. Tannhäusers Einsamkeit wird nicht gesellschaftlich verklärt. Entseelt liegt er da und unerlöst, am Schluß auf der nackten und alltagsmäßig beleuchteten Bretterschräge. Was noch gesungen wird, bleibt musikalischer Abschluß, kein dramatischer.

Gwyneth Jones als Elisabeth

Einzug der Gäste ins Festspielhaus

Einzug der Gäste in die Wartburg

Szenenbild aus dem III. Akt der »Parsifal« – Inszenierung von Wolfgang Wagner 1975

ZUM ABSCHLUSS EINES JAHRHUNDERTS

Die Festspiele des Jahres 1973 wurden mit einer Neueinstudierung der »Meistersinger von Nürnberg« am 25. Juli eröffnet. Wolfgang Wagner zeichnete erneut für Regie und Ausstattung; die musikalische Leitung hatte Silvio Varviso. Im Programmheft konnte man auf der ersten Seite, gleichsam programmatisch, einen Aufsatz über »Die Richard-Wagner-Stiftung Bayreuth« lesen, kommentiert von Martin Gregor-Dellin. Es handelte sich um die authentische, von der Festspielleitung autorisierte Darstellung eines juristischen Vorgangs, der nach 97 Jahren das Werk von Bayreuth in neuer Rechtsgestalt weiterzuführen gedachte. Das Festspielhaus Bayreuth war Privateigentum Richard Wagners. Auf dem Weg über Cosima und Siegfried war es durch das Gemeinschaftliche Testament von Siegfried und Winifred Wagner zum Eigentum der Schwiegertochter des Komponisten geworden. Seit dem Jahre 1949 fielen Eigentumslage und Festspielleitung auseinander. Festspielhaus nämlich, Wahnfried, vor allem das unschätzbare und unersetzliche Archiv, waren Privateigentum geblieben. Nunmehr aber war Wahnfried zerstört und mußte neu aufgebaut werden. Die Festspiele konnten ohnehin niemals ohne Zuschüsse der öffentlichen Hand durchgeführt werden. Jede Krisensituation im Wirtschaftsleben bedrohte die künstlerischen Pläne.

Der Gedanke an eine Nationalstiftung hatte Richard Wagner schon im ersten Festspieljahr 1876 beschäftigt. Am 31. März 1880 beklagte er in einem Brief an König Ludwig die »nutzlosen Bemühungen um den Gewinn der Mittel zu einer dauernden Stiftung, welche nun einmal der elende Zustand der deutschen ›Nation‹ nicht zu gewähren vermag«. Im Zusammenhang mit dem Ablauf der Schutzfrist für »Parsifal« im Jahre 1913 hatten nicht nur Siegfried Wagner selbst, sondern auch seine Gegenspieler die Forderung nach Umwandlung des Familienunternehmens in eine nationale Institution erhoben. Maximilian Harden dachte dabei, wie schon erwähnt, vor allem an Bayern. Der Musikschriftsteller Paul Bekker schrieb am 11. August 1912 in der »Frankfurter Zeitung«: »Die Forderung nach der Isolierung des Parsifal ist nicht nur aus Gründen allgemeiner Art unhaltbar. Sie muß auch scheitern an der Unvereinbarkeit der dynastischen und der künstlerischen Erbfolge. Wie kann ein Privileg auf Kosten der Allgemeinheit einem Unternehmen zuerteilt werden, dessen Verwaltung und Weiterbildung lediglich einer Familie anheimgegeben und mit deren Schicksal für immer verknüpft ist? ...

Es gab damals (nach 1883) die Möglichkeit einer weitausgreifenden Entwicklung für Bayreuth, die ihm nicht nur scheinbar, sondern in Wirklichkeit zentrale Bedeutung gegeben hätte: den Ausbau zu einem nationalen Festspielhaus, das nicht dem Kultus eines Einzelnen, sondern der gesamten großen Kunst gewidmet worden wäre ...«

Am Zweiten Mai 1973 wurden in München die letzten Unterschriften unter die Gründungsurkunde einer *»Richard-Wagner-Stiftung Bayreuth«* gesetzt. Es unterzeichneten Winifred Wagner und ihre vier Kinder oder deren beauftragte Stellvertreter. Es unterzeichneten ebenfalls die anderen Mitglieder dieser Stiftung: die Bundesrepublik Deutschland, der Freistaat Bayern, die Stadt Bayreuth, die Gesellschaft der Freunde von Bayreuth E. V., die Bayerische Landesstiftung, die Oberfrankenstiftung und der Bezirk Oberfranken. Durch diese Urkunde übertrugen die Mitglieder der Familie Wagner unentgeltlich »das Festspielhaus Bayreuth nebst allen Nebengebäuden und allen dazugehörenden bebauten Grundstücken« auf die neue Stiftung. Haus Wahnfried war früher bereits der Stadt Bayreuth mit der Auflage geschenkt worden, das Wohnhaus Richard Wagners wiederherzustellen, als Richard-Wagner-Museum zu planen und »der Stiftung

... mit allen Nebengebäuden und Park für dauernd leihweise zur Verfügung« zu stellen.

Wichtigstes Vermögensobjekt war natürlich das Familienarchiv. Gregor-Dellin kommentierte diesen Teil der neuen Stiftungsurkunde wie folgt: »Dieses Archiv, das schon bisher der Forschung zur Verfügung stand – Partituren, Erstschriften und Erstdrucke, die gesamte Bibliothek Richard Wagners, sowie die Bilder, Büsten, Erinnerungsstücke und das bis 1945 entstandene Bildmaterial – ist seinem Wert nach der Kern der Stiftung. Um seinen Verbleib in Bayreuth zu gewährleisten, hat die Bundesrepublik Deutschland, die Bayerische Landesstiftung und die Oberfrankenstiftung das Archiv vor Gründung der Stiftung angekauft. Der vereinbarte Kaufpreis von 12,4 Millionen DM, der von den drei Käufern in drei Jahresraten an die Familie Wagner bezahlt wird, beruht auf zwei Schätzungsgutachten der Bayerischen Staatsbibliothek und der Firma Stargardt. Der Betrag dürfte weit unter dem tatsächlichen Marktwert der Autographen liegen und ist, gemessen an dem Verlust, der der Forschung durch eine Einzelveräußerung oder Zersplitterung entstanden wäre, gegenüber der Öffentlichkeit durchaus zu verantworten. Die Stiftungsurkunde sieht vor, daß der Bund, die Bayerische Landesstiftung und die Oberfrankenstiftung das Richard-Wagner-Archiv der Stiftung ›für dauernd leihweise zur Verfügung‹ stellen und es somit als eines der wertvollsten Einzelarchive in öffentlicher Hand der Forschung zugänglich erhalten.«

Der Finanzierungsplan für die künftigen Festspiele entsprach weitgehend den Gedanken Maximilian Hardens und später auch der bayerischen Politiker vom Jahre 1949. Der *Freistaat Bayern* verpflichtete sich nunmehr durch Vertrag vom 2. Mai 1973, der Stiftung »jährlich zum Verbrauch bestimmte Zuschüsse« zu gewähren, welche materiell geeignet seien, die »Erfüllung des Stiftungszwecks nachhaltig zu ermöglichen«. Es handelte sich dabei um eine notfalls einklagbare Rechtsverpflichtung, weshalb Gregor-Dellin kommentiert: »Damit ist auch die Weiterführung der Festspiele verbrieft. Diese Klausel wird unterstützt durch § 3 der Satzung, der als Stiftungsvermögen ausdrücklich die ›Forderungen gegen den Freistaat Bayern, die Stadt Bayreuth und den Bezirk Oberfranken auf laufende Unterstützung nach Maßgabe der Stiftungsurkunde‹ festhält. Die Stiftung ist gemeinnützig (§ 10).«

Stiftung aber und Festspielunternehmen sind rechtlich scharf von einander getrennt. Mitglieder der Stiftung können folglich keinen Einfluß nehmen auf das Programm oder die künstlerischen Entscheidungen der Festspielleitung. Andererseits versteht sich die neue Stiftung als Weiterführung der Letztwilligen Verfügung Siegfried Wagners. Das Festspielhaus Bayreuth bleibt auch in Zukunft jenen »Zwecken dienstbar ..., für die es sein Erbauer bestimmt hat, also einzig der festlichen Aufführung der Werke Richard Wagners«. Die neue Stiftung vermietet von nun an das Festspielhaus an den Festspielleiter. Der Stiftungsrat wird auch über die Nachfolge des gegenwärtigen Festspielleiters, also Wolfgang Wagners, zu entscheiden haben, wobei festgelegt ist, daß »grundsätzlich« ein Mitglied der Familie Wagner mit der Leitung betraut werden soll.

»Man kann sagen, daß sich der wichtigste Gehalt dieser komplizierten Satzung in einem winzigen Satz unter § 8, Abschnitt 5, verbirgt: ›Der Mietvertrag sichert dem Unternehmer die künstlerische Freiheit.‹ Dies klingt fast geschäftlich – wie ja überhaupt die Stifter auf jede Phrase, auch auf die nationale Gebärde, zum Glück verzichten. Aber manche Utopien, auch die Wagners, erfüllen sich eben nur auf eine ungefähre und profane Weise, und wenn sie sich in einer künstlerisch unabhängigen Fortführung der Festspiele, in ihrer materiellen Sicherung und in der Bewahrung eines wertvollen Erbes einlösen lassen, so ist der Zweck dieser – alles in allem – kulturpolitisch weit vorausschauenden Tat gewiß erreicht.« (Martin Gregor-Dellin)

Die wichtigste Theaterarbeit Wolfgang Wagners seit dem Tode seines Bruders galt im Sommer 1975 einer Neuinterpretation des Bühnenweihfestspiels »Parsifal«. Im Gegensatz zu Wieland hatte der jüngere Bruder im allgemeinen auf programmatische Manifeste und Selbstinterpretationen verzichtet. Die zahlreichen Interviews, die er jeweils vor Beginn und zum Abschluß der von ihm geleiteten Festspiele zu gewähren pflegte, wurden, manchmal unmerklich für die Fragenden, reduziert auf Organisationsprobleme, Besetzungen, Arbeitsperspektiven. Im Falle des neuen »Parsifal« jedoch durchbrach er diese Haltung einer – scheinbaren – Theoriefeindschaft. In Gesprächen mit seinem Assistenten O. G. Bauer wurden »Parsifal-Aspekte« formuliert, die man als Gegenentwurf zu Wieland Wagners Parisfal-Deutung von 1951 verstehen darf.

In jener Neuaufführung des Bühnenwerks, die im Jahre 1951 sogleich als Modell eines neuen Bayreuth verstanden wurde, hatte Wieland Wagner an den moralischen Antithesen nach wie vor festgehalten. Er inszenierte zugunsten einer intakten Grals-Gemeinschaft, für Titurel und – selbstverständlich – gegen den abtrünnigen Klingsor. Wielands graphische Darstellung der geistigen und geistlichen Zuordnungen beharrte auf einem manichäischen Dualismus von Gut und Böse, Reinheit und Schuld.

Wolfgang Wagners Interpretation mißtraut der von Titurel begründeten und vom siechen Amfortas ins Leid geführten Gemeinschaft der Gralsritter. Die neue Bayreuther Interpretation von 1975 war nicht allein »heller«, wie die Kritiker übereinstimmend und erfreut konstatieren durften; sie war vor allem, in der Konzeption, gegen den Schluß hin offen, im Gegensatz zur kreisförmigen Bewegung bei Wieland Wagner, die auch den neuen Gralskönig Parsifal am Schluß wieder in der statischen Rittergemeinschaft integriert hatte.

Wolfgang Wagner liebt sie nicht, jene elitäre Ritterwelt, während er für den weggestoßenen Klingsor unverkennbar einige Sympathie aufbringt. Nicht mit Unrecht erinnert der neue Interpret an eine briefliche Äußerung Wagners (1859) an Mathilde Wesendonck: »Es ging mir kürzlich nämlich wieder auf, daß dies wieder eine grundböse Arbeit werden müsse.«

Diese seltsamen Worte Richard Wagners werden dann allein verständlich, wenn die moralischen Antithesen der Eindeutigkeit entbehren. Das ist, nach Wolfgang Wagner, nach wie vor der Fall: »Die soziale Ordnungsfunktion der Ritterschaft wird eingeschränkt zugunsten des Strebens nach persönlicher Vollkommenheit, die ihren sinnfälligsten Ausdruck in der von Titurel geforderten Askese findet. Die Hüter der Mitleidssymbole sind selbst mitleidslos, unfähig, aus sich selbst heraus die Heilung oder Erlösung des Amfortas zu leisten. Das verachtungsvolle Wegstoßen des um die Gralsidee ringenden Klingsor durch Titurel und der Hochmut eines sich über den Dualismus Mann – Frau hinwegsetzenden Männerbundes zeigen mit aller Bestimmtheit die Entfremdung von der ursprünglichen Gralsidee. Das Böse in Klingsor ist nicht Urprinzip, es entsteht durch den Mangel des Guten in Titurel. Die Begriffe Gut – Böse, noch im ›Ring‹ klar unterschieden, werden skeptisch relativiert.«

Mit Recht wehrt sich Wolfgang Wagner ferner gegen die mit Nietzsche beginnende Fehldeutung des Bühnenweihfestspiels als christliche Erbauungsoper. Der »Parsifal«, als ein Gemisch der Mythen und auch als Erzeugnis einer Privatmythologie Richard Wagners, ist weder seiner Struktur noch seiner Idee nach ein christliches Kunstwerk. Darum gibt es im Schlußakt der neuen Bayreuther Interpretation keine Rückkehr zur Tradition eines Rittertums: »Der Schluß ist keine Restauration des ursprünglichen Zustandes. Die Polarität von Titurel- und Klingsor-Welt, die sich in ihrer Erstarrung und Verzerrung gegenseitig bedingen, wird von Parsifal aufgehoben. Seine erlösende Tat besitzt die Sprengkraft, die Auseinandersetzung nicht für die Gralswelt in ihrer bisherigen Form zu entscheiden, sondern These und Antithese zugunsten einer utopischen Hoffnung aufzuheben. Die Ordnungsfunktion des Ritters, die zugunsten einer elitären Lebensform vernachlässigt wurde, wird wiedereingesetzt. Parsifal versucht, seine Erkenntnis: Achtung dem anderen gegenüber und Mitleiden mit den anderen, zum allgemeinen Gut zu machen. Im hellen, offenen Raum, unverschlossen, sind die Mitleidssymbole Gral und Speer allen zugänglich, sollen sie für alle wirksam sein. Mitleid auch als soziale Qualität.«

Im Gegensatz zu manchen Urteilen über Wolfgang Wagner als bloßen Pragmatiker und Theaterchef wird in den Überlegungen und Interpretationsversuchen am »Parsifal« ein gedankliches Experimentieren spürbar, das auch in einem höheren Verstande das Wort von der permanenten »Werkstatt« in Bayreuth rechtfertigen könnte. Wolfgang Wagner stellt seine Interpretation am Schluß ausdrücklich unter das »Prinzip Hoffnung«, und will mehr dadurch demonstrieren als bloß seine Verehrung für den Philosophen Ernst Bloch.

»Damit ein Ereignis Größe habe, muß Zweierlei zusammenkommen: der große Sinn derer, die es vollbringen, und der große Sinn derer, die es erleben.« Wie soll man diese Sätze Friedrich Nietzsches vom Jahre 1876 heute verstehen: die Anfangsworte seiner »Unzeitgemäßen Betrachung« über »Richard Wagner in Bayreuth«? Was sich seit dem Jahre 1951 jeweils in der letzten Juliwoche in Oberfranken zusammenfindet, stolz auf die schwer erkämpften Eintrittskarten, ist längst nicht mehr die von Nietzsche visionär beschworene Gemeinschaft der Unzeitgemäßen. Es sind bürgerliche Theaterbesucher aus der zweiten Hälfte eines 20. Jahrhunderts. Auch das Publikum einer »Gewerkschaftsaufführung«, wie sie regelmäßig im Spielplan aufzutauchen pflegt, ist bürgerlich. Dem Betrachter würde in Kleidung und Verhalten des Publikums kein Unterschied auffallen zwischen der Gewerkschaftsaufführung und einem der üblichen Festspielabende. Der Traum Richard Wagners vom demokratischen Fest konnte auch im Ablauf eines Jahrhunderts nicht verwirklicht werden.

Dennoch bleiben die Bayreuther Festspiele unvergleichbar. Wer rasch die Premieren auf dem Festspielhügel absolviert, um weiterzureisen nach Salzburg, wird unwillkürlich des Unterschieds inne. Bayreuth unterscheidet sich von allen anderen Festspielen zwischen Edinburgh und Baalbek nicht allein durch die Exklusivität des Programms. Wer nach Bayreuth kommt, hat wenig Auswahl. Er kommt nach wie vor, um Werken Richard Wagners sich auszusetzen. Im Zeichen einer Musikentwicklung, und auch einer Entwicklung der musikalischen Vorliebe, die immer stärker die musikalische Romantik ausklammern, sogar den Übergang von der Wiener Klassik zur Frühromantik ignorieren möchte zugunsten einer Präferenz für die Alte und die entschieden Neue Musik, ist die Wagner-Tradition in Bayreuth in einem von Nietzsche durchaus nicht gemeinten Sinne »unzeitgemäß« geworden. Wer Wagner nicht mag, wofür es vielerlei Gründe gibt, auch sehr triftige, muß das Bayreuther Unternehmen unverkennbar als tönendes Museum ablehnen.

Aber das Gesamtwerk Richard Wagners hat standgehalten. Nicht in vielen Einzelheiten, noch weniger in den usurpatorischen Forderungen seines Schöpfers an die Zukunft, die hier, wie Wagner postulierte, das ihr gemäße Kunstwerk empfangen dürfe. Die Größe Wagners, und damit auch der heutigen Festspiele, kann nicht abgelesen werden am großen Sinn des Werkschöpfers, noch weniger am großen Sinn der Festspielbesucher. Die Größe Bayreuths beruht nach wie vor allein auf der Größe der dort aufgeführten Kunstwerke. Die Größe insbesondere der Tetralogie und des Bühnenweihfestspiels ist zu ermessen, mit Wieland Wagner zu sprechen, an ihrer dialektischen Verknüpfung von Tradition und Innovation. Noch die gescheiterten Utopien Richard Wagners, noch seine Absagen an die eigene Vision vom demokratischen Fest sind Ausdruck von Widersprüchen, die weiterbestehen. *Theodor W. Adorno* hat es in seinem »Versuch über Wagner« so formuliert: »Inmitten eines verzerrten Bildes von Gemeinschaft indessen geht der Blick auf, der das echte Antlitz der Gesellschaft erbarmungslos trifft. Noch die mythische Verstrickung der Weltgeschichte im Ring ist nicht bloß Ausdruck der deterministischen Metaphysik, sondern setzt zugleich Kritik an der schlecht determinierten Welt.« Das ist eine These, die gültig bleibt und ein Jahrhundert der Bayreuther Festspiele als permanenten Konflikt zusammenfaßt. Als Konflikt, dessen Ende nicht abzusehen ist.

Im Hofgarten

NACHSPIEL
IM LICHTE UNSERER ERFAHRUNG

»Im Lichte unserer Erfahrung.« Die sonderbare Formel erfand sich *Thomas Mann* im Jahre 1947, als er den Festvortrag hielt beim ersten Nachkriegskongreß des PEN-Clubs in Zürich. Er hatte das Riesengeschäft seines Romans vom deutschen Tonsetzer Adrian Leverkühn, der um der Kunst willen mit dem Teufel paktiert, hinter sich gebracht. In diesem Roman vom »Doktor Faustus« ging auch der Geist Friedrich Nietzsches um. Thomas Manns Essay über »Deutschland und die Deutschen« und eben diese Züricher Rede über »*Nietzsches Philosophie im Lichte unserer Erfahrung*« gehörten als kritische Texte und Deutungshilfen unmittelbar zur Substanz des Faustus-Romans.

Nietzsches Philosophie wird mit ihren geschichtlichen Wirkungen konfrontiert: »In mehr als einem Sinne ist Nietzsche historisch geworden. Er hat Geschichte gemacht, fürchterliche Geschichte, und übertrieb nicht, wenn er sich ›ein Verhängnis‹ nannte. Seine Einsamkeit hat er ästhetisch übertrieben.«

Dann kommt der Redner Thomas Mann auf diese Urschuld des Philosophen Nietzsche zu sprechen: auf die *Ästhetisierung des Bösen.* Hier in der Tat sprechen die Erfahrungen von Zeitgenossen des Jahres 1947 gegen alles Spielen mit der schönen Ruchlosigkeit. »Wir haben es in seiner ganzen Miserabilität kennengelernt«, sagte Thomas Mann von dieser romantischen Bosheit, »und sind nicht mehr Ästheten genug, uns vor dem Bekenntnis zum Guten zu fürchten, uns so trivialer Begriffe und Leitbilder zu schämen wie Wahrheit, Freiheit, Gerechtigkeit... Eine ästhetische Weltanschauung ist schlechterdings unfähig, den Problemen gerecht zu werden, deren Lösung uns obliegt, – so sehr Nietzsches Genie dazu beigetragen hat, die neue Atmosphäre zu schaffen.«

Nietzsches Betrachtung über »Richard Wagner in Bayreuth« gehört mitsamt ihrem Gegenstand, dem Festspielwerk Richard Wagners, zu einer Erfahrung, die man nur widerwillig als »Erfahrungsschatz« kennzeichnen möchte. Auch Richard Wagner hatte im Leben wie im Denken, und schließlich in seinen künstlerischen Kreationen, den öden Tag mit seinen trivialen Antithesen von Gut und Böse, Recht und Unrecht verachtet: um der inkommensurablen Kunstschöpfung willen. Er blieb fasziniert vom freien Selbsthelfer Siegfried, der Konflikte löst mit Hilfe des Schwertes Nothung, und den Speer als Symbol menschlicher Vertragsgesittung zerschlägt. Auch der reine Tor Parsifal steht jenseits der Normen einer menschlichen Gemeinschaft. Sein Wissen aus Mitleid, das sich von keinem Gurnemanz belehren läßt, ist ein Gegenbild zu Siegfrieds Wissen aus scheinbar »natürlichem« Instinkt. Der frühe Nietzsche war beglückt über den jungen Siegfried, der auszog, das Fürchten zu lernen: also das Leben in einer Gemeinschaft, was nicht ohne Furcht abgehen kann. Den reinen Toren Parsifal hingegen hat er bitter verhöhnt. Zu Unrecht, denn beide gehören zusammen: ganz wie Nietzsches spätere Philosophie niemals loskam von Richard Wagner. Das hat er selbst nur zu gut gewußt.

Auch Siegfried, Parsifal und Zarathustra gehören zusammen. Zunächst waren das Künstlerträume aus dem bürgerlichen 19. Jahrhundert, gedacht als ästhetische Provokation und als Gegenposition zur Bürgerwelt. Im »Lichte unserer Erfahrung« wurde daraus eine unverkennbar bourgeoise Ideologie. Die ästhetischen Konzepte sowohl Wagners wie Nietzsches wurden, als sich die bürgerliche Gesellschaft bedroht fühlte, unmittelbar politisch genutzt. Das gilt für den Mißbrauch mit Nietzsches Formel vom »gefährlichen Leben« ebenso wie für die politischen Träume, denen man im Haus Wahnfried nachsann.

Es gibt eine Schrift »Politische Ideale« von *Houston Stewart Chamberlain* aus dem Kriegsjahr 1915. Sie war damals sehr erfolgreich und versuchte, von der Bayreuther Ideologie her, eine politische Neugestaltung Deutschlands zu entwerfen. Daß Parlamentarismus und bürgerliche Öffentlichkeit zu beseitigen seien, ist ausgemacht für den Schwiegersohn Richard Wagners. Es ist mehr als Terminologie, wenn Chamberlain dekretiert: »Politik im heutigen Sinne soll es im neuen Deutschland nicht geben; an ihre Stelle tritt Staatskunst. Und da wird man gut tun, den genialen Vorschlag Napoleons wieder aufzunehmen und alle Beratungen unter Ausschluß der Öffentlichkeit zu führen –.« Staats»kunst« anstelle der Politik; Beseitigung der Öffentlichkeit zugunsten irgendeiner geheimen und folglich unverantwortlichen politischen Machination. Natürlich ist auch dies eine Ästhetisierung der Politik, allein sie war erwünscht und erfüllte sehr konkrete Aufgaben. Chamberlain war kein isolierter Spinner, sondern ein ideologischer Repräsentant. Er hat nicht irgendeine Bayreuther »Idee« pervertiert, sondern offengelegt, was als Möglichkeit auch bei Richard Wagner bereits vorhanden war.

Auch dies gehört zu jenem schmerzhaften und bedenkenswerten Komplex »Richard Wagner in Bayreuth«. Wer sich damit abgibt, hundert Jahre nach Begründung von Festspielen in Bayreuth, zweihundert Jahre nach Entstehung jener Vereinigten Staaten, zu deren Ehren Richard Wagner im selben Jahr 1876, und gegen ein Honorar von 5000 Dollar, einen »Festmarsch zur Feier des einhundertjährigen Jubiläums der amerikanischen Unabhängigkeit« komponierte, hat die Folgen zu bedenken und auch die Möglichkeiten. Ein Jahrhundert dieser Festspiele stellt sich im Rückblick zunächst dar als bürgerlicher Kunstrausch und säkularisierte Religion. Das hatte Wagner gewollt und einberechnet. Nicht gewollt freilich war die Nebenwirkung, daß im rauschhaften Genießen die Konturen der Werke verschwimmen mußten. Das Werk, welches man hingegen auf sich einwirken ließ, wurde gerade dadurch *nicht* mehr befragt und ernstgenommen. Ästhetisierung hatte sich zunächst als Geniekult gegen die Politik gestellt, um dann ihrerseits politisch zu wirken. Schließlich fand die »Götterdämmerung« im Alltag statt. Die Götter waren einstmals in Wahnfried eingezogen. Jetzt brannte Wahnfried als Walhall.

Auch die Kunstwerke, die Wagner schuf, wandelten sich im Lichte unserer Erfahrung. Einige von ihnen traten den Rückweg an *vom Musikdrama zur Oper*. Sie sind nunmehr Repertoire der Opernhäuser, ganz wie »Don Giovanni«, der »Freischütz«, oder auch wie »Tosca« von Puccini. Das gilt für den »Fliegenden Holländer«, den »Lohengrin«, wohl auch für die »Meistersinger von Nürnberg«.

Die Entwicklung einer Musik des 20. Jahrhunderts inspirierte sich am »Tristan« und am »Parsifal«. Wer diese Werke von neuem hört, erlebt sie – hörend – als Zeitgenosse der Musiker unserer Epoche. Rätselhaft geblieben sind »Tannhäuser« und der »Ring des Nibelungen«. Sie ließen sich nicht zurückführen ins konventionelle Opernrepertoire, weshalb die Interpretation dieser Werke Richard Wagners immer von neuem umstritten und folglich ernstgenommen wird. Das läßt sich vermutlich aus ihrer programmatischen Bindung an die gesellschaftlichen Konflikte der Entstehungszeit erklären. Der freischwebende Künstler Tannhäuser sprach die Wahrheit über eine Epoche wachsender Entfremdung der Kunst von einer Gesellschaft, worin sie zu wirken hatte. Der Nibelungenring entstand als Konzept eines utopisch-sozialistischen Künstlers im Prozeß einer Revolution der Jahre 1848/49. Goldraub, Fluch und Brand von Walhall waren als Mythen des bürgerlichen Alltags zu verstehen. Am Beginn stand nicht ein märchenhaftes und geschichtsloses »Es war einmal«. Wer die Tetralogie heute interpretiert, bringt nach wie vor Gegenwart auf die Bühne. Das ist inzwischen längst wieder erkannt worden: im Lichte unserer Erfahrung.

Weshalb es nicht angeht, das Riesenwerk Richard Wagners, im Prozeß einer neuen Entfremdung, aufspalten zu wollen in eine gültig gebliebene und eine ungültig gewordene Portion. Hier die schöne Musik, dort die zeitgebundenen Texte mit Stabreimen, Gralsrittern, Heiligen und Huldinnen. Wer so verfährt, hat alles verkannt. Wieland Wagners früher Protest gegen eine gefällige Zubereitung der Werke im Sinne des üblichen Opernspielplans ist gültig geblieben. Unvermeidlich ist freilich, daß Bayreuth als »Stiftung« die Festspiele berufsmäßig organisiert. Man fährt nicht mehr nach Bayreuth, als gelte es, den Weg zum Gral zu finden. Aber »Richard Wagner in Bayreuth« bedeutet nach einem Jahrhundert immer noch Interpretation dessen, was damals geschaffen wurde.

Als Richard Wagner die Arbeit an der »Götterdämmerung« wieder aufnahm, schauderte er lange vor der Nornenszene zurück und schrieb am 5. Mai 1870 aus Tribschen an König Ludwig: »Aus Grauen und Angst wob ich endlich selbst an dem Seile, welches, wie es nun kunstvoll gesponnen vor mir liegt, mir allerdings zu seltsam erhebender Freude gereicht: so etwas hat doch noch keiner gesponnen, – so sage ich mir nun, und ich vermute, daß Jeder mir das einst noch sagen wird.« Der Nornen Gespräch aber kreist um die Zweideutigkeit des Wissens. Weißt du, was ward? und: Weißt du, was daraus wird? Dann reißt das Seil, welches die Welt zusammengehalten hatte. Die Nornen klagen: »Zu End ewiges Wissen! Der Welt melden Weise nichts mehr.« Die Darstellung aber dieses Nichtmehrwissens durch Richard Wagner sollte Wissen vermitteln. Das hat Wagner gewollt. Er hat damit seinen Bayreuther Festspielen nach wie vor den Sinn gegeben.

NACHBEMERKUNG

Autor und Verlag möchten sich bei der Leitung der Bayreuther Festspiele und des Richard-Wagner-Archivs herzlich für Unterstützung der vorliegenden Arbeit bedanken. Insbesondere hat Wolfgang Wagner die Arbeiten durch Rat und Tat unterstützt. Auch nach Abschluß des Manuskriptes konnten seine kritischen Anmerkungen zum Text und seine Einzelinformationen dankbar genutzt werden.

Martin Gregor-Dellin, München, der Mitherausgeber der Tagebücher von Cosima Wagner, hat unsere Arbeit dadurch unterstützt, daß er Fragen des Autors beantwortete und die Gesamttendenz der demnächst erscheinenden Tagebücher charakterisierte.

Die beiden von Herbert Barth und Dietrich Mack erarbeiteten Anthologien »Der Festspielhügel« (München 1973) und »Wagner – Sein Leben, sein Werk und seine Welt in zeitgenössischen Bildern und Texten« (Wien 1975) wurden mit großem Nutzen konsultiert. Die wichtigsten Informationen über Siegfried Wagner fanden sich in Texten, die abgedruckt sind in »Der Sohn. Siegfried Wagners Leben und Umwelt« (Graz und Stuttgart 1969) von Zdenko von Kraft. Für das Kapitel über Wieland Wagner wurden, neben eigenen Erfahrungen und Eindrücken des Verfassers, vor allem benutzt die Bücher von Walter Panofsky »Wieland Wagner« (Bremen 1964) und Geoffrey Skelton »Wieland Wagner. The Positive Sceptic« (London 1971). Auch Antoine Goléas Gespräche mit Wieland Wagner und die in der ersten Wieland-Wagner-Bibliographie (Bayreuth 1966) aufgeführten Quellenwerke waren eine wertvolle Hilfe beim Versuch, ein »Bildnis Wieland Wagners« zu skizzieren.

Die Dokumentation des vorliegenden Bandes (Texte und Bilder) wurde von Gottfried Wagner besorgt. Die von Michael Karbaum erarbeitete Dokumentation seines Buches »Hundert Jahre Bayreuth« (Regensburg 1976) konnte eingesehen und benutzt werden. Die Gestaltung des Buches besorgte Roland Aeschlimann.

Stuttgart, im Mai 1976 — Der Verlag

PERSONENREGISTER

Kursiv stehende Zahlen weisen auf Seiten hin, auf denen sich Abbildungen befinden.

CIP-Kurztitelaufnahme der Deutschen Bibliothek
Mayer, Hans
Richard Wagner in Bayreuth: 1876–1976 / Dokumentation: Gottfried Wagner. Photographie: Jaroslav Schneider. – Stuttgart, Zürich: Belser, 1976.
ISBN 3-7630-9018-5